Hurrelmann · Sozialisation

Klaus Hurrelmann

BACHELOR | MASTER

# Sozialisation

Das Modell der produktiven Realitätsverarbeitung

*Dr. Klaus Hurrelmann* ist Professor of Public Health and
Education an der Hertie School of Governance in Berlin.
Bis 2009 war er Professor an der Universität Bielefeld
mit den Schwerpunkten Sozialisations-, Bildungs-
und Gesundheitsforschung.

| 1. | Auflage 1986 (Einführung in die Sozialisationstheorie) |
| 2. | Auflage 1989 |
| 3. | Auflage 1991 |
| 4. | überarbeitete und ergänzte Auflage 1993 |
| 5. | Auflage 1995 |
| 6. | Auflage 1997 |
| 7. | Auflage 2000 |
| 8. | vollständig überarbeitete Auflage 2002 |
| 9. | aktualisierte Auflage 2006 |
| 10. | vollständig überarbeitete Auflage 2012 (Sozialisation) |

Lektorat: Dr. Cornelia Klein

© 2012  Beltz Verlag • Weinheim und Basel
www.beltz.de
Herstellung: Lore Amann
Layout: Angela May, Grafikdesign & Buchgestaltung, Mettmann
Druck: Beltz Druckpartner GmbH & Co. KG, Hemsbach
Umschlaggestaltung: glas ag, Seeheim-Jugenheim
Umschlagabbildung: Fotolia, New York/USA
Printed in Germany

ISBN 978-3-407-34210-2

# Inhaltsverzeichnis

*Im Internet finden Sie unter www.beltz.de/ material weiterführende Informationen zum Download, indem Sie dort auf die Seite des Titels gehen, den Link zu den Materialien anklicken und folgendes Passwort eingeben: CNNMJnme (Groß- und Kleinschreibung beachten).*

# Einleitung

Dieses Buch gibt einen Überblick über Theorien der Sozialisation und Ergebnisse der Sozialisationsforschung. Sozialisation wird als der Prozess der Entwicklung der menschlichen Persönlichkeit in Auseinandersetzung mit der inneren Realität von Körper und Psyche und der äußeren Realität von sozialer und physischer Umwelt verstanden. Die Sozialisationstheorie untersucht den Prozess der Persönlichkeitsentwicklung im gesamten Lebenslauf, beschreibt die Rolle der Sozialisationsinstanzen Familie, Bildungssystem, Freundeskreis, Freizeit und Medien und arbeitet heraus, welche Bedingungen gegeben sein müssen, damit es zu einer gelingenden Bewältigung der Lebensanforderungen kommt. Die Sozialisationsforschung arbeitet an der empirischen Überprüfung dieser Theorien.

In diesem Buch wird ein Vorschlag für die Zusammenführung der vielen verschiedenen Einzeltheorien der Sozialisation unterbreitet. Als übergreifende Orientierung wird dabei das erkenntnisleitende »Modell der produktiven Realitätsverarbeitung (MpR)« gewählt. Dieses Modell wurde zum ersten Mal 1983 in einem Aufsatz der Zeitschrift für Sozialisationsforschung und Erziehungssoziologie und anschließend ausführlich in meiner »Einführung in die Sozialisationstheorie« im Jahr 1986 vorgestellt.

Es wird in diesem Buch weiterentwickelt und in zehn Kernaussagen der umfassenden Sozialisationstheorie ausformuliert. Die Kernaussagen treffen Feststellungen zum Verhältnis von innerer und äußerer Realität, zur Produktion der eigenen Persönlichkeit, zur Bewältigung der Entwicklungsaufgaben, zum Spannungsverhältnis von Individuation und Integration, zur Bildung von Ich-Identität, zum Verhältnis personaler und sozialer Ressourcen, zur Rolle der Sozialisationsinstanzen, zur Persönlichkeitsentwicklung im Lebenslauf, zum Sozialisationseffekt gesellschaftlicher Ungleichheit und zur männlichen und weiblichen Disposition für die Persönlichkeitsentwicklung.

Damit formulieren die Kernaussagen Thesen zum Menschenbild, das dem Modell der produktiven Realitätsverarbeitung (MpR) zugrunde liegt, zu den operativen Prozessen der Persönlichkeitsbildung und zu den Voraussetzungen, die gegeben sein müssen, um das eigene Leben erfolgreich bewältigen und gestalten zu können. Sie benennen außerdem die gesellschaftlichen Institutionen, Organisationen und Rahmenbedingungen, die während des gesamten Lebenslaufs die Persönlichkeitsentwicklung prägen.

Das MpR findet nach wie vor große Aufmerksamkeit in der wissenschaftlichen Fachdiskussion, zugleich aber auch in der Praxis verschiedener sozialer, psychologischer und pädagogischer Berufe. Es wird in der Lehre an Universitäten, Fachhochschulen, Fachschulen und auch im Oberstufenunterricht an Gymnasien und Berufskollegs in vielen Fächern, darunter Soziologie, Sozialwissenschaften, Sozialkunde, Sozialwesen, Sozialarbeit, Sozialpädagogik, Pädagogik, Erziehungswissenschaft, Erziehungskunde, Psychologie, Gesundheitswissenschaft und Sozialdiakonie, erörtert.

Nach 25 Jahren und neun Auflagen war es an der Zeit, eine komplette Neufassung der »Einführung in die Sozialisationstheorie« zu erstellen. Diese Neufassung liegt mit diesem Buch vor. Es ist über weite Strecken neu geschrieben, behält aber die Kernaussagen und den Aufbau bei. Neu aufgenommen wurden zwei Kapitel über Sozialisation im Lebenslauf und in den einzelnen Lebensphasen. Auch wurden direkte Bezüge zu meinen Büchern »Lebensphase Jugend«, »Einführung in die Kindheitsforschung« und »Gesundheitssoziologie« hergestellt, die sich am Modell der produktiven Realitätsverarbeitung orientieren. In den thematisch passenden Kapiteln wurden kürzere Passagen hieraus sinngemäß übernommen.

Mein Dank gilt dem Beltz Verlag, der mein wissenschaftliches Werk seit den 1970er-Jahren verlegt und den Vorschlag unterbreitet hat, die »Einführung in die Sozialisationstheorie« in einem übersichtlichen Lehrbuch in der Reihe BA/MA neu herauszubringen. Der Beltz Verlag publiziert auch das »Handbuch der Sozialisationsforschung«, das sich interessierten Leserinnen und Lesern zum detaillierten Nachschlagen anbietet.

*Klaus Hurrelmann*

# 1. Soziologische Theorien der Sozialisation

In der Sozialisationstheorie steht die Spannung zwischen Individuum und Gesellschaft im Vordergrund. Es geht um zwei miteinander zusammenhängende Fragen:

- Wie schafft es eine Gesellschaft, die in ihr lebenden Menschen zu sozialen Wesen zu machen, die sich in die sozialen Strukturen integrieren?
- Wie gelingt es den Menschen in einer Gesellschaft, sich die Freiheiten für ihre persönliche Entwicklung und Lebensgestaltung zu erschließen und zu autonomen Individuen zu werden?

In diesem Kapitel werden die soziologischen Ansätze vorgestellt, die diese beiden Fragen zu beantworten versuchen. Im anschließenden Kapitel 2 werden die entsprechenden psychologischen Ansätze erörtert.

## 1.1 Frühe Ansätze der soziologischen Theorie

Schon seit zweihundert Jahren beschäftigen sich Wissenschaftlerinnen und Wissenschaftler mit der Frage, wie der Mensch als »Subjekt« – als erlebendes, denkendes und handelndes Individuum – den materiellen, sozialen und kulturellen »Objekten« seiner Umwelt gegenübertritt und sich neben ihnen behauptet. Sie setzen sich vor allem mit dem Problem auseinander, wie ein Gesellschaftsmitglied die Aufgabe löst, mit seiner genetischen Ausstattung an Trieben und Bedürfnissen, seinen angeborenen Temperaments- und Persönlichkeitsmerkmalen den Anforderungen von Gesellschaft, Kultur und Ökonomie gerecht zu werden und dabei seinen Status als einzigartiges Individuum zu sichern.

Für die soziologisch orientierte Forschung steht die Frage im Vordergrund, welche Einstellungen und Verhaltensweisen eine Gesellschaft von ihren Mitgliedern verlangen muss, um den nötigen sozialen Zusammenhalt zu sichern, allen gleiche Rechte einzuräumen und die öffentliche Ordnung aufrechtzuerhalten. Die psychologische Forschung interessiert sich hingegen stärker für die Frage, welche sozialen Bedingungen gegeben sein müssen, damit Menschen ihre Persönlichkeit frei entfalten und eine möglichst uneingeschränkte Individualität sichern können.

### Erste Verwendungen des Begriffs »Sozialisation«

Die Spannung von Individuum und Gesellschaft, von Individuation im Sinne von »eine einzigartige Persönlichkeit sein« und Integration im Sinne von »zur Gesellschaft dazugehören« ist mit der Veränderung des ökonomischen und politischen Lebens durch die Umwälzung gesellschaftlicher Strukturen im Zuge der Industrialisierung ab der Mitte des 19. Jahrhunderts zu einem bedeutenden Thema geworden. Die Gesellschaften wurden immer komplexer, weil nicht mehr alle Tätigkeiten des täglichen Lebens unter einem Dach ausgeübt, sondern arbeitsteilig zwischen Familie, Fabrik und gesellschaftlicher Öffentlichkeit aufgeteilt wurden. Jeder Mensch spielte jetzt verschiedenste Rollen in unterschiedlichen Kontexten. Damit wurde die Frage immer drängender, wie trotz dieser Differenzierungen ein gesellschaftlicher Zusammenhalt möglich sein kann.

In der frühen Soziologie wurde deshalb darüber nachgedacht, wie die »Sozialmachung« der Gesellschaftsmitglieder erfolgt. Wie Dieter Geulen (1991) in seinem Überblick über die Geschichte der Sozialisationstheorie herausgearbeitet hat, wird in diesem Zusammenhang schon seit dem frühen 19. Jahrhundert der Begriff »Sozialisation« verwendet, was sich anhand des enzyklopädischen »Oxford Dictionary of the English Language« aus dem Jahr 1828 dokumentieren lässt. Dort wird »to socialize« definiert als »to render social, to make fit for living in society«.

Allmählich setzte sich der Begriff dann bis zum Ende des 19. und sehr intensiv ab Anfang des 20. Jahrhunderts durch, zuerst in der soziologischen Gesellschaftstheorie, Schritt um Schritt aber auch in der psychologischen Persönlichkeitstheorie (Veith 1996).

**Weiterführende Literatur**

Veith, H. (1996): Theorien der Sozialisation. Frankfurt a.M.: Campus.

### Die Theorie der Vergesellschaftung von Georg Simmel

Die frühesten Theoretiker der Sozialisation waren zwei psychologisch aufgeschlossene Soziologen. Der deutsche Sozialphilosoph Georg Simmel (1858–1918) und der französische Soziologe Emile Durkheim (1858–1917) gelten als die wissenschaftlichen Begründer des Konzepts »Sozialisation«. Beide trieb vor allem die Frage um, wie die durch die schnelle und intensive Industrialisierung immer komplexer werdenden Gesellschaften ihren sozialen Zusammenhalt sichern können.

Georg Simmel nimmt zur Klärung dieser Frage das Phänomen der Entstehung von Gesellschaften in den Blick. Dass Gesellschaften entstehen können,

*Sorge um die Sicherung des gesellschaftlichen Zusammenhalts*

**Weiterführende Literatur**

Simmel, G. (1989/ 1890): Aufsätze 1887 bis 1897. Gesamtausgabe. Frankfurt a.M.: Suhrkamp (Original 1890).

**Das Konzept des vergesellschafteten Individuums**

erklärt er dadurch, dass sich Menschen ständig wechselseitig beeinflussen, also aufeinander einwirken. Dadurch entsteht ein Geflecht von Regeln und Abhängigkeiten, und das bildet die Gesellschaft. Jeder Angehörige der Gesellschaft ist in diesem Sinne ein »vergesellschaftetes Individuum«. Die Vergesellschaftung wird von Simmel auch als »Socialisierung« bezeichnet (Simmel 1989/1890). Im Kern versteht er darunter den Vorgang, die soziale Gesamtheit in die individuelle Persönlichkeit aufzunehmen. Auf diese Weise entsteht in einer Gesellschaft ein einheitliches soziales Bewusstsein der Gesellschaftsmitglieder, auch wenn sie unterschiedlichen sozialen Kreisen angehören und individuell höchst verschieden sind.

### Die Theorie der sozialen Integration von Emile Durkheim

Emile Durkheim stellte sich bei seiner Analyse des Übergangs von einfachen zu arbeitsteilig organisierten Industriegesellschaften die Frage, wie in komplexen gesellschaftlichen Strukturen soziale Integration hergestellt werden kann. Seine Antwort: Die Gesellschaft gestaltet die Persönlichkeit des Menschen nach ihren Bedürfnissen, und zwar durch eine systematische Beeinflussung seiner Gefühle und Einstellungen. Diese Beeinflussung nennt er »socialisation méthodique«, womit eine systematische und planmäßige Beeinflussung der Persönlichkeit aller Gesellschaftsmitglieder gemeint ist, die darauf zielt, sie so zu formen, wie die Gesellschaft und ihre Ökonomie sie brauchen. Die meisten Gesellschaftsmitglieder passen sich den gesellschaftlichen Zwängen ohne Widerstand an und verinnerlichen die sozialen Anforderungen, weil sie auf diese Weise von den Vorzügen des Gemeinschaftslebens profitieren.

**Das Konzept der Internalisierung des Sozialen**

Diese »Internalisierung des Sozialen« ist für Durkheim die entscheidende Voraussetzung für den Zusammenhalt und das Funktionieren von komplexen Gesellschaften. Nur dann, wenn die Gesellschaft gewissermaßen in die Menschen eindringt und ihre Persönlichkeit von innen her organisiert, ist der Bestand von modernen Industriegesellschaften zu sichern. Die gesellschaftlichen Normen, so Durkheim, stoßen auf ein Individuum, das sich triebhaft, egoistisch und asozial verhält und erst durch den Prozess der Sozialisation gesellschaftsfähig wird. In diesem Sinn versteht er wie Simmel Sozialisation als die »Vergesellschaftung der menschlichen Natur« (Durkheim 1973/1902).

Die theoretischen Ansätze von Simmel und Durkheim haben die Sozialisationstheorie begründet, indem sie systematische analytische Überlegungen zum Thema der spannungsreichen Wechselwirkung zwischen Individuum und Gesellschaft in die wissenschaftliche Diskussion eingebracht haben. Ihre bahnbrechende Arbeit ist aber erst einige Jahrzehnte später in nachfolgenden soziologischen Ansätzen in den USA aufgenommen und weitergeführt worden.

**Weiterführende Literatur**

Durkheim, E. (1973/ 1902): Erziehung, Moral und Gesellschaft. Neuwied: Luchterhand (französisches Original 1902).

## Die Strukturfunktionalistische Theorie von Talcott Parsons

Maßgebliche Impulse für die Weiterführung gingen von der Strukturfunktionalistischen Systemtheorie von Talcott Parsons, die sich besonders stark an Durkheim orientiert, und vom Symbolischen Interaktionismus von George Herbert Mead aus, der sich der Idee nach eher an Simmel ausrichtet.

Diesen beiden Theoretikern geht es auf jeweils unterschiedliche Weise darum, aus einer soziologischen, von gesellschaftlichen Strukturen ausgehenden Perspektive die Spannung von Individuum und Gesellschaft zu analysieren, dabei aber nicht nur die sozialen, sondern auch die persönlichen Bedingungen herauszuarbeiten, die erfüllt sein müssen, damit es zu einer gesellschaftlichen Eingliederung von Individuen kommt. Parsons und Mead haben damit die soziologische Sozialisationstheorie früh zur Psychologie hin geöffnet.

Der amerikanische Soziologe Talcott Parsons (1902–1979) hat im Anschluss an Durkheim eine differenzierte Theorie der Sozialisation entwickelt. Er unterscheidet zwischen drei analytischen Grundeinheiten, die in Beziehung zueinander gesetzt werden müssen, um den Prozess der Sozialisation zu verstehen: einem organischen, einem psychischen und einem sozialen System. Jedes System muss bestimmte Funktionen erfüllen, um seine bestehende Struktur und damit seinen Fortbestand zu sichern. Daher stammt die Bezeichnung »strukturfunktionalistisch«.

Das organische System des Menschen, also sein Körper, versorgt Organismus und Psyche mit Energie für alle ihre Grundfunktionen und sichert so das Überleben. Das psychische System, die Persönlichkeit des Menschen, hat die Aufgabe, die Antriebsenergien des organischen Systems zu kontrollieren und in gesellschaftlich erlaubte Bahnen zu lenken. Das soziale System ist identisch mit der Gesellschaft; es wird aus den Beziehungsmustern zwischen Menschen gebildet, die Träger bestimmter sozialer Rollen sind.

Ganz im Sinne der Vorstellung von Durkheim wird Sozialisation von Parsons als schrittweise Übernahme der Verhaltensmaßstäbe des sozialen Systems in das psychische System verstanden. Sozialisation beginnt mit der psychischen Verinnerlichung der Maßstäbe der ersten Pflege- und Bezugspersonen, mit denen ein Kind in Beziehung tritt. Im weiteren Verlauf des Lebens kommt es zu immer neuen Internalisierungen normativer und sozialer Strukturen, bis im Erwachsenenalter eine »gesellschaftsfähige Persönlichkeit« entstanden ist. Über den Prozess der Sozialisation werden nach Parsons grundlegende Wert- und Verhaltensorientierungen erworben und fest in der Persönlichkeit verankert, die zum erfolgreichen Rollenhandeln in komplexen Gesellschaften befähigen (Parsons 1964).

Die Theorie von Parsons erklärt Sozialisation als eine gegenseitige Durchdringung (Interpenetration) der Systeme »Organismus«, »Persönlichkeit« und »Gesellschaft«. Diese Systeme pendeln sich im Verlauf ihrer Entwicklung jeweils auf bestimmte, mehr oder weniger stabile Gleichgewichtszustände ein.

*Durchdringung von organischem, psychischem und sozialem System*

**Weiterführende Literatur**

Parsons, T. (1964): Sozialstruktur und Persönlichkeit. Frankfurt a.M.: Fachbuchhandlung für Psychologie.

Ein solcher Zustand ist zum Beispiel dadurch gegeben, dass die Bedürfnis- und Denkstrukturen eines Menschen sich in Übereinstimmung mit den Strukturen des sozialen Systems befinden, in dem die kulturellen, politischen und ökonomischen Erwartungen institutionalisiert sind. Parsons betont aber, dass einem Menschen sozial integriertes Handeln immer nur dann möglich ist, wenn die Grundbedürfnisse seines organischen und des psychischen Systems erfüllt werden. Gesellschaften, die – wie totalitäre Regime – den Versuch unternehmen, die körperlichen und psychischen Ansprüche ihrer Mitglieder zu unterdrücken, können deshalb nicht lange Bestand haben.

### Der Symbolische Interaktionismus von George Herbert Mead

George Herbert Mead (1863–1931) wendet sich noch viel stärker als Parsons den Wechselbeziehungen zwischen individuellen und gesellschaftlichen Ansprüchen zu. Für ihn kann eine Gesellschaft letztlich immer nur aus den sozialen Netzwerken hervorgehen, die Menschen herstellen. Mead konzentriert seine Theorie entsprechend auf die Strukturen der Interaktionen von Menschen und auf die Symbole, die sie einsetzen, um sich miteinander zu verständigen. Die wichtigsten Symbole sind die Sprache und die körperlichen Gesten.

Persönlichkeit entsteht in dieser Konzeption als Produkt zweier Größen, der sozialen Komponente des »Me« (Mich) und der psychischen Komponente des »I« (Ich). Das Me repräsentiert, wie die anderen Menschen ein Individuum sehen und wie es sich den subjektiv wahrgenommenen und interpretierten Erwartungen nach zu verhalten hat. Es speichert gewissermaßen die intersubjektiv ausgehandelten Erwartungen und stellt handlungsleitende Strukturen und Orientierungen zur Verfügung. Das I vertritt gegenüber dem Me die impulsiven und spontanen Energien der Person, die zwar durch das Me gezügelt werden, aber eine unabhängige Größe der Persönlichkeit darstellen.

Durch das Zusammenwirken von I und Me bildet sich das »Self« (Selbst), das die Basis für das Bewusstsein von sich als Person darstellt (»Mind«). Erst aus dem komplexen Zusammenspiel von I, Me, Self und Mind sind in dieser Konzeption die Entstehung der Persönlichkeit des Menschen und sein Handeln erklärbar. Der Mensch wird als ein Wesen mit reflexivem Bewusstsein verstanden und stellt als ein solches ein individuelles und zugleich soziales Subjekt dar (Mead 1973/1934).

*Der Mensch als schöpferischer Interpret seiner Lebenswelt*

Mead versteht den Menschen im Unterschied zu Parsons nicht in erster Linie als ein Spiegelbild der gesellschaftlichen Verhältnisse, sondern als einen schöpferischen Interpreten seiner sozialen Lebenswelt, der in seinen Handlungen nur zum Teil durch die sozialen Vorgaben festgelegt ist. Die wesentliche Kompetenz, die den Menschen von der Vereinnahmung durch die soziale und materielle Welt befreit, ist die der symbolischen Kommunikation, also der Einsatz von Sprache und Gesten. Durch Rückgriff auf diese kann der Mensch seine Umwelt und seine eigenen Handlungen in ihr mit Bedeutungen versehen und sich in die Rolle seiner Kommunikationspartner hineinversetzen. Er entwickelt auf diesem Wege Bewusstsein und ein Selbstbild. Er kann sich der Anmutung der gesellschaftlichen Unterwerfung über weite Strecken deshalb entziehen, weil er in der Lage ist, über seine soziale Interaktion gesellschaftliche Bedingungen mitzubestimmen.

Nach dieser Theorie beeinflussen gesellschaftliche Bedingungen zwar die menschlichen Bewusstseins- und Handlungsstrukturen, determinieren sie aber nicht. Die Persönlichkeit des Menschen ist kein mehr oder weniger mechanischer Ausdruck der sozialen Strukturen. Vielmehr bilden sich die sozialen Strukturen aus den wechselseitigen Beziehungen der Menschen. Die sozialen Strukturen sind das Produkt der Interaktion und der Interpretation der menschlichen Subjekte, weshalb eine Gesellschaft nicht ohne die ständige aktive Leistung ihrer Gesellschaftsmitglieder existieren kann.

---

### Reflexion/Übungsaufgaben

- Wie ist es zu erklären, dass seit der Industrialisierung das Thema der sozialen Integration von Gesellschaftsmitgliedern und damit der »Sozialmachung« ihrer Persönlichkeit immer größere Aufmerksamkeit fand?
- Welches sind die Gründe dafür, dass in den ersten soziologischen Theorien der Sozialisation einseitig nur die »Vergesellschaftung der menschlichen Natur« und kaum die Entfaltung der individuellen Persönlichkeit das Interesse auf sich zog?
- Worin liegt der Erkenntnisgewinn, den die Strukturfunktionalistische Theorie mit der These der gegenseitigen Durchdringung der Systeme Organismus, Persönlichkeit und Gesellschaft von Talcott Parsons gegenüber den Ausgangstheorien von Georg Simmel und Emile Durkheim bringt?
- Worin liegt der entsprechende Errkenntnisgewinn der Theorie des Symbolischen Interaktionismus von George Herbert Mead? Warum kann seine Theorie als ein konzeptioneller Brückenschlag zwischen dem soziologischen und dem psychologischen Denken in der Sozialisationstheorie angesehen werden?

## 1.2   Neuere soziologische Sozialisationstheorien

Die Theorien von Georg Simmel und Emile Durkheim entstanden in der Zeit der Etablierung der arbeitsteiligen Industriegesellschaften. Es waren Zeiten heftigster wirtschaftlicher Umbrüche mit nachfolgenden politischen Auseinandersetzungen und Klassenkämpfen und gleichzeitig mit kriegerischen Auseinandersetzungen zwischen den Staaten. Es bestand Sorge um den Fortbestand und die Funktionsfähigkeit der Gesellschaft. Die Sichtweise des Zusammenhangs von Persönlichkeits- und Gesellschaftsentwicklung war bei Simmel und Durkheim durch diesen historischen Kontext beeinflusst. Im Grunde stand in ihren Theorien bei allem Interesse an der Wechselwirkung von Individuum und Gesellschaft am Ende doch immer die Frage im Vordergrund, wie das menschliche Subjekt dazu gebracht werden kann, zu einem sozial integrierten Gesellschaftsmitglied zu werden. Damit legten sie den Akzent im Grunde nur auf die eine Seite des Zusammenhangs.

Auch in der Theorie von Parsons ist diese Denkweise noch deutlich zu spüren. Parsons stellt sich die Frage, welche Voraussetzungen gegeben sein müssen, damit der Zusammenhalt einer Gesellschaft gesichert ist. Allerdings, und das ist das große Verdienst dieses Ansatzes, arbeitet er auch heraus, dass der Mensch als ein organisches und ein personales System dem sozialen System der Gesellschaft nicht vollständig inkorporiert werden kann, sondern als selbstständiges Subjekt eigene Bedürfnisse hat, die einer eigenen Logik folgen.

Die Theorie von Mead löst sich noch deutlicher von der Fixierung auf die gesellschaftliche Integration. Sie verschiebt den analytischen Schwerpunkt auf die Analyse der persönlichen Individuation im gesellschaftlichen Kontext und betont die Eigenleistung des Individuums bei der Entwicklung seiner Persönlichkeit. Dazu greift sie auch auf psychologische und persönlichkeitstheoretische Konzepte zurück.

### Erweiterung der traditionellen soziologischen Denkweise

**Bewältigung von Vielfalt und Komplexität moderner Gesellschaften**

Dieser Denkansatz wird in den nachfolgenden soziologischen Theorien der Sozialisation weitergeführt. Sie sind in der zweiten Hälfte des 20. Jahrhunderts entstanden, in einer Phase der Gesellschaftsentwicklung, die nicht mehr – wie noch zu Simmels und Durkheims Zeiten – durch die schweren Verwerfungen einer zuvor relativ stabilen sozialen Struktur und auch nicht – wie noch zu Meads und Parsons' Zeiten – durch schwere politische und wirtschaftliche Krisen gekennzeichnet ist. Der wirtschaftliche Wohlstand hat seit den späten 1950er-Jahren breite Bevölkerungsschichten gut abgesichert, die Produktionsformen sind jetzt durch die Hinwendung zu Dienstleistungen und interaktiven Informationstechniken charakterisiert. In der Folge ergeben sich eine große Vielfalt an sozialen und kulturellen Lebensformen und ein komplexes Zusammenspiel von eigenständigen Organisationen und Systemen.

Entsprechend verschieben die neueren Theorien das Gewicht, das bei den klassischen soziologischen Ansätzen noch auf der Analyse der sozialen Integration liegt, immer stärker auf das Wechselspiel von Individuation und Integration. Die generelle Annahme dieser Theorien ist, dass moderne Gesellschaften nur dann Bestand haben können, wenn selbstständige Persönlichkeiten sich für ihr Funktionieren und ihren Erhalt einsetzen. Entsprechend wird von jedem Gesellschaftsmitglied nicht die mechanische und außengeleitete Internalisierung von sozialen Regeln verlangt, sondern eine flexible, sensibel auf soziale Bedingungen Rücksicht nehmende innengeleitete Selbstorganisation der eigenen Wertvorstellungen und Handlungen.

Das Wechselspiel von Individuation und Integration

↵ Die hochdifferenzierten Gesellschaften des ausgehenden 20. Jahrhunderts brauchen – so lässt sich das Credo der Theorien benennen – ebenso hochdifferenzierte Persönlichkeiten als Gesellschaftsmitglieder, und das moderne Individuum braucht seinerseits eine Gesellschaft, die ihm Spielräume und Nischen für die Entwicklung, aber auch Einsatz- und Gestaltungsmöglichkeiten anbietet. Die neueren soziologischen Ansätze tragen auf diese Weise der Tatsache Rechnung, dass Sozialisation als selbsttätige und selbst organisierte Aneignung von kulturell und sozial vermittelten Umweltangeboten erfolgt und so zum gesellschaftlichen Zusammenhalt beiträgt.

Es sind vor allem die folgenden Theorien, die im Anschluss an Parsons und Mead wertvolle Beiträge zur Analyse der Verbindung von Individuum und Gesellschaft beigesteuert haben:

- die Konstruktivistische Theorie von Peter L. Berger und Thomas Luckmann,
- die Theorie der Selbstsozialisation von Niklas Luhmann,
- die Identitätstheorie von Lothar Krappmann,
- die Kompetenztheorie von Jürgen Habermas,
- die Habitustheorie von Pierre Bourdieu und
- die Theorie der Salutogenese von Aaron Antonovsky.

### Die Konstruktivistische Theorie von Peter L. Berger und Thomas Luckmann

Im Anschluss an den Symbolischen Interaktionismus von Mead haben die beiden Deutsch-Amerikaner Peter L. Berger (geboren 1929) und Thomas Luckmann (geboren 1927) ihren Ansatz der »gesellschaftlichen Konstruktion der Wirklichkeit« entwickelt, der über weite Strecken eine Sozialisationstheorie darstellt.

Kinder, die neu in eine bestehende Gesellschaft hineinwachsen, werden demnach mit den Deutungen der sozialen Realitäten konfrontiert, die von den Gesellschaftsmitgliedern vorangegangener Generationen konstruiert worden sind. Den »Novizen« bleibt nichts anderes übrig, als sich mit den Werten und Bedeutungszuschreibungen auseinanderzusetzen, die sie vorfinden und die ihnen von ihren Eltern sowie Lehrerinnen und Lehrern vermittelt werden. Unvermeidlich kommt es dabei zu einer Verinnerlichung dieser Vorgaben. Dieser Prozess ist umso intensiver, je mehr die bisherigen »Wirklichkeitskonstruktionen« der etablierten Gesellschaftsmitglieder in habitualisierte und institutionalisierte Formen geronnen sind, also etwa über Familien und Schulen vermittelt werden.

Die neuen Gesellschaftsmitglieder sind aber – ganz im Sinne von Mead – Konstrukteure ihrer eigenen Realität. Zwar müssen sie sich mit der ihnen nahegelegten Wirklichkeitskonstruktion auseinandersetzen, aber sie haben auch die Möglichkeit, ihrerseits eine eigene Konstruktion der Wirklichkeit zu erstellen. Als interaktiv handelnde Individuen konstruieren sie Gegenmodelle zu den bisher existierenden Werten und bieten neuartige Interpretationen der sozialen Realität an. Sie mischen sich auf diesem Weg in die Weiterentwicklung der sozialen Strukturen der Gesellschaft ein und entwerfen ihre eigenen Gesellschaftsmodelle (Berger/Luckmann 1969).

Die schöpferischen Möglichkeiten der Konstruktion von Wirklichkeit sind dann gegeben, wenn die Phase der »primären Sozialisation« in der Kindheit abgeschlossen ist. Sie dient nach Berger und Luckmann noch der Fundierung der sozial integrierten Persönlichkeit, während ab der darauffolgenden Phase der »sekundären Sozialisation« in Jugendzeit und jungem Erwachsenenalter die Spielräume erschlossen und genutzt werden können, die sich aus der Vielfalt der sozialen Anforderungen in unterschiedlichen Institutionen und Gesellschaftsbereichen ergeben. Über den ganzen weiteren Lebenslauf hinweg kann ein Gesellschaftsmitglied zu einem aktiven Konstrukteur der eigenen Wirklichkeit werden und dadurch auch die gesellschaftliche Wirklichkeit verändern.

### Die Theorie der Selbstsozialisation von Niklas Luhmann

Der deutsche Soziologe Niklas Luhmann (1927–1998) entwickelte die Systemtheorie von Talcott Parsons weiter, wobei er die Eigenlogiken der jeweiligen Systeme noch viel stärker betonte als Parsons.

Organisches, psychisches und soziales System werden von Luhmann jeweils als sich selbst organisierende und steuernde Systeme verstanden. So hat etwa das psychische System seine ganz eigene Dynamik, die völlig unabhängig von der sozialen Umwelt ist. Das Gleiche gilt für die soziale Umwelt, die Gesellschaft; auch sie entwickelt sich gemäß einer »selbstreferenziellen« Logik, die Luhmann als Autopoiesis bezeichnet. Beide Systeme sind darauf ausgerichtet, sich selbst zu erhalten und sich vorrangig um die eigenen internen Belange zu kümmern; das jeweils andere System wird dabei als eine fremde Außenwelt betrachtet, zu der nur solche Beziehungen aufgenommen werden, die keine Beeinträchtigung der inneren Anforderungen mit sich bringen (Luhmann 1987).

Mit dieser abstrakten Begrifflichkeit arbeitet Luhmann die Spannung zwischen Individuum und Gesellschaft in besonders pointierter Weise heraus. Gleichzeitig wird auch darauf hingewiesen, wie hoch die Anforderungen an die

**Weiterführende Literatur**

Berger, P. L./Luckmann, T. (1969): Die gesellschaftliche Konstruktion des Wissens. Frankfurt a.M.: Fischer.

*Der Mensch als Konstrukteur der gesellschaftlichen Wirklichkeit*

**Weiterführende Literatur**

Luhmann, N. (1987): Sozialisation und Erziehung. In: Luhmann, N.: Soziologische Aufklärung 4. Opladen: Westdeutscher Verlag, S. 173–181.

Selbststeuerung und Selbstorganisation der Systeme sind. Das gilt für das psychische System, das sich in einer vielfältigen und komplexen sozialen Umwelt ein hohes Ausmaß an Sinnbildung, Ordnung des Handelns und Strukturierung von inneren Elementen erschließen muss, um gegenüber der sich wandelnden Außenwelt konstant bleiben zu können.

Hieraus leitet Luhmann sein Konzept der Sozialisation ab. Für ihn sind es nicht gesellschaftliche Außenanforderungen, die zur »Sozialmachung« der Persönlichkeit führen, wie es noch von Parsons nahegelegt wird. Es gibt keine Sozialisation, die von einer Instanz außerhalb des psychischen Systems bedingt ist, vielmehr nimmt das psychische System eine »Selbstsozialisation« vor, indem es sich nach innen und nach außen ständig neu orientiert und die eigenen Strukturen und Eigenschaften ebenso wie die Erwartungen an die soziale Umwelt permanent auf veränderte Ausgangsbedingungen umstellt.

Mit dem neu eingeführten Begriff der Selbstsozialisation bezeichnet Luhmann die aktive Eigenleistung des »psychischen Systems« und setzt sich damit von der Annahme einer Anpassung des psychischen Systems an die Gesellschaft ab, die noch bei Parsons vorherrscht. Das psychische System, das sinngemäß mit »Persönlichkeit« gleichgesetzt werden kann, unterwirft sich – so Luhmann – in keiner Phase seiner Entwicklung dem sozialen System, der Gesellschaft, und nimmt dessen Komponenten auch nicht in sich auf. Vielmehr setzt sich das psychische System entsprechend seiner eigenen Funktionslogik so mit dem sozialen System ins Verhältnis, dass eine geregelte Koexistenz beider Systeme möglich ist. Damit wird – übersetzt in die traditionelle soziologische Terminologie – die aktive Auseinandersetzung eines Individuums mit seiner sozialen Lebenswelt betont.

*Die aktive Auseinandersetzung des psychischen mit dem sozialen System*

### Die Identitätstheorie von Lothar Krappmann

Der deutsche Soziologe Lothar Krappmann (geboren 1936) nimmt die Ansätze der Handlungstheorie von Mead auf und arbeitet die für eine gesonderte Identitätstheorie relevanten Aspekte heraus. Im Anschluss an Mead definiert er Identität als das Erleben eines Menschen, sich selbst gleich zu sein, auch wenn er sich in verschiedenen Stadien der eigenen Lebensgeschichte befindet und auf jeweils unterschiedliche soziale Anforderungen in verschiedenen Handlungsbereichen reagieren muss. Wer trotz dieser höchst unterschiedlichen Referenzsysteme eine stabile Vorstellung vom eigenen Ich aufrechterhalten kann, der hat demnach eine Ich-Identität (Krappmann 1969).

Voraussetzung für die Ich-Identität ist eine realistische Selbstwahrnehmung und eine positiv gefärbte Selbstbewertung. Nur wenn diese Kriterien gegeben sind, können unterschiedliche situative Anforderungen an das eigene Handeln miteinander koordiniert und schließlich bewältigt werden. Die Ich-Identität ist ihrerseits die Voraussetzung dafür, autonom handlungsfähig zu

**Weiterführende Literatur**

Krappmann, L. (1969): Soziologische Dimensionen der Identität. Stuttgart: Klett-Cotta.

*Das Spannungsver-*
*hältnis von persönli-*
*cher und sozialer*
*Identität*

sein und sich für die Gestaltung der sozialen Umwelt nach eigenen Bedürfnissen und Interessen einsetzen zu können.

Krappmann versteht die Ich-Identität als die entscheidende organisierende und koordinierende Instanz der Persönlichkeit. Sie besteht aus zwei Komponenten. Als »persönliche Identität« wird die trotz wechselnder lebensgeschichtlicher und biografischer Umstände vorhandene Kontinuität und Konsistenz des Selbsterlebens bezeichnet. Als »soziale Identität« wird die Kontinuität und Konsistenz des Selbsterlebens in der Auseinandersetzung mit den Anforderungen verschiedener gesellschaftlicher Einrichtungen und Handlungsfelder bezeichnet.

Für die soziale Identität wird von einem Menschen verlangt, sich den gesellschaftlichen Erwartungen und den äußeren Lebensbedingungen anzupassen. Für die persönliche Identität wird erwartet, sich wegen der unverwechselbaren Merkmale der eigenen Persönlichkeit von allen anderen Menschen zu unterscheiden. Das bedeutet, personale und soziale Identitätsanforderungen stehen in einem elementaren Spannungsverhältnis zueinander und folgen jeweils völlig andersartigen Funktionslogiken.

Diese Spannung auszuhalten, zwischen diesen beiden Anforderungen zu balancieren, sie in ein Gleichgewicht zu bringen und sie auszutarieren, das sind die aktiven Leistungen während des Sozialisationsprozesses, die ein Leben lang gefordert werden. Gelingt dieses Austarieren, kann eine Ich-Identität aufgebaut werden. Sie ist kein ein für alle Mal gelungener, feststehender und verlässlicher Besitz eines Menschen, sondern ein Balanceakt, der immer wieder neue Interpretations- und Aushandlungsprozesse erfordert.

### Die Kompetenztheorie von Jürgen Habermas

Das Erkenntnisinteresse der – im Rahmen der weit angelegten Theorie des kommunikativen Handelns ausgearbeiteten – Theorie der kommunikativen Kompetenz des deutschen Sozialphilosophen Jürgen Habermas (geboren 1929) ist es, die Bedingungen für die Emanzipation der menschlichen Subjekte in der Gesellschaft zu benennen. Habermas macht in seinem Werk besonders viele Anleihen bei den klassischen Theorien und beruft sich vor allem auf Parsons und Mead, aber auch auf psychologische Theoretiker wie Freud und Piaget, die es in Kapitel 2 noch vorzustellen gilt.

Der für seinen Ansatz zentrale Begriff der »kommunikativen Kompetenz« bezeichnet die Eigenschaften eines handlungsfähigen, die eigene Persönlichkeit und das gesellschaftliche Umfeld gestaltenden Subjekts. Dieser Idealzustand setzt eine soziale und kulturelle Umwelt voraus, die durch eine gerechte Ressourcenverteilung, eine relative Gleichheit der Entfaltungsmöglichkeiten aller Gesellschaftsmitglieder und ein hohes Maß an Mitbestimmungsmöglichkeiten gekennzeichnet ist. Voraussetzung dafür ist, dass die Gesellschaft demokratisch verfasst ist. Nur in einer Gesellschaft mit den genannten Merkmalen kann nach dieser Theorie das volle Potenzial der menschlichen Persönlichkeitsentwicklung und damit der gesellschaftlichen Prosperität und Produktivität freigesetzt werden (Habermas 1981).

Im Anschluss an Parsons und Mead setzt sich Habermas mit den konkreten Anforderungen auseinander, die ein Mensch in einer demokratischen Gesellschaft erfüllen muss, um voll handlungsfähig und mit sich selbst identisch sein zu können. In diesem Zusammenhang arbeitet er insbesondere die drei Fähigkeiten der Rollendistanz, der Ambiguitätstoleranz und der Frustrationstoleranz heraus.

*Rollendistanz* ist notwendig, weil in Familie, Schule, Freizeit und Arbeitsleben verschiedene Werte und Normen institutionalisiert sind, die den eigenen Bewertungen und dem Streben nach Autonomie teilweise widersprechen. Ein autonomes »Spielen« der sozialen Rolle setzt voraus, dass diese zwar beherrscht wird, aber auch die Fähigkeit vorhanden ist, sich von ihr in Teilen und Bereichen strategisch wieder abzusetzen. Wer vollständig nur in einer Rolle aufgeht, kann seine Persönlichkeit nicht autonom entwickeln, sondern wird von den sozialen Vorgaben der Rolle gewissermaßen erdrückt.

*Ambiguitätstoleranz* ist notwendig, weil die Erwartungen an eine soziale Rolle immer ungenau und diffus sind und deswegen teilweise der Interpretation bedürfen. Jeder Mensch muss über die Fähigkeit verfügen, Unklarheiten und Spannungen im Rollengefüge zu ertragen und dennoch handlungsfähig zu bleiben. Eine vollständige Übereinstimmung der Rollendefinition mit dem tatsächlichen Verhalten ist äußerst selten und meist ein Zeichen für ein hohes Ausmaß an Zwang in einem sozialen System.

*Frustrationstoleranz* ist notwendig, weil zwischen den Rollenerwartungen und den Bedürfnissen von Menschen nur selten vollständige Übereinstimmung besteht. Viele Rollen erlauben nur eine geringe Befriedigung der eigenen Wünsche und Bedürfnisse. Dennoch muss ein Mensch in ihnen handeln und die Interaktion in ihren Bahnen aufrechterhalten. Hierfür ist die Fähigkeit notwendig, trotz der geringen Bedürfnisbefriedigung und trotz der Einschränkungen von Handlungsmöglichkeiten die Kommunikation fortzusetzen.

Habermas hat damit eine Theorie vorgelegt, die zu klären versucht, welche gesellschaftlichen Voraussetzungen gegeben sein müssen, um eine gelingende Persönlichkeitsentwicklung zu ermöglichen. Seine Theorie lenkt die Aufmerksamkeit auf die konkrete Beschaffenheit der sozialen, kulturellen und wirtschaftlichen Lebensbedingungen, die den Referenzrahmen für die Persönlichkeitsentwicklung eines Menschen bilden. Eine gelingende Sozialisation ist demnach nur möglich, wenn ein Mindestmaß an gesellschaftlicher Gleichheit und Gerechtigkeit gegeben ist.

 **Weiterführende Literatur**

Habermas, J. (1981): Theorie des kommunikativen Handelns. 2 Bde. Frankfurt a.M.: Suhrkamp.

*Entwicklung der Kompetenzen des Rollenhandelns*

###  Die Habitustheorie von Pierre Bourdieu

Der französische Soziologe Pierre Bourdieu (1930–2002) greift diese Frage ebenfalls auf, und zwar unter dem Gesichtspunkt, welche Unterschiede sich für die Persönlichkeitsentwicklung in jeweils sozioökonomisch voneinander unterscheidbaren Gruppen der Bevölkerung ergeben. Er differenziert diese Gruppen nicht nur nach ihrem ökonomischen, sondern auch nach ihrem kulturellen und sozialen »Kapital« und stellt damit ein Raster für die Erfassung von sozialer Ungleichheit zur Verfügung.

Das ökonomische Kapital ist durch die Verfügbarkeit finanzieller Mittel gekennzeichnet. Unter kulturellem Kapital versteht er die Stile des Denkens und Handelns, die auf bestimmten Einstellungen und Kompetenzen aufbauen. Unter sozialem Kapital versteht er die Kontakte im Netzwerk, auf die ein Mensch zurückgreifen kann, um sich Unterstützung und Hilfe bei der Durchsetzung seiner Handlungspläne zu holen. Alle drei Kapitalsorten zusammen bestimmen, welche Position ein Mensch in der Hierarchie der Gesellschaft, in ihrem »sozialen Raum«, einnimmt (Bourdieu 1983).

Je nach Menge und Ausprägung der zur Verfügung stehenden Kapitalsorten lassen sich Menschen in unterschiedliche Klassen und Milieus differenzieren. Durch die jeweilige ökonomische, kulturelle und soziale Position im gesellschaftlichen Gefüge werden die Lebensstile der Angehörigen dieser Klassen und Milieus geprägt. Damit sind Muster der Lebensführung – etwa bezüglich Einstellungen und Haltungen, Fähigkeiten, Kompetenzen und Gewohnheiten – gemeint, die fest als Wahrnehmungs- und Denkschemata verinnerlicht werden. Sie werden als der soziale »Habitus« bezeichnet.

Nicht nur die wirtschaftliche Lage, sondern auch Wohnungseinrichtungen, Speisen, Musikgeschmack, Kunstorientierung, Häufigkeit von Besuchen im Museum, Bildungswissen und andere kulturelle Stile bestimmen zusammen mit der sozialen Vernetzung den Status eines Menschen und seiner Familie. Die Denk-, Wahrnehmungs- und Bewertungsformen von Menschen werden demnach von den jeweiligen ökonomischen, kulturellen und sozialen Lebensbedingungen geprägt.

Schon in der frühen Kindheit werden die Grundstrukturen des Habitus eines Menschen gelegt, indem die Lebensbedingungen mit dem mit ihnen einhergehenden Profil der Verhaltensweisen, Ausdrucksformen, Geschmacksvorlieben, Meinungen und bewertenden Einstellungen aufgenommen und verarbeitet werden. Auf diese Weise reproduzieren sich die Unterschiede der sozialen Herkunft. Wie Bourdieu zeigen kann, verfestigen sich diese frühen Muster durch die Einflüsse der öffentlichen Bildungsinstitutionen von der Kinderkrippe über die Grundschule bis zur Berufsausbildung. Der Grund dafür ist, dass durch die unterschiedlichen sozioökonomischen und kulturellen Bedingungen auch ungleiche Kompetenzen entstehen, sich die soziale Umwelt aneignen zu können.

---

**Weiterführende Literatur**

Bourdieu, P. (1983): Ökonomisches Kapital, kulturelles Kapital, soziales Kapital. In: Kreckel, R. (Hrsg.): Soziale Ungleichheiten. Soziale Welt, Sonderband 2. Göttingen: Schwartz, S. 183–198.

*Die Entwicklung fester Wahrnehmungs- und Denkschemata*

## Die Theorie der Salutogenese von Aaron Antonovsky

Eine ebenfalls kompetenztheoretisch ausgerichtete Konzeption der Sozialisation stammt von dem israelischen Sozial- und Gesundheitswissenschaftler Aaron Antonovsky (1923–1994). Er orientiert sich an einer stress- und bewältigungstheoretischen Position, in die er sozialpsychologische und persönlichkeitstheoretische Konzepte einbezieht. Der in Antonovskys Ansatz zentrale Begriff »Salutogenese« setzt sich aus dem lateinischen Wort »salus« für Unverletztheit, Heil und Glück und dem griechischen Wort »genese« für Entstehung zusammen und kann sinngemäß als »Gesundheitsentstehung« oder »Gesundheitsdynamik« verstanden werden.

Ausgangspunkt dieser Theorie ist das gesundheitswissenschaftliche Konzept des »erfolgreichen Widerstands gegen Belastungen«. Antonovsky analysiert die Bedingungen in der sozialen und physischen Umwelt eines Menschen, die es ihm ermöglichen, den vielfältigen Risiken für seine körperliche, psychische und soziale Entwicklung zu trotzen. Antonovskys zentrale Frage ist, wie es Menschen auch in extremen Belastungssituationen gelingt, handlungsfähig und autonom und damit gesund zu bleiben. Seine Antwort: Wer für den aus Belastungen resultierenden Spannungszustand (»Stress«) genügend körperliche, psychische, emotionale, kognitive und soziale »Widerstandsressourcen« aufbieten kann, der hat hervorragende Chancen, sich aus der kritischen Situation herauszubewegen und in seiner persönlichen Integrität gestärkt zu werden (Antonovsky 1997).

Als entscheidend für einen gesundheitsfördernden Ausgang der Spannungsverarbeitung wird in dieser Theorie das »Kohärenzgefühl« bezeichnet. Es wird als eine subjektive Orientierung definiert, die das Ausmaß ausdrückt, in dem ein Mensch den sicheren Eindruck hat, dass erstens die Anforderungen aus der inneren und äußeren Erfahrungswelt strukturiert, vorhersagbar und erklärbar sind, zweitens die Ressourcen verfügbar sind, die nötig sind, um den Anforderungen gerecht zu werden, und drittens, dass diese Anforderungen Herausforderungen sind, die ein persönliches Engagement verdienen. Mit anderen Worten: Die Anforderungen müssen verstehbar, bewältigbar und sinnhaft sein.

Nur wenn ein Mensch dieses positive Lebenskonzept entwickelt, kann er – immer im Einklang mit den inneren Ressourcen von Körper und Psyche – die gesundheitlichen Risiko- und Schutzfaktoren so gegeneinander ausbalancieren, dass Letztere überwiegen.

Mit diesem theoretischen Ansatz baut Antonovsky eine konzeptionelle und begriffliche Brücke zu den psychologischen Theorien der Sozialisation, die in Kapitel 2 erörtert werden.

**Weiterführende Literatur**

Antonovsky, A. (1997): Salutogenese. Zur Entmystifizierung von Gesundheit. Tübingen: TGVT Verlag.

*Die Entwicklung des Kohärenzgefühls*

**Reflexion/Übungsaufgaben**

1. Versuchen Sie, jeweils mit einem Satz die Konzeption von Sozialisation auf den Punkt zu bringen, die den hier vorgestellten neueren soziologischen Theorien eigen ist. Beginnen Sie den Satz jeweils mit den Worten: »In der Theorie von Berger/Luckmann wird Sozialisation verstanden als …« und so weiter.
2. Setzen Sie die neueren soziologischen Theorien in Beziehung zu den älteren Theorien von Talcott Parsons und George Herbert Mead. Beginnen Sie Ihre Aussage jeweils mit dem Satz: »Die Theorie von Berger/Luckmann nimmt aus der Theorie von Parsons die Idee der … und aus der Theorie von Mead die Idee der … auf.«
3. Profilieren Sie die neueren soziologischen Theorien gegeneinander. Beginnen Sie jeweils mit dem Satz: »Die Theorie von Berger/Luckmann unterscheidet sich von der Theorie von Luhmann durch …«

 **Auf den Punkt gebracht: Zentrale Unterschiede älterer und neuerer soziologischer Ansätze**

1. Die frühen Ansätze von Simmel und Durkheim entstanden in der Hochzeit der Industrialisierung mit heftigen wirtschaftlichen und in der Folge auch politischen Umbrüchen bei gleichzeitigen brutalen kriegerischen Auseinandersetzungen zwischen Staaten. Entsprechend beschäftigte die wissenschaftliche Diskussion die Frage, wie Fortbestand und Funktionsfähigkeit der Gesellschaft gesichert werden können. Deshalb rückte die Frage in den Vordergrund, wie die von Natur aus eigennützigen menschlichen Subjekte dazu gebracht werden können, zu sozial integrierten Gesellschaftsmitgliedern zu werden.
2. Die neueren soziologischen Ansätze reflektieren die nachindustrielle, weitgehend von Kriegen verschonte Wohlstandsgesellschaft der zweiten Hälfte des 20. Jahrhunderts mit ihrer Vielfalt von unterschiedlichen Lebenswelten und vergleichsweise großen Spielräumen für die individuelle Lebensgestaltung. Entsprechend rückt bei ihnen die Frage in den Vordergrund, welche individuellen Kompetenzen und welche Fähigkeiten der Selbstorganisation der Persönlichkeit den sozialen Lebensbedingungen angemessen sind.

## 1.3  Die Reichweite der soziologischen Theorien

Alle der hier vorgestellten Ansätze aus der soziologischen Tradition arbeiten auf unterschiedliche Weise jeweils spezifische Aspekte des komplexen Verhältnisses von Individuum und Gesellschaft heraus. Jede Theorie richtet gewissermaßen ihre wissenschaftlich-analytischen »Suchscheinwerfer« auf ein ausgewähltes Merkmal des komplexen Gegenstandsbereichs »Sozialisation« und beleuchtet damit ein für besonders wichtig erachtetes Element der Wechselwirkung von Individuum und Gesellschaft.

Jede der Theorien versucht, die beiden Bereiche »Individuum« und »Gesellschaft« miteinander zu verbinden. Die Theorien unterscheiden sich dadurch, dass sie verschiedenartige Begriffe und Konzepte entwickeln, um die beiden Erklärungsbereiche in Beziehung zu setzen. Jede Theorie formuliert dabei eine umfassende Aussage zur Wechselwirkung von Individuum und Gesellschaft.

Jeder der vorgestellten Ansätze geht über den Erklärungsbereich »Gesellschaft« hinaus und erschließt den Bereich »Individuum« mit. Jeder Ansatz bemüht sich darum, seine zentralen Begriffe sowohl in der psychologischen als auch in der soziologischen Terminologie verständlich zu machen (Abels/König 2010; Geulen 1977; Grundmann 2006).

Im Vergleich zu den beiden frühen Theorien von Durkheim und Simmel verfügen die neueren Theorien dabei über eine deutlich größere Reichweite und einen interdisziplinär verständlicheren wie auch anschlussfähigeren Begriffsapparat. Sie eignen sich deshalb gut, um mit ihren Kernaussagen in eine umfassende Sozialisationstheorie einbezogen zu werden, der das Modell der produktiven Realitätsverarbeitung zugrunde liegt (vgl. Kap. 3).

In Abbildung 1.1 sind Erklärungsansatz und -reichweite der soziologischen Theorien grafisch veranschaulicht. Die Linien symbolisieren die einzelnen Theorien, die von unterschiedlichen Ansatzpunkten aus analysieren, wie gesellschaftliche Kräfte in individuelle Bereiche eindringen. Die Richtung der Pfeile drückt aus, dass die soziologischen Theorien schwerpunktmäßig vom Erklärungsbereich »Gesellschaft« ausgehen und von hier den Bereich »Individuum« erschließen. Die Reichweite der Pfeile bildet ab, wie weit die soziologischen Ansätze analytisch in den Erklärungsbereich »Individuum« eindringen.

**Weiterführende Literatur**

Abels, H./König, A. (2010): Sozialisation. Wiesbaden: VS Verlag für Sozialwissenschaften.

Geulen, D. (1977): Das vergesellschaftete Subjekt. Frankfurt a.M.: Suhrkamp.

Grundmann, M. (2006): Sozialisation. Skizze einer allgemeinen Theorie. Konstanz: UVK Verlagsgesellschaft UTB.

Individuum     Gesellschaft

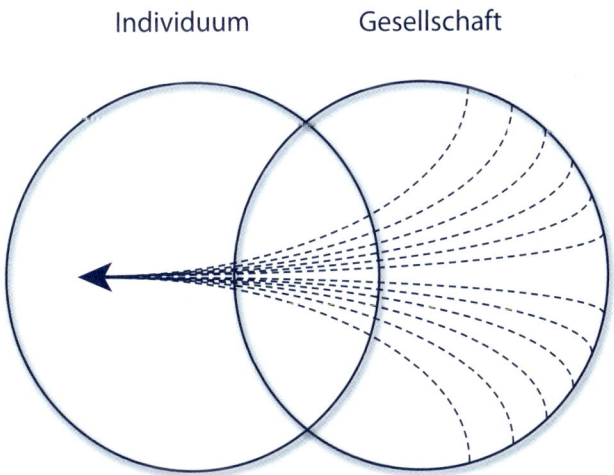

*Abb. 1.1: Erklärungsansatz und -reichweite der soziologischen Theorien der Sozialisation*

---

**Folgende Fragen können Ihnen helfen, Ihr Verständnis der Ausführungen in diesem Kapitel zu überprüfen:**

1. Worin liegt der Erkenntnisgewinn, der mit den neueren Theorien der Sozialisation im Vergleich zu den Ausgangstheorien von Simmel, Durkheim, Parsons und Mead zu verzeichnen ist? Welche historischen und gesellschaftlichen Veränderungen spiegeln sich in den neueren Theorien?
2. Worin liegt der Erkenntnisgewinn der neueren psychologischen Theorien im Vergleich zu den neueren soziologischen Theorien, die im vorigen Kapitel vorgestellt wurden?
3. Welches sind jeweils die Kernaussagen, die in den hier vorgestellten Theorien von Erikson, Havighurst, Bronfenbrenner, Piaget, Bandura und Lerner zu den Mechanismen getroffen werden, mittels derer gesellschaftliche Einflüsse in die Persönlichkeitsentwicklung übertragen werden?
4. Welche Aussagen treffen die Theorien jeweils, um die für die Sozialisationsforschung zentrale Frage zu beantworten, wie es zu einer Verbindung von individuellen Bedürfnissen und gesellschaftlichen Integrationsanforderungen kommt?

---

## Zusammenfassung

In diesem Kapitel wurden die soziologischen Theorien der Sozialisation vorgestellt, die die Wechselwirkung zwischen Individuum und Gesellschaft vorrangig aus einer sozialstrukturellen Perspektive heraus analysieren. Die ersten Sozialisationstheorien stammen von den sozialpsychologisch aufgeschlossenen Soziologen Simmel und Durkheim kurz vor und nach 1900. Sie konzentrierten sich sehr stark auf die Frage, wie in Zeiten heftiger gesellschaftlicher Umbrüche die von Natur aus eigenwilligen und eigennützigen menschlichen Subjekte zu sozial integrierten Gesellschaftsmitgliedern werden können, um den Fortbestand und die Funktionsfähigkeit des Gemeinwesens zu sichern.

Die im Anschluss an Simmel und Durkheim formulierten soziologischen Theorien der Sozialisation haben das Gewicht der wissenschaftlichen Erklärungen immer weiter von der Integration des Menschen in die soziale Ordnung der Gesellschaft (auch als »Vergesellschaftung« bezeichnet) auf das Wechselspiel von Individuum und Gesellschaft und das spannungsreiche Ausgleichen von individuellen Bedürfnissen der Identitätssicherung und sozialen Integrationsanforderungen verschoben. Parsons schlägt hierfür das Konzept der gegenseitigen Durchdringung der Systeme Organismus, Persönlichkeit und Gesellschaft vor, Mead entwickelt das Modell des Menschen als schöpferischer Gestalter seiner sozialen Lebenswelt.

Die neueren Theorien der Sozialisation greifen diese Vorgaben auf und betonen die Eigenleistungen des menschlichen Subjekts bei der Persönlichkeitsentwicklung und Individuation. Sie machen aber gleichzeitig deutlich, dass autonome Handlungsfähigkeit und Ich-Identität, die als Voraussetzung für eine starke und gesunde Persönlichkeit gewertet werden, nur unter den gesellschaftlichen Bedingungen der Gleichheit, Gerechtigkeit und Mitbestimmung in demokratisch verfassten Gesellschaften entstehen können. Restriktive wirtschaftliche, politische, soziale und kulturelle Lebensbedingungen blockieren demnach sowohl die freie Entfaltung der Persönlichkeit als auch die kreative Entwicklung der gesamten Gesellschaft.

# 2. Psychologische Theorien der Sozialisation

Die bisher vorgestellten theoretischen Ansätze stammen von ihrem Erkenntnisinteresse her aus dem soziologischen Denken, gehen also aus der Perspektive der Gesellschaft an den Prozess der Wechselwirkung von Individuum und Gesellschaft heran. In diesem Kapitel werden nun die psychologisch ausgerichteten Theorien vorgestellt, bei denen die analytische Sicht von der Perspektive des Individuums ausgeht. Wie im vorigen Kapitel werden im ersten Schritt die klassischen und in einem zweiten die modernen Ansätze erörtert.

## 2.1 Frühe Ansätze der psychologischen Theorie

Die Grundlegung der Sozialisationstheorie erfolgte, wie in Kapitel 1 dargestellt, um 1900 durch die beiden psychologisch aufgeschlossenen Soziologen Simmel und Durkheim. Etwas später arbeiteten der Psychologe Sigmund Freud an einer Theorie der menschlichen Bedürfnisse und Triebe und der Psychologe John B. Watson an einer Theorie des menschlichen Lernens.

Beide verwendeten zwar den Begriff »Sozialisation« nicht, ihre erkenntnisleitenden Interessen waren aber eindeutig darauf ausgerichtet, die Entwicklung der menschlichen Persönlichkeit auf die intensive Auseinandersetzung des Individuums mit seiner sozialen Umwelt zurückzuführen. In diesem Sinne waren sie in der Psychologie die ersten »Sozialisationstheoretiker«.

### Die Psychoanalytische Theorie von Sigmund Freud

Sigmund Freud (1856–1939) setzt sich in seiner Psychoanalytischen Persönlichkeitstheorie intensiv mit den biologischen Trieben und psychischen Bedürfnissen des menschlichen Subjekts auseinander, bezieht diese aber auch auf die gesellschaftlichen Zwänge, denen sich ein Mensch ausgeliefert sieht. Alle Eigenschaften, Einstellungen, Motivationen, Gefühle und Verhaltensweisen eines Menschen sind nach dieser Theorie auf biologisch angelegte Bedürfnisse und Triebe zurückzuführen. Den Eltern, besonders der Mutter, kommt die Aufgabe zu, diese biologische Ausstattung zu zähmen und zu kanalisieren, um das neu geborene »Triebbündel« mit seinen natürlichen animalischen Eigenschaften gleich zu Beginn seines Lebens zu einem Gesellschaftsmitglied, einem sozial integrierten Wesen zu machen.

Um diesen Vorgang der sozialen Integration analytisch zu fassen, entwickelt Freud ein Modell innerpsychischer »Instanzen«. Mit ihnen lassen sich die Grundmechanismen der Verarbeitung der inneren und äußeren Realität durch ein Individuum darstellen. Die Instanzen sind das Es, das Ich und das Über-Ich (Freud 1969/1923). Das Es repräsentiert die biologischen Bedürfnisse und die sexuellen und aggressiven Triebe. Das Ich repräsentiert den Willen und entscheidet über die Verwirklichung, Aufschiebung oder Unterdrückung der Triebansprüche des Es. Im Über-Ich sind die elterlichen Gebote, Verbote und Normen repräsentiert, die ihrerseits gesellschaftliche Ansprüche widerspiegeln. Jeder Mensch hat hier die kulturellen und sozialen Regeln verinnerlicht, die wie eine Zensurinstanz auf das Verhalten wirken.

Die Psychoanalytische Theorie nimmt also Durkheims Frage auf, wie es zur Vergesellschaftung der menschlichen Natur kommt. Im Unterschied zu Durkheim wird allerdings nicht in der »systematischen Erziehung«, sondern in der engen und gefühlsbetonten Interaktion von Mutter, Vater und Kind die Antwort gesucht.

*Vom Triebbündel zum Gesellschaftsmitglied*

**Weiterführende Literatur**

Freud, S. (1969/1923): Das Ich und das Es. Gesammelte Werke VIII. Frankfurt a.M.: Fischer (Original 1923).

### Die Lerntheorie von John B. Watson

Die Lerntheorie von John B. Watson (1878–1958) folgt der Idee, dass das Verhalten eines Menschen und damit auch seine Persönlichkeitsentwicklung von Impulsen aus der sozialen Umwelt beeinflusst werden. Entsprechend wird nach dieser Theorie die Persönlichkeit nicht durch genetische Faktoren oder Triebe gesteuert, sondern durch die Verarbeitung der Einflüsse und Anregungen der Umwelt. Ein Mensch kommt demnach ohne angeborene oder vorgeprägte Muster der Verarbeitung der äußeren Realität zur Welt und muss sein Verhalten mithilfe von Erfahrungen aufbauen. Erst durch Person-Umwelt-Interaktionen, die Lernprozesse darstellen, werden Verhaltensweisen und Handlungskompetenzen ausgebildet.

Das Verhalten eines Menschen wird mithin als Reaktion auf Impulse aus der Umwelt verstanden (Watson 1968/1919). Hier findet sich die Kernidee von Durkheim wieder, der Mensch spiegele letztlich in seinen Eigenschaften und Merkmalen die gesellschaftliche Wirklichkeit wider und sei ein Produkt seiner Umwelt. Der Mensch ist allerdings lernfähig, und das heißt, er ist in der Lage, die Reize und Impulse der Umwelt aufzunehmen und zu seinem Vorteil produktiv zu verarbeiten. Durch diese Ausrichtung wird in der Lerntheorie stärker als etwa in den Theorien von Durkheim oder von Freud die Interaktion zwischen dem Individuum und der Gesellschaft betont.

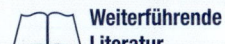

**Weiterführende Literatur**

Watson, J. B. (1968/1919): Behaviorismus. Köln: Kiepenheuer & Witsch (amerikanisches Original 1919).

*Der Mensch als Produkt seiner Umwelt*

**Reflexion/Übungsaufgaben**

1. Warum ist es gerechtfertigt, die Theorien von Freud und Watson als Sozialisationstheorien zu bezeichnen, obwohl in ihnen das Wort Sozialisation nicht verwendet wird?
2. Worin liegt in beiden Theorien ein konzeptioneller Brückenschlag zum soziologischen Denken, das sich schwerpunktmäßig mit der Vergesellschaftung der menschlichen Natur beschäftigt?

## 2.2 Neuere psychologische Sozialisationstheorien

Auch die neueren psychologischen Theorien, die heute allgemein als Sozialisationstheorien wahrgenommen werden, verwenden den Begriff »Sozialisation« nur sehr zurückhaltend oder auch gar nicht. Der Begriff ist historisch in primär soziologisch ausgerichteten Ansätzen entstanden, und das hinterlässt bis heute seine Spuren. Im Zentrum psychologischer Theorien steht daher eher der Begriff »Persönlichkeitsentwicklung«. Grundsätzlich beschäftigen sich diese Ansätze mit den Einflüssen gesellschaftlicher Strukturen auf individuelle Merkmale und Eigenschaften im Lebenslauf. Damit sind sie faktisch Theorien der Sozialisation (Asendorpf 1996; Flammer 2009).

Im Anschluss an die psychoanalytischen und lerntheoretischen Ansätze von Sigmund Freud und John B. Watson sind bis heute vor allem die folgenden psychologischen Theorien von Bedeutung:

 **Weiterführende Literatur**

Asendorpf, J. B. (1996): Psychologie der Persönlichkeit. Grundlagen. Berlin: Sigma.

- die Psychosoziale Entwicklungstheorie von Erik H. Erikson,
- die Theorie der Entwicklungsaufgaben von Robert J. Havighurst,
- die Ökologische Entwicklungstheorie von Urie Bronfenbrenner,
- die Kognitive Entwicklungstheorie von Jean Piaget,
- die Theorie der Selbstwirksamkeit von Albert Bandura und
- die Theorie der Selbstproduktion von Richard L. Lerner.

### Die Psychosoziale Entwicklungstheorie von Erik H. Erikson

In Anlehnung an Freud hat sich Erik H. Erikson (1902–1994) um eine Einbeziehung der psychodynamischen Entwicklung des Menschen in einen sozialpsychologischen Rahmen der Persönlichkeitstheorie bemüht. Er geht dabei aber über die Annahme von Freud hinaus, die menschliche Persönlichkeit werde vor allem in der frühen Kindheit geprägt. Seine Theorie betont stattdessen die permanent anhaltende Weiterentwicklung der Persönlichkeit über die gesamte Lebensspanne hinweg von der Geburt bis an das Lebensende.

Nach Erikson durchläuft eine Persönlichkeit im Laufe des Lebens mehrere Phasen mit jeweils alters- und entwicklungsspezifischen Konflikten, die mit mehr oder weniger heftigen psychischen Krisen einhergehen. Sein »Stufenmodell der psychosozialen Entwicklung« beschreibt über den gesamten Lebenslauf hinweg die Spannung zwischen den Bedürfnissen und Wünschen eines Kindes, Jugendlichen und Erwachsenen und den jeweiligen Anforderungen der gesellschaftlichen Umwelt. Die Persönlichkeit entwickelt sich – hier setzt Erikson stärkere Akzente als Freud – immer nur im Kontext von sozialen Beziehungen und folgt dabei keinen innerpsychisch vorprogrammierten Strukturmerkmalen (Erikson 1959).

Hinsichtlich des Lebenslaufs lassen sich nach Erikson acht Phasen mit jeweils typischen Konflikten und Krisen identifizieren. Am Beginn des Lebens steht der Konflikt zwischen der tiefen inneren Geborgenheit (»Urvertrauen«) und der Enttäuschung dieses Gefühls durch die Zurückweisung vonseiten der frühen Bezugspersonen, meist Mutter und Vater, beziehungsweise die zunehmende Distanz zu ihnen. Danach folgen in Kindheit und Jugend Konflikte, die Erikson »Autonomie versus Scham« und »Werksinn versus Minderwertigkeitsgefühl« nennt. Damit charakterisiert er die Spannung zwischen dem unbändigen Drang nach Selbstentfaltung und Machtausübung und dem Empfinden, den hohen Ansprüchen an die eigene Lebensgestaltung noch nicht gerecht werden zu können.

Hinsichtlich des Eintritts in das Erwachsenenalter spricht Erikson den Konflikt »Identität versus Identitätsdiffusion« an und weist auf die Aufgabe hin, zu diesem Zeitpunkt im Lebenslauf alle Zweifel am Selbstbild überwunden zu haben. Im mittleren Erwachsenenalter steht dann die schwierige Entscheidung für oder gegen eigene Kinder (»Generativität versus Stagnation«) im Vordergrund, am Ende des Lebens spielt schließlich die Frage, ob man eine in sich stimmige oder eine unbefriedigende Lebensbilanz ziehen könne (»Integrität versus Verzweiflung«), die entscheidende Rolle.

Keiner dieser Konflikte kann ohne teilweise heftige innere und intensive soziale Auseinandersetzungen gelöst werden. Ihre Lösung ist aber die Bedingung dafür, dass die Persönlichkeitsentwicklung auf einer neuen Reifestufe erfolgreich weiterverlaufen kann. Die Lösung der Entwicklungskrisen ist überdies auch die Voraussetzung für die Bildung und Aufrechterhaltung einer Ich-Identität.

Im Vordergrund von Eriksons Entwicklungstheorie stehen damit die lebenslangen Koordinationsprozesse, die ein Mensch vornimmt, um seine körperlichen und psychischen Bedürfnisse mit den Anforderungen der sozialen Umwelt in Einklang zu bringen. Persönlichkeitsentwicklung spiegelt sich in dieser Theorie in den voneinander abhängigen Prozessen der Organisation des menschlichen Körpers und des psychischen Bewusstseins auf der einen und der sozialen Integration und solidarischen Orientierung am Gemeinwesen auf der anderen Seite.

**Weiterführende Literatur**

Erikson, E. H. (1959): Identität und Lebenszyklus. Frankfurt a.M.: Suhrkamp.

*Persönlichkeitsentwicklung im Kontext von sozialen Beziehungen*

*Die Theorie der Entwicklungsaufgaben von Robert J. Havighurst*

Der amerikanische Sozial- und Erziehungswissenschaftler Robert J. Havighurst (1900–1991) löst diesen, auf den Lebenslauf bezogenen, Ansatz aus der psychoanalytischen Tradition und überführt ihn in eine auch für die soziologische Denkweise geeignete Konzeption. Er analysiert die für die einzelnen Lebensphasen typischen gesellschaftlichen Erwartungen, die an einen Menschen von außen herangetragen werden, und bezeichnet sie als »Entwicklungsaufgaben«.

Mit Entwicklungsaufgaben sind von der Gesellschaft artikulierte Lernanforderungen und Verhaltensweisen gemeint, die Gesellschaftsmitglieder sich aneignen müssen und zu »meistern« haben, wenn sie eine zufriedenstellende und konstruktive Bewältigung des Lebens und eine Integration in ihr soziales Umfeld – inklusive der damit verbundenen Anerkennung – erreichen wollen (Havighurst 1953). Die Anforderungen umfassen dabei körperliche und psychische ebenso wie soziale und kulturelle Erwartungen, die an ein Kind, einen Jugendlichen, einen Erwachsenen oder einen Senior gerichtet sind. Bei einem Jugendlichen gehören zu den zentralen Entwicklungsaufgaben zum Beispiel die Vorbereitung auf die gesellschaftliche Mitgliedsrolle des Berufstätigen durch Bildung und Qualifizierung sowie die Vorbereitung auf die Rolle eines Familiengründers durch die Ablösung von der Herkunftsfamilie und den Aufbau einer engen Beziehung zu einem Partner oder einer Partnerin.

Die erfolgreiche Bewältigung einer Entwicklungsaufgabe ist eine gute Voraussetzung für die Bewältigung anderer; umgekehrt erschwert das Versagen bei einer auch die Bewältigung anderer Entwicklungsaufgaben. Unter »Bewältigung« wird ein Prozess verstanden, der einsetzt, wenn ein Mensch sich aktiv darum bemüht, den Anforderungen und Erwartungen gerecht zu werden, die über seine Eltern oder später seine Freunde, Arbeitskollegen oder einflussreiche gesellschaftliche Instanzen an ihn herangetragen werden. Der erste Schritt der Bewältigung besteht in der subjektiven Einschätzung der Situation und des Ausmaßes der Herausforderung. Anschließend erfolgt eine Einschätzung der eigenen Handlungsmöglichkeiten und der Chancen für eine Lösung. Das Spektrum der faktisch einsetzenden Bewältigungshandlungen liegt dabei zwischen einem eher aktiven, gestaltenden und einem eher passiven, verteidigenden Pol. Das soziale Umfeld wirkt durch Unterstützung und Rückmeldung bei diesem Bewältigungsprozess mit.

**Weiterführende Literatur**

Havighurst, R. J. (1953): Developmental Tasks and Education. New York: Longman.

*Bewältigung gesellschaftlicher Erwartungen*

## Die Ökologische Entwicklungstheorie von Urie Bronfenbrenner

Der amerikanische Sozialpsychologe Urie Bronfenbrenner (1917–2005) ist der Begründer der Ökologischen Entwicklungstheorie. Von Mead übernimmt er das Konzept des aktiven, sich die Umwelt kreativ aneignenden Menschen, von

Parsons das Denken in Systemen und von Watson eine lerntheoretische Vorgehensweise, um die Wechselseitigkeit der Beziehungen zwischen Person und Umwelt im sozialen und physischen Raum zu analysieren. Von diesen Bezugsautoren ausgehend entwickelt Bronfenbrenner ein Modell der schrittweisen Erschließung von Lebensräumen – von den unmittelbaren zu den entfernten Lebensbereichen – durch einen Menschen (Bronfenbrenner 1976).

Mit voranschreitender Entwicklung bekommt ein Mensch Zugang zu Lebensbereichen außerhalb der unmittelbaren Umgebung und entwickelt die Fähigkeit, die Einflüsse verschiedener Lebensbereiche miteinander zu verbinden. Bronfenbrenners Modell setzt dabei beim Mikrosystem Familie an, das die unmittelbare Umgebung bildet, in der das Kind lebt. Es umfasst die persönlichen Beziehungen der Familienmitglieder und die räumlichen und ökonomischen Gegebenheiten von Haus und Straße. Das Mesosystem stellt die nächste Ebene dar und beruht auf den Wechselbeziehungen zwischen Mikrosystemen, zum Beispiel den Beziehungen zwischen der Kernfamilie und dem Kindergarten. Das Exosystem besteht aus dem gesellschaftlichen Nahraum. Hierunter fallen die unmittelbare Wohnumgebung, die Freizeitwelt und die Sozialisationsinstanz Schule. Das Makrosystem ist das umfassendste System und stellt als solches die gesellschaftlichen Zusammenhänge dar, die ihrerseits die Mikro-, Meso- und Exosysteme beeinflussen. Im Makrosystem bildet sich die Gesamtkultur einer Gesellschaft mit ihrer Werte- und Normenstruktur ab.

Die verschiedenen Systeme werden als Lebensbereiche in dem Maße als die Persönlichkeit fördernd klassifiziert, wie sie es ermöglichen, an fortschreitend komplexeren Tätigkeiten, zwischenmenschlichen Beziehungen und sozialen Rollenstrukturen teilzunehmen. Die menschliche Entwicklung wird als die dauerhafte Veränderung der Art und Weise verstanden, wie die Person auf die Umwelt eingeht und sich mit ihr auseinandersetzt. Dabei wird sie zu Tätigkeiten motiviert und befähigt, die es ihr ermöglichen, die Eigenschaften ihrer Umwelt immer besser zu erkennen und den eigenen Ansprüchen anzupassen. Auch diese Theorie betont damit die wechselseitige Beziehung zwischen Individuum und Gesellschaft.

*Entwicklung als Erschließung von Lebensräumen*

## Die Kognitive Entwicklungspsychologie von Jean Piaget

Die Kognitive Entwicklungspsychologie von Jean Piaget (1886–1980) geht von der lerntheoretischen Kernidee aus, ein Mensch werde einerseits von seiner Umwelt beeinflusst, wirke andererseits aber auch aktiv auf sie ein. Infolge dieses wechselseitigen Vorgangs bilden sich laut Piaget Strukturen der Wahrnehmung heraus, die sich stufenweise weiterentwickeln (Piaget 1992).

Der Schwerpunkt des Erkenntnisinteresses dieser Theorie liegt auf der Frage, wie ein Mensch sich mit seiner Umwelt auseinandersetzt und sich dabei spezifische Vorstellungen von der Welt aneignet. Während der Entwicklung

**Weiterführende Literatur**

Bronfenbrenner, U. (1976): Ökologische Sozialisationsforschung. Stuttgart: Klett.

**Weiterführende Literatur**

Piaget, J. (1992): Das Erwachen der Intelligenz beim Kinde. München: Deutscher Taschenbuchverlag (Original 1936).

entstehen Einordnungsprobleme, die sich auf dem jeweils aktuellen intellektuellen Niveau nicht mehr bewältigen lassen. Es kommt zu einem Ungleichgewicht zwischen den Außenanforderungen und den inneren kognitiven Strukturen, das nur aufgelöst werden kann, wenn diese Strukturen auf einem höheren Niveau weiterentwickelt werden.

Von diesem Denkansatz aus wird die Theorie einer stufenweisen Entwicklung der Denkoperationen abgeleitet. Nach Piaget durchläuft zum Beispiel ein Kind vier Stufen der intellektuellen Entwicklung, nämlich zuerst eine sensomotorische Stufe, dann zwischen dem zweiten und siebten Lebensjahr eine präoperationale Stufe, zwischen dem siebten und elften Lebensjahr die Stufe des konkreten Operierens und nach dem elften Lebensjahr die Stufe des formalen Operierens. Während das Denken und Sprechen eines Kindes auf den ersten Stufen noch durch ein egozentrisches Weltbild geprägt ist, beginnt mit der Stufe des konkreten kognitiven Operierens ein sachlicher Umgang mit der Außenwelt und ihren Objekten. Die ersten Schritte des logischen Denkens treten zutage, darunter auch die Fähigkeit, sich in Gesprächen in die Perspektive von anderen hineinzuversetzen.

*Entwicklung als Aufbau von Verarbeitungsschemata*

Piaget konzipiert damit die für die Sozialisationstheorie interessante Vorstellung, dass die Persönlichkeitsentwicklung – die bei ihm sehr stark auf die kognitive, intellektuelle Entwicklung fokussiert ist – durch einen intensiven Austausch zwischen dem Organismus und seiner Umwelt erklärt werden kann. Typischerweise setzen die Menschen dabei vor allem zwei kognitive Verarbeitungsschemata ein, nämlich die Funktionen der Akkommodation und der Assimilation: Bei der Assimilation werden die wahrgenommenen Anforderungen der Umwelt in bereits bestehende Muster der Verarbeitung einbezogen, die sich in ihrem Gefüge nicht verändern. Bei der Akkommodation hingegen werden neuartige Anforderungen und Impulse der Umwelt aufgenommen und führen zu einem Umbau der bestehenden Muster der Verarbeitung. Mit diesen beiden Verarbeitungsschemata gelingt es einem Menschen, sich jeweils aktiv mit der Umwelt auseinanderzusetzen und sich mit ihren veränderten Anforderungen weiterzuentwickeln.

### Die Theorie der Selbstwirksamkeit von Albert Bandura

Angeregt durch die Lerntheorie hat auch der kanadische Psychologe Albert Bandura (geboren 1925) in seinem Werk die Bedeutung der sozialen Umwelt für die Entwicklung und das Verhalten des Menschen herausgearbeitet. Jeder Mensch verarbeitet das, was er am Verhalten anderer Menschen als hilfreich und interessant wahrnimmt; das bei anderen Beobachtete dient ihm dabei als Modell für die eigene Wahrnehmung, die kognitive Strukturierung, Gewichtung und Selektion von Informationen und die Konstruktion von Regelsystemen für das Verhalten.

Banduras »Soziale Lerntheorie« geht von der permanenten Lernfähigkeit des Menschen über die gesamte Lebensspanne aus. Es kommt zu dauerhaften Veränderungen von Persönlichkeitsmerkmalen, etwa durch den Neuerwerb und das Verlernen oder Vergessen von bestimmten Verhaltensweisen. Die Veränderung kann sowohl auf einer zunehmenden Differenzierung von Handlungen als auch auf einer routinierten Übertragung von Reaktionen auf jeweils ähnliche Situationen beruhen. Veränderung durch Lernen umfasst dabei – von der Wahrnehmung über Motive, Einstellungen, Bewertungen bis zu sozialen Verhaltensdispositionen – verschiedene Funktionsbereiche der Persönlichkeit.

*Entwicklung als lebenslange Lerntätigkeit*

In den 1980er-Jahren wurde von Bandura das Konzept der »Selbstwirksamkeit« in die Lerntheorie eingeführt. Es bezeichnet die Überzeugung eines Menschen, ein bestimmtes Verhalten ausführen und dabei auftretende Hindernisse oder Schwierigkeiten effektiv überwinden zu können. Mit diesem Konzept hat Bandura ein reflexives Element in die Lerntheorie einbezogen, das eine Brücke zu vielen anderen Theorien schlägt. Damit hat die Lerntheorie ihre Leistungsfähigkeit für die Analyse von Sozialisationsprozessen deutlich erhöht (Bandura 1979).

**Weiterführende Literatur**

Bandura, A. (1979): Sozial-kognitive Lerntheorie. Stuttgart: Klett-Cotta.

## Die Theorie der Selbstproduktion von Richard L. Lerner

Eine ebenfalls stark auf die Selbststeuerungsfähigkeit des Menschen konzentrierte Theorie stammt von dem amerikanischen Sozialpsychologen Richard L. Lerner (geboren 1946). Diese Theorie postuliert, dass sich der Mensch als »Produzent seiner eigenen Entwicklung« nicht nur flexibel an die Umwelt anpassen, sondern diese auch selbst bearbeiten und gestalten kann. Ganz im Sinne des Ansatzes von George Herbert Mead werden durch diese Umweltgestaltung sodann die Rahmenbedingungen für die weitere Persönlichkeitsentwicklung geschaffen. Es ist also der Mensch selbst, der die Bedingungen für die »Produktion« seines Selbst herstellt (Lerner 1976).

**Weiterführende Literatur**

Lerner, R. M. (1976): Concepts and Theories of Human Development. Reading: Addison-Weley.

Die Persönlichkeitsentwicklung vollzieht sich in einem Prozess der Selbstregulation durch Rückkopplung: Auf dem jeweils erreichten Stand der Auseinandersetzung mit den körperlichen und psychischen Anforderungen justiert der Mensch seine Erwartungen an und Ziele für künftige Handlungen jeweils neu. Um diese Erwartungen und Ziele umsetzen zu können, werden die bisherigen Muster der Bewältigung von Anforderungen korrigiert und neu ausgerichtet. Damit sind zugleich neue Voraussetzungen für die Auseinandersetzung mit den Anforderungen entstanden. So kommt es zu einer permanenten Selbstregulation des Handelns im Entwicklungsverlauf, also einer Eigensteuerung der Persönlichkeit.

*Entwicklung als Selbstregulation mit Eigensteuerung*

Die Theorie des Individuums als Produzent seiner eigenen Entwicklung betont die Spielräume, die Menschen offenstehen, um den sozialen und physischen Kontext, der sie beeinflusst, durch eigene Aktivitäten mitzuformen und damit die Richtung künftiger Umwelteinflüsse mitzubestimmen. Außerdem haben Menschen die Möglichkeit, bestimmte soziale und räumliche Kontexte auszuwählen und andere zu meiden. Auch hierdurch nehmen sie Einfluss auf die Art der Umweltimpulse, die ihre Persönlichkeitsentwicklung formen, und erzeugen so in Eigenregie ein von ihnen mitbestimmtes Feedback.

Für Lerner spielen die Entwicklungsherausforderungen während des gesamten Lebenslaufs eine große Rolle, besonders aber die in der Lebensphase Jugend. In diesem Lebensabschnitt werden Menschen – ganz im Sinne der Theorien von Erikson und Havighurst – mit einer dichten Fülle von Anforderungen an die Bewältigung vielfältiger körperlicher, psychischer, emotionaler, kognitiver und sozialer Anspannungen konfrontiert, die »Stress« erzeugen können. In der Jugendphase entscheidet sich, ob das Bedrohungspotenzial von Belastungen – die etwa durch eine persönliche Krise, einen Unfall oder eine Krankheit bedingt sein können – und die eigenen Fähigkeiten so realistisch eingeschätzt werden, dass angespannte Situationen auch wirklich erfolgreich gemeistert werden können. Hiervon hängt ab, ob für den weiteren Lebenslauf eine sichere Basis für Selbstvertrauen und Selbstwirksamkeit gelegt werden kann.

Je nach den eingesetzten Bewältigungsstrategien bei solchen Entwicklungskrisen kommt es im positiven Fall zur Aufrechterhaltung oder Wiederherstellung der seelischen und körperlichen Gesundheit, im negativen Fall zu einer Störung der Entwicklung. Der Erfolg der Bewältigungsstrategien hängt davon ab, welche psychischen, sozialen und kulturellen Ressourcen einem Menschen für den Abbau der Belastung zur Verfügung stehen. Dieser Teil der theoretischen Konzeption von Lerner liegt dicht an der »Theorie der Gesundheitsdynamik« (Salutogenese) von Aaron Antonovsky, die in Kapitel 1 erörtert wurde.

---

### Reflexion/Übungsaufgaben

1. Versuchen Sie, jeweils in einem Satz die Konzeption der Persönlichkeitsentwicklung auf den Punkt zu bringen, die den hier vorgestellten neueren psychologischen Theorien eigen ist. Beginnen Sie den Satz jeweils mit den Worten: »In der Theorie von Erikson wird Persönlichkeitsentwicklung verstanden als …« und so weiter.

2. Setzen Sie die neueren psychologischen Theorien ins Verhältnis zu den älteren Theorien von Sigmund Freud und John B. Watson. Beginnen Sie Ihre Aussage jeweils mit dem Satz: »Die Theorie von Erikson nimmt aus der Theorie von Freud die Idee der … und aus der Theorie von Watson die Idee der … auf.«

3. Profilieren Sie die neueren psychologischen Theorien gegeneinander. Beginnen Sie jeweils mit dem Satz: »Die Theorie von Erikson unterscheidet sich von der Theorie von Havighurst durch …«

## 2.3    Die Reichweite der psychologischen Theorien

Alle hier erörterten psychologischen Theorien nehmen, ebenso wie die in Kapitel 1 vorgestellten soziologischen, die Wechselwirkung zwischen Individuum und Gesellschaft in den Blick. Im Unterschied zu den soziologischen gehen die psychologischen Theorien von der analytischen Erklärungseinheit »Individuum« aus. Sie sind aber alle darum bemüht, umfassende Aussagen zur Wechselwirkung von Individuum und Gesellschaft zu formulieren und deutlich über den Erklärungsbereich »Individuum« hinauszugehen. Auch sind sie dadurch gekennzeichnet, dass ihre zentralen Begriffe sowohl in der psychologischen als auch in der soziologischen Terminologie verständlich sind (Oerter/Montada 2002; Tillmann 2010).

Im Vergleich zu den beiden frühen Theorien von Freud und Watson verfügen die neueren Theorien dabei über eine größere Reichweite und einen interdisziplinär verständlicheren und anschlussfähigeren Begriffsapparat (Dippelhofer-Stiem 1995; Faulstich-Wieland 2000). Sie eignen sich deshalb gut, um mit ihren Kernaussagen in eine umfassende Sozialisationstheorie einbezogen zu werden, der das Modell der produktiven Realitätsverarbeitung zugrunde liegt (vgl. Kap. 3).

In Abbildung 2.1 sind nach dem gleichen Prinzip wie in Abbildung 1.1 Erklärungsansatz und -reichweite der psychologischen Theorien grafisch veranschaulicht. Die Linien symbolisieren die einzelnen Theorien, die von unterschiedlichen Ansatzpunkten aus analysieren, wie gesellschaftliche Kräfte in individuelle Bereiche eindringen. Die Richtung der Pfeile drückt aus, dass die psychologischen Theorien schwerpunktmäßig vom Erklärungsbereich »Individuum« ausgehen und von hier den Bereich »Gesellschaft« erschließen. Die Reichweite der Pfeile bildet ab, wie weit die psychologischen Ansätze analytisch in den Erklärungsbereich »Gesellschaft« eindringen.

**Weiterführende Literatur**

Oerter, R./Montada, L. (Hrsg.) (⁶2002): Entwicklungspsychologie. Ein Lehrbuch. Weinheim: Psychologie Verlagsunion.

Tillmann, K.-J. (2010): Sozialisationstheorien. Eine Einführung in den Zusammenhang von Gesellschaft, Institution und Subjektwerdung. Reinbek: Rowohlt.

Dippelhofer-Stiem, B. (1995) Sozialisation in ökologischer Perspektive. Opladen: Westdeutscher Verlag.

Faulstich-Wieland, H. (2000): Individuum und Gesellschaft. Sozialisationstheorien und Sozialisationsforschung. Opladen: Leske + Budrich.

Individuum          Gesellschaft

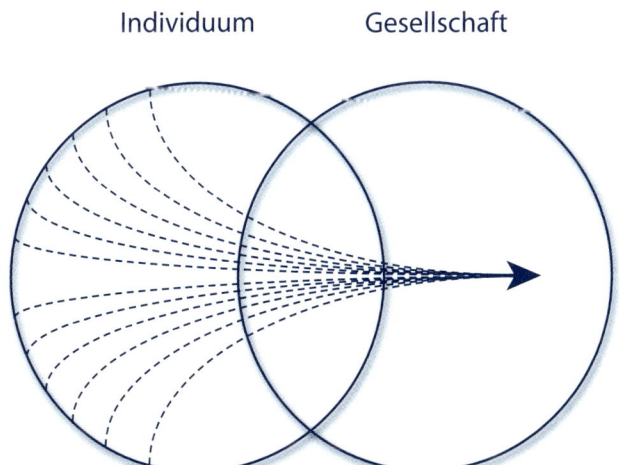

*Abb. 2.1: Erklärungsansatz und -reichweite der psychologischen Theorien der Sozialisation*

**Auf den Punkt gebracht: Zentrale Unterschiede älterer und neuerer psychologischer Ansätze**

1. Die frühen Ansätze von Freud und Watson sind für das psychologische Denken innovativ, weil sie herausarbeiten, dass die menschliche Persönlichkeitsentwicklung nicht allein von innerhalb der Person verankerten, sondern auch von äußeren, gesellschaftlichen Faktoren stark beeinflusst ist. Welche Mechanismen es sind, die gesellschaftliche Einflüsse in die Persönlichkeitsentwicklung übertragen, können sie aber noch nicht benennen.
2. Die neueren psychologischen Ansätze konzentrieren sich jede auf ihre Weise darauf, diese Mechanismen zu identifizieren. Sie verweisen auf die sozialen und kulturellen Erwartungen, die an einen Menschen gerichtet werden (Erikson, Havighurst), auf die Anforderungen und Anregungen konkreter sozialer Lebensräume (Bronfenbrenner, Piaget) und auf die Möglichkeiten eines Menschen, seine Persönlichkeit durch aktive Interaktion mit der sozialen Umwelt selbst zu gestalten (Bandura, Lerner).

---

**Folgende Fragen können Ihnen helfen, Ihr Verständnis der Ausführungen in diesem Kapitel zu überprüfen**

1. Worin liegt der Erkenntnisgewinn, der mit den neueren psychologischen Theorien im Vergleich zu den klassischen Theorien von Freud und Watson einhergeht?
2. Worin liegt der Erkenntnisgewinn der neueren psychologischen Theorien im Vergleich zu den neueren soziologischen Theorien, die im vorigen Kapitel vorgestellt wurden?
3. Welches sind jeweils die Kernaussagen, die in den hier vorgestellten Theorien von Erikson, Havighurst, Bronfenbrenner, Piaget, Bandura und Lerner zu den Mechanismen getroffen werden, mittels derer gesellschaftliche Einflüsse in die Persönlichkeitsentwicklung übertragen werden?
4. Welche Aussagen treffen die Theorien jeweils, um die für die Sozialisationsforschung zentrale Frage zu beantworten, wie es zu einer Verbindung von individuellen Bedürfnissen und gesellschaftlichen Integrationsanforderungen kommt?
3. Profilieren Sie die neueren psychologischen Theorien gegeneinander. Beginnen Sie jeweils mit dem Satz: »Die Theorie von Erikson unterscheidet sich von der Theorie von Havighurst durch …«

## Zusammenfassung

In diesem Kapitel wurden die psychologischen Theorien der Sozialisation vorgestellt. Sie verwenden den Begriff »Sozialisation« wegen seiner soziologischen Herkunft eher zurückhaltend, setzen sich inhaltlich aber ebenso detailliert wie die in Kapitel 1 vorgestellten soziologischen Theorien mit dem spannungsreichen Verhältnis von Individuum und Gesellschaft auseinander. Sie nehmen ihren Ausgangspunkt von emotionalen und kognitiven innerpsychischen Strukturentwicklungen und beschäftigen sich vorrangig mit der Frage, wie sich die Persönlichkeit eines Menschen durch soziale und ökologische Umweltbedingungen im Laufe des Lebens entfaltet und verändert.

Die frühen Ansätzen der Psychoanalyse und der Lerntheorie konzentrieren sich zwar stark auf innerpsychische Dynamiken der Persönlichkeitsentwicklung, sind aber für die Sozialisationstheorie wertvoll, weil sie herausarbeiten, dass die menschliche Persönlichkeitsentwicklung nicht allein von innerhalb der Person verankerten, sondern auch von äußeren, gesellschaftlichen Faktoren beeinflusst wird.

Die neueren psychologischen Ansätze verschieben ihr Gewicht deutlich auf die Wechselwirkung zwischen Individuum und Gesellschaft. Sie sind jeweils darum bemüht, die Mechanismen zu identifizieren, über die äußere, gesellschaftliche Einflüsse auf innere, persönliche Merkmale und Strukturen einwirken. Sie verweisen auf die sozialen und kulturellen Erwartungen der Umwelt, die Anforderungen und Anregungen konkreter sozialer und ökologischer Lebensräume und die Möglichkeiten eines Menschen, seine Persönlichkeit durch aktive Interaktion mit der sozialen Umwelt selbst zu gestalten. Damit ergänzen sie die soziologischen Positionen, die in Kapitel 1 erörtert wurden. Jede der neueren psychologischen Theorien macht deutlich, dass eine Persönlichkeitsentwicklung ohne die Herausforderung, sich mit den sozialen Umweltbedingungen auseinanderzusetzen und sich ihnen teilweise anzupassen, nicht möglich ist.

# 3. Das Modell der produktiven Realitätsverarbeitung (MpR)

In diesem Kapitel wird der Vorschlag unterbreitet, die vorgestellten soziologischen und psychologischen Einzeltheorien der Sozialisation miteinander zu verbinden und in ein umfassendes Konzept einzubeziehen. Eine solche »umfassende« Sozialisationstheorie benötigt eine über den einzelnen Theorien angesiedelte erkenntnisleitende Vorstellung. Diese wird als »Modell der produktiven Realitätsverarbeitung (MpR)« bezeichnet. Die wichtigsten Kernaussagen dieses Modells werden anschließend in Thesenform erörtert.

## 3.1 Konzeptionelle Grundlagen des Modells

So interessant und wertvoll die einzelnen theoretischen Ansätze sind, die in den Kapiteln 1 und 2 vorgestellt wurden, so problematisch ist es doch, dass sie jeweils von einer bestimmten fachlichen Perspektive ausgehen und isoliert nebeneinander stehen. Wie die Darstellung gezeigt hat, leistet jede der Theorien einen Beitrag zum Verständnis der spannungsreichen Wechselwirkung zwischen Individuum und Gesellschaft, aber jede tut es auf ihre Weise und mit eigener Terminologie. Keine der Theorien kann den Anspruch erheben, dem Gegenstandsbereich »Sozialisation« als Ganzem gerecht zu werden, denn jede nähert sich ihm immer nur aus einer bestimmten Perspektive, die einige Elemente sichtbar werden lässt, andere aber ausblendet.

*Die Verbindung soziologischer und psychologischer Theorien*

Aus dieser Bestandsaufnahme lässt sich ableiten, dass eine nachhaltige Lösung des Erklärungsdilemmas nicht durch die Entwicklung einer weiteren soziologischen oder psychologischen Einzeltheorie erreicht werden kann, so innovativ und facettenreich sie auch sein mag. Jede neue Theorie würde möglicherweise das Spektrum der Ansätze erweitern, aber keinen Durchbruch für ein umfassendes Verständnis von Sozialisation mit sich bringen.

Ein so komplexer Gegenstand wie »Sozialisation« kann nicht durch das Aufstellen eines einzelnen wissenschaftlichen »Suchscheinwerfers« identifiziert werden, auch wenn sein Lichtkegel noch so weit streut und eine große Reichweite hat. Was wir benötigen, ist vielmehr ein Ensemble von Suchscheinwerfern, um den Gegenstandsbereich möglichst vollständig ausleuchten und seine Gestalt richtig einschätzen zu können. Wir bedürfen einer Verbindung verschiedener theoretischer Ansätze, die jeweils über eine spezifische perspektivische Erkenntnisleistung verfügen. Werden sie gut aufeinander abgestimmt, kann der Gegenstand »Sozialisation« mehrperspektivisch analysiert und in seiner Gesamtgestalt wahrgenommen werden. Das gelingt vor allem dann, wenn theoretische Ansätze aus der soziologischen wie auch der psychologischen Tradition miteinander verbunden werden, da sie von zwei verschiedenartigen Perspektiven ausgehen.

Auf dieser Idee beruht das Konzept einer »umfassenden« Sozialisationstheorie, für die in diesem Buch plädiert wird. Es kann ein Erkenntnisgewinn erwartet werden, wenn eine geschickte Kombination von soziologischen und psychologischen Theorien vorgenommen wird. Es entsteht eine analytische Doppelperspektive, indem Theorien, die ihren analytischen Ausgangspunkt bei der Erklärungseinheit »Gesellschaft« nehmen, mit denen verbunden werden, die von der Erklärungseinheit »Individuum« ausgehen.

In Abbildung 3.1 ist idealtypisch veranschaulicht, welche Vorteile diese Verbindung von soziologischen und psychologischen Theorieansätzen innerhalb eines Erklärungsmodells hat. Die Linien, die symbolisch für die einzelnen Theorien stehen, treffen sich in der Schnittmenge der beiden Erklärungseinheiten »Individuum« und »Gesellschaft«. Damit werden die unterschiedlichen Perspektiven aufeinander bezogen. Durch die Vielfalt der Theorien steht ein reichhaltiges Repertoire an Begriffen und Konzepten zur Verfügung, das eine umfassende, interdisziplinär angelegte Analyse von Sozialisation als Ergebnis des Wechselspiels von gesellschaftlichen und individuellen Einflüssen ermöglicht.

*Das Konzept einer umfassenden Sozialisationstheorie*

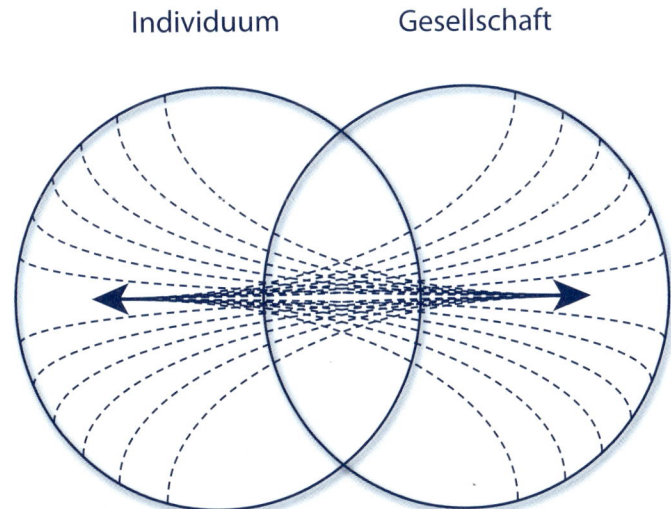

**Individuum**     **Gesellschaft**

*Abb. 3.1: Verbindung von soziologischen und psychologischen Theorien der Sozialisation*

Unter dem Begriff »umfassende Sozialisationstheorie« wird also die Kombination von mehreren der vorgestellten Theorien verstanden, die sich in ihren wissenschaftlichen Zugangsweisen und Aussagen zum Gegenstandsbereich »Sozialisation« ergänzen. Es ist grundsätzlich denkbar, sämtliche in den Kapiteln 1 und 2 vorgestellten Einzeltheorien in diese umfassende Sozialisationstheorie aufzunehmen. Günstiger aber ist es, eine übergeordnete Vorstellung davon zu haben, worauf es bei der Theoriekombination ankommen soll, indem festgelegt wird, welchen Erkenntnisinteressen sie dienen soll. Die »Suchscheinwerfer«, um dieses Bild noch einmal zu verwenden, müssen nach einem gut durchdachten Plan ausgewählt und je nach ihrer Richtung und Strahlkraft aufgestellt werden, damit sie als Ensemble den Gegenstand »Sozialisation« gut ausleuchten.

### Die Notwendigkeit einer metatheoretischen Orientierung

**Erste Ausarbeitung im Handbuch der Sozialisationsforschung**

 **Weiterführende Literatur**

Hurrelmann, K./Ulich, D. (Hrsg.) (1980): Handbuch der Sozialisationsforschung. Weinheim und Basel: Beltz.

Für eine aussagekräftige umfassende Sozialisationstheorie ist es aus den vorgestellten Überlegungen heraus notwendig, eine modellhafte Konzeption zur Verfügung zu haben, die oberhalb der Einzeltheorien angesiedelt ist. Eine solche »metatheoretische« Orientierung kann die Kriterien für die Auswahl der Einzeltheorien und ihre Positionierung zueinander zur Verfügung stellen.

Im Jahr 1980 wurde mit der Publikation des »Handbuches der Sozialisationsforschung« ein erster Versuch in diese Richtung unternommen. In diesem umfangreichen Werk, das ich zusammen mit dem Sozialpsychologen Dieter Ulich herausgegeben habe, nahmen vierunddreißig Wissenschaftlerinnen und Wissenschaftlern aus verschiedenen Fachdisziplinen eine Bestandsaufnahme der zu diesem Zeitpunkt ausgearbeiteten Theorien und Fachzugänge vor (Hurrelmann/Ulich 1980).

Die Sozialisationstheorie wird in diesem Handbuch als eine »Metatheorie« konzipiert, als ein strukturierender konzeptioneller Rahmen für die verschiedenen Einzeltheorien, die jeweils einen spezifischen Zugang zur Analyse der Persönlichkeitsentwicklung anbieten. Zur Begründung schreiben wir Herausgeber des Handbuches in der Einführung:

> *»Es bleibt die Frage zu beantworten, wie ›umfassend‹ ein sozialisationstheoretisches Rahmenmodell sein soll, das man als ›die‹ Sozialisationstheorie bezeichnen kann. Hier ist eine vorsichtige und zurückhaltende Bestimmung geboten. Es sollte nicht der Eindruck erweckt werden, ›die‹ Sozialisationstheorie sei ein Integrationsbecken empirischer Befunde über Persönlichkeitsentwicklung und als solches die Inkarnation des jeweils in den Humanwissenschaften erreichten wissenschaftlichen Fortschritts. Es scheint sich bei ›Sozialisation‹ um einen so komplexen Vermittlungsprozeß zu handeln, daß Erklärungsversuche sich immer nur auf bestimmte, relativ eng begrenzte Vorgänge, Inhalte*

oder Bedingungen beziehen können. Bei jeder Form von Sozialisation sind sehr viele und (teilweise individuumspezifisch) sehr unterschiedliche Ursache-Wirkungs-Beziehungen wirksam, deren Anzahl und Erscheinungsformen nahezu unbegrenzt sind.

Es ist also erforderlich, Bedingungen, Vermittlungen und Effekte ausschnittweise zu erfassen. Damit man weiß, zu welchem ›Ganzen‹ diese Ausschnitte gehören, ist es zugleich notwendig, eine modellhafte Vorstellung vom (hypothetischen) Zusammenwirken aller bekannten oder vermuteten Faktoren zu entwickeln« (Hurrelmann/Ulich 1980, S. 8).

An anderer Stelle der Einleitung spitzen Dieter Ulich und ich diese Überlegungen weiter zu und halten fest:

»Inzwischen herrscht weitgehende Einigkeit darüber, daß ›Sozialisation‹ zum einen Ausdruck einer metatheoretischen Orientierung an der Gesellschaftsbezogenheit der Persönlichkeitsentwicklung ist und zum anderen einen kategorialen Oberbegriff abgibt zur Ordnung und Integration einer Reihe empirischer Sachverhalte, zu deren Erklärung jedoch gegenstandsspezifische Theorien durchaus nicht überflüssig geworden sind. Die Frage, wie der Mensch zu einem gesellschaftlich handlungsfähigen Subjekt wird, muß jeweils innerhalb dieser gegenstandsspezifischen Theorien im Hinblick auf eine gegebene Wirklichkeit präzisiert werden« (Hurrelmann/Ulich 1980, S. 8).

*Sozialisation als kategorialer Oberbegriff*

Zwar wird in diesem Handbuch das »metatheoretische Modell« noch nicht konkret ausformuliert, seine zentralen Merkmale und Bestandteile aber haben Dieter Ulich und ich in der Einleitung schon recht deutlich umrissen:

»Die Erklärungskraft sozialisationstheoretischer Aussagen wird in der Regel darin gesehen, Anforderungsstrukturen und Aneignungsvorgänge in systematische Beziehung zu bestimmten Sozialisations-›Ergebnissen‹ zu setzen, ohne dabei vereinfachten unilinearen Denkmodellen zu folgen, die der Realität von Sozialisationsprozessen nicht gerecht werden können. Die vorliegenden empirischen Studien haben hinreichend deutlich gemacht, daß Kinder und Heranwachsende Verhaltensweisen und Einstellungen keineswegs direkt aus der Umwelt übernehmen – etwa nach dem Muster der ›Prägung‹ –, sondern aufgrund einer aktiven Auseinandersetzung mit der Umwelt Regulations- und Selbstregulationssysteme ausbilden, die gegenüber ihren ›Vorbildern‹ neu und subjektspezifisch sind. Verhaltensweisen und Orientierungssysteme sind in diesem Sinne als spezifische Bewältigung von Realität (einschließlich aktiver Beeinflussung) zu verstehen, die sich weniger auf einseitig wirkende Umwelteinflüsse (›Trichtermodell‹), sondern eher auf spezifische Person-Umwelt-Interaktionen (›Transaktionsmodell‹) zurückführen lassen. Sozialisationsforschung kann nur dann leisten, was sie beansprucht, wenn sie nicht nur Handlungs-

**Weiterführende Literatur**

Geulen, D./Hurrelmann, K. (1980): Zur Programmatik einer umfassenden Sozialisationstheorie. In: Hurrelmann, K./Ulich, D. (Hrsg.): Handbuch der Sozialisationsforschung. Weinheim und Basel: Beltz, S. 51–68.

›Performanzen‹, also situationsbezogene individuelle Fertigkeiten untersucht, sondern auch Kompetenzen, nämlich handlungsgenerierende Orientierungs- und Regelungssysteme« (Hurrelmann/Ulich 1980, S. 8).

Diese Auszüge aus der Einleitung des Handbuches aus dem Jahr 1980 machen deutlich, aus welchen Vorüberlegungen sich das »Modell der produktiven Realitätsverarbeitung« entfaltet hat. Dieter Geulen und ich haben in einem Grundsatzartikel des Handbuches eine hiermit korrespondierende Definition von Sozialisation vorgeschlagen. Sozialisation definieren wir als »… Prozeß der Entstehung und Entwicklung der Persönlichkeit in wechselseitiger Abhängigkeit von der gesellschaftlich vermittelten sozialen und materiellen Umwelt« (Geulen/Hurrelmann 1980, S. 51).

### Ausarbeitung des Modells der produktiven Realitätsverarbeitung

Von dieser Konzeption ausgehend habe ich 1983 in einem Artikel für die »Zeitschrift für Sozialisationsforschung und Erziehungssoziologie« eine Ausarbeitung des Modells der produktiven Realitätsverarbeitung vorgenommen. Ich gehe dabei in drei analytischen Schritten vor.

Der *erste Schritt* ist die Entwicklung eines erkenntnisleitenden Subjektmodells für die Sozialisationstheorie und -forschung. Dazu heißt es in dem Artikel:

**Das erkenntnisleitende Subjektmodell**

»In der neueren Sozialisationsforschung zeichnet sich eine breite Übereinstimmung über das erkenntnisleitende Subjektmodell ab, die inzwischen bis in die Entwicklungspsychologie reicht. Begriffe wie epistemologisches Subjektmodell und Modell der Person-Umwelt-Interaktion kommen von psychologischer Seite. In der erziehungs- und sozialwissenschaftlichen Diskussion hat sich mit dem Konzept des umfassenden Sozialisationsmodells das Bild des produktiv realitätsverarbeitenden Subjekts mehr und mehr durchgesetzt. Gemeinsam ist allen Konzeptionen die Wendung gegen Modellvorstellungen der linearen einfaktoriellen Determination der Persönlichkeitsentwicklung, die von einer passiv-hinnehmenden Prägung des Individuums entweder durch gesellschaftsstrukturelle oder durch psychophysische Faktoren ausgehen. Gemeinsam ist ihnen die Vorstellung, die Persönlichkeitsentwicklung geschehe im Prozeß einer Auseinandersetzung mit der ›inneren‹ und der ›äußeren‹ Realität, wobei jedes Individuum von Anfang an bestimmte Fähigkeiten der Realitätsverarbeitung, Problembewältigung und Realitätsveränderung besitze, einsetze und weiterentwickle. Gemeinsam ist ihnen die Annahme, der Aufbau von Orientierungs- und Verhaltensregulationssystemen vollziehe sich als Resultat dieses Prozesses, wirke auf die jeweiligen situativ vermittelten Erscheinungsformen der Realität, die Umwelt, zurück, was wiederum zu Veränderungen sowohl der*

*Person- als auch der Umweltmerkmale führe. Was hier proklamiert wird, ist also ein Modell der dialektischen Beziehungen zwischen Subjekt und gesellschaftlich vermittelter Realität, eines interdependenten Zusammenhangs von individueller und gesellschaftlicher Veränderung und Entwicklung. Dieses Modell stellt das menschliche Subjekt in einen sozialen und ökologischen Kontext, der subjektiv aufgenommen und verarbeitet wird, der in diesem Sinne also auf das Subjekt einwirkt, aber zugleich immer auch durch das Individuum beeinflußt, verändert und gestaltet wird«* (Hurrelmann 1983, S. 92–93).

 **Weiterführende Literatur**

Hurrelmann, K. (1983): Das Modell des produktiv realitätsverarbeitenden Subjekts in der Sozialisationsforschung. In: Zeitschrift für Sozialisationsforschung und Erziehungssoziologie 3, S. 91–103.

Der *zweite Schritt* besteht in systematischen Überlegungen zum Verfahren der Theoriebildung:

*»Das im Abschnitt 1 skizzierte erkenntnisleitende Subjektmodell der Sozialisationsforschung läßt sich auf verschiedenen Wegen in konkrete Schritte der Theoriebildung umsetzen. Die Entscheidung, welches Verfahren der Theoriebildung gewählt wird, ist nach Ausbildungs- und Erfahrungshintergrund der Wissenschaftler, nach wissenschaftlicher Bezugsgruppe und nach Persönlichkeitsmerkmalen der Wissenschaftler verschieden. (…)*

*An dieser Stelle hat das Konzept der Analyseebenen seinen Platz in der Diskussion. Es hat die Funktion, im Prozeß der Theoriebildung ein erkenntnistheoretisch hilfreiches Instrument zu sein. Es wird eingeführt, weil die Begrenztheit der verschiedenen theoretischen Positionen anerkannt wird: Die interaktionsbezogenen Positionen sind unfähig, Aussagen zu übergreifenden sozialen Gesamtstrukturen abzuleiten; die gesellschaftsbezogenen Positionen sind unfähig, Feinprozesse der Persönlichkeitsentwicklung zu analysieren und einen belegbaren Erfahrungsbezug herzustellen. Ich muß bemüht sein, beide Perspektiven zu berücksichtigen. (…)*

*Das theoretische Konzept der Analyseebenen*

*Zielvorstellung für die Theoriebildung muß sein, Aussagen über alle Analyseebenen zu machen und diese Aussagen miteinander zu einem Netzwerk von aufeinander bezogenen Aussagen zu verknüpfen. Speziell für die Sozialisationstheorie wird es wichtig, die Entwicklungsprozesse auf jeder Ebene, also etwa der Gesellschafts , der Organisations-, der Interaktionsebene und der Ebene der psychisch-physischen Struktur in ihrer Dynamik jeweils zu analysieren und diese ebenenspezifischen Entwicklungsprozesse zugleich in ihrer Interdependenz, in ihrer wechselseitigen Gesamtbeziehung zueinander, zu analysieren. (…)*

*Die Konstruktion von Analyseebenen dient also in erster Linie dazu, ein formales konzeptionelles Ordnungsraster für das Verfahren der Theoriebildung zur Verfügung zu haben, das als Hilfestellung für Zuschnitt und Gestaltung der Theorie und eventuell auch der Auswahl verschiedener Theorieteile dient, die als Ganzes die Gesamtheit des Prozesses der Persönlichkeitsentwicklung beschreiben und erklären. Die Analyseebenen helfen dem Forscher, in systema-*

*tischer Weise zusammenhängende Teilaspekte und Ausschnitte der Realität zu identifizieren mit dem Ziel, sie aufeinander zu beziehen und zu einer ganzheitlichen Gestalt zusammenzusetzen«* (Hurrelmann 1983, S. 96–100).

Der *dritte Schritt* besteht in der Ableitung von methodischen Folgen:

*»Das skizzierte Modell der Beziehung zwischen Subjekt und gesellschaftlich vermittelter sozialer Realität verlangt danach, neben Untersuchungen der prozeßhaften und historisch gewachsenen sozialen Strukturierung der sozialen und ökologischen Umwelt (›objektive Realität‹) einschließlich der Strukturen der sozialisatorischen Interaktion auch die Interpretationen und Deutungen der sozialen Realität durch die Individuen (›subjektive Realität‹) methodisch kontrolliert zu erfassen. (…)*

*Das Konzept der Sozialisationstheorie mit dem Menschenbild des produktiv realitätsverarbeitenden Individuums verlangt nach methodischen Verfahren, die problemlösendes Handeln in Alltagssituationen und an Entscheidungsstellen des Lebenslaufes von innen heraus, also aus der Sicht der Subjekte, zu beschreiben und erklären gestatten. Der Forscher muß seinem ›Erkenntnisobjekt‹ die Fähigkeit zuerkennen, qualifiziertes subjektives Problemwissen auch in komplexen Problemlagen kompetent einzusetzen. Er muß versuchen, dieses Wissen authentisch nachzukonstruieren, um es mit seiner wissenschaftlichen Theorie zu konfrontieren und es in sie einzubeziehen. (…)*

*Das Individuum kann von mir als Forscher nur dann verstanden werden, wenn ich es in einen sozialen Kontext hineindenke, wenn ich es mir in Auseinandersetzung mit diesem sozialen Kontext vorstelle und dabei herausarbeite, welchen Gestaltungsspielraum für subjektive Deutungen, Handlungen und Entwicklungen es objektiv hat und welchen es ausschöpft. Eine Analyse der objektiven sozialen Welt, in der das Individuum lebt, ist eine notwendige Ergänzung zu den Untersuchungen der subjektiven Bedeutungsstrukturierung der sozialen Welt.*

*Nur wenn ich beides tue, kann ich als Forscher objektive und subjektiv wahrgenommene Handlungsmöglichkeiten und Verhaltensalternativen aufeinander beziehen und Hinweise über den Stellenwert der subjektiven Realitätsdeutungen gewinnen, kann ich die Problemlösungskapazitäten auf den objektiven und den subjektiv wahrgenommenen situativen Kontext beziehen und Folgen gelungener oder gescheiterter Problemlösungsversuche nachzeichnen, kann ich das kreative, produktive Potential des Individuums bei der Beeinflussung und Gestaltung seiner sozialen Umwelt auf die objektiven sozialen Gegebenheiten beziehen«* (Hurrelmann 1983, S. 101–102).

*Die Verbindung von objektiver Analyse und subjektiver Realitätssicht*

Mit diesen drei Schritten ist der Raum für das übergeordnete metatheoretische Modell der produktiven Realitätsverarbeitung abgesteckt. Das Modell dient der Auswahl und Einordnung von Einzeltheorien und methodischen Verfahrensweisen, um konkrete Forschungsfragen aus dem Themenbereich der Sozialisation nachzugehen.

### Entfaltung und Umsetzung des Modells

Die detaillierte theoretische Entfaltung des Modells wird im Buch »Einführung in die Sozialisationstheorie« (Hurrelmann 1986; [4]1993; [8]2002) vorgenommen und mit dem hier vorliegenden Buch weiterentwickelt. Die methodische Umsetzung und Übertragung auf gesellschaftliche Kontexte liegt bisher in den folgenden Bereichen vor:

1. Übertragung des sozialisationstheoretischen Ansatzes auf die Kindheitsforschung. Dazu zählen die Bücher »Einführung in die Kindheitsforschung« (Bründel/Hurrelmann 1999; Hurrelmann/Bründel [2]2003) und »Kindheit« (Andresen/Hurrelmann 2010).

2. Übertragung des sozialisationstheoretischen Ansatzes auf die Jugendforschung im Buch »Lebensphase Jugend« (Hurrelmann/Rosewitz/Wolf 1985; Hurrelmann [3]1994; Hurrelmann [7]2004; Hurrelmann/Quenzel [11]2012).

3. Übertragung des sozialisationstheoretischen Ansatzes auf die Gesundheitsforschung. Dazu zählen die Bücher »Sozialisation und Gesundheit« (Hurrelmann 1988) und die neu gestaltete Ausgabe unter dem Titel »Gesundheitssoziologie« (Hurrelmann [4]2000; Hurrelmann [7]2006).

4. Anwendung des sozialisationstheoretischen Ansatzes in Forschungsvorhaben zu Problemen der sozialen, psychischen und gesundheitlichen Entwicklung im Jugendalter (Engel/Hurrelmann 1989, 1992; Mansel /Hurrelmann 1991); zu geschlechtsspezifischen Entwicklungsbedingungen (Bründel/Hurrelmann 1999; Quenzel/Hurrelmann 2010a) und zu Sucht- und Gewaltrisiken (Hurrelmann/Bründel 1997; Hurrelmann/Bründel 2007; Hurrelmann/Richter 2006).

*Übertragung in die Kindheits-, Jugend- und Gesundheitsforschung*

Das bereits erwähnte »Handbuch der Sozialisationsforschung« mit einem Überblick über alle relevanten Theorien, Methoden und Forschungsansätze der interdisziplinären Sozialisationsforschung ist nach der Erstausgabe im Jahr 1980 inzwischen in völlig neubearbeiteter Form in siebter Auflage erschienen (Hurrelmann/Grundmann/Walper 2008).

 **Weiterführende Literatur**

Hurrelmann, K./Grundmann, M./Walper, S. (Hrsg.) (72008): Handbuch Sozialisationsforschung. Weinheim und Basel: Beltz.

### Weiterführung und kritische Diskussion des Modells

In der wissenschaftlichen Diskussion wurde das Modell der produktiven Realitätsverarbeitung konstruktiv aufgenommen und als ein überzeugender Schritt in Richtung einer integrierenden interdisziplinären Sozialisationstheorie gewürdigt. Beispiele dafür sind die ausführlichen Überblicksbände von

Abels und König (2010) und Tillmann (2010). Durch die Veröffentlichung »Social Structure and Personality Development« (Hurrelmann 2009) beim Verlag Cambridge University Press ist das Modell auch international bekannt geworden.

Die kritische Auseinandersetzung mit dem Modell hat Ullrich Bauer (2011) systematisch zusammengefasst. Danach konzentriert sich die Kritik vor allem auf das Missverständnis, dass der Prozess der Verarbeitung der inneren und äußeren Realität durch das beschreibende Wort »produktiv« semantisch positiv klassifiziert wird. Bauer selbst bemängelt, durch die wertende Verwendung des Begriffs »produktiv« werde der Eindruck erweckt, jeder Mensch verfüge in jeder Lebenslage über ein hohes Ausmaß an Handlungsautonomie und über die Kompetenz, ein aktiver Umweltgestalter zu sein, der selbstreflexiv die eigene biografische Entwicklung zu kontrollieren vermag.

*Kritik an der Überschätzung autonomer Handlungssteuerung*

Bauer weist darauf hin, dass durch diese Akzentsetzung die Bedeutung ungleicher Sozialisationsbedingungen übersehen werde: »Nicht ausreichend differenziert Hurrelmann demnach zwischen der Potenzialität autonomer Persönlichkeitsentwicklung (nach dem Beispiel von Jürgen Habermas) und einer sehr normativen Auffassung, nach der Heranwachsende dann bereits autonom handeln, wenn sie als ›produktiv realitätsverarbeitend‹ angesehen werden« (Bauer 2011, S. 97).

Diese Kritik trifft zu. Der Begriff »produktiv« wurde in einigen Darstellungen des Modells, vor allem bei der Übertragung auf die Persönlichkeitsentwicklung im Jugendalter, nicht beschreibend, sondern wertend und damit normativ setzend verwendet. Diese Verwendung verstößt gegen die von mir selbst erwünschte und beabsichtigte konzeptionelle Festlegung. Danach beschreibt der Begriff »produktiv« eine dynamische und aktive Form von Tätigkeit, die dem menschlichen Naturell eigen ist. Ob diese aktive Form der Auseinandersetzung mit den inneren und äußeren Anforderungen zu einer persönlichen Autonomie mit Ich-Identität führt oder nicht, ist eine empirische Frage. Der Begriff »produktiv« ist in der Grundfassung des Modells jedenfalls nicht wertend, sondern deskriptiv angelegt. In diesem Buch habe ich darauf geachtet, dieser Vorgabe gerecht zu werden.

Um einem weiteren Kritikpunkt Rechnung zu tragen, wird in diesem Buch die Beeinflussung der Persönlichkeitsentwicklung durch die gesellschaftlichen Lebensbedingungen, also die äußere Realität, durchgehend stark betont. Damit reagiere ich auf den Hinweis von Bauer, ohne diese Betonung stehe das Modell der produktiven Realitätsverarbeitung (MpR) in Gefahr, »dem Handelnden ein hohes Maß an individuellen Kompetenzen zur autonomen Steuerung der Lebensführung zu unterstellen und damit die Bedeutung ungleicher Sozialisationsbedingungen in den Hintergrund zu stellen« (Bauer 2011, S. 90).

Ungleiche Sozialisationsbedingungen wurden bereits in der Ausgangsfassung des Modells der produktiven Realitätsverarbeitung (MpR) thematisiert. Das MpR geht von der Grundannahme aus, dass die »äußere Realität« der

📖 **Weiterführende Literatur**

Bauer, U. (2011): Sozialisation und Ungleichheit. Wiesbaden: VS Verlag für Sozialwissenschaften.

sozialen und ökologischen Lebensbedingungen entscheidend mit darüber bestimmt, ob und wie die Potenziale für eine autonome Lebensführung eines Menschen umgesetzt werden können. In allen bisherigen Ausarbeitungen des Modells der produktiven Realitätsverarbeitung und in jeder empirischen Untersuchung, die sich auf dieses Modell bezieht, wird die Bedeutung der ungleichen ökonomischen, sozialen und kulturellen Lebensbedingungen und Ressourcen für die Lebensbewältigung und insbesondere für den Aufbau von Handlungsautonomie und Ich-Identität herausgearbeitet. In diesem Buch wird diese Akzentsetzung in jedem Kapitel vorgenommen.

## Reflexion/Übungsaufgaben

1. Wodurch lässt sich die Aussage rechtfertigen, sowohl soziologische als auch psychologische Theorien seien zwar jeweils für sich wertvoll, in ihrer Perspektive aber zu begrenzt, um die menschliche Persönlichkeitsentwicklung umfassend erklären zu können?

2. Welche Einwände lassen sich gegen den hier unterbreiteten Vorschlag geltend machen, soziologische und psychologische Theorien miteinander zu verbinden, obwohl sie doch ihre Analyse einseitig aus der Perspektive der Gesellschaft beziehungsweise der Perspektive des Individuums ansetzen und deshalb von völlig unterschiedlichen Annahmen und Begriffen ausgehen?

3. Welches sind die zentralen Kritikpunkte am Modell der produktiven Realitätsverarbeitung (MpR), die Ullrich Bauer vorträgt?

4. Ist es Ihnen nachvollziehbar, dass die Bezeichnung der Persönlichkeitsentwicklung als »produktive« Verarbeitung der inneren und äußeren Realität keinen wertenden Charakter haben soll? Wäre es besser, einen anderen Begriff als »produktiv« zu verwenden, damit es nicht zu Verwechslungen kommt, weil der Begriff als gleichbedeutend mit »erfolgreich« verstanden werden kann?

5. Gehen Ihrer Einschätzung nach soziologische und psychologische Annahmen zu gleichen Anteilen und mit demselben Gewicht in die Definition von Sozialisation ein, wie sie hier vorgestellt wird? Oder überwiegt – was der erklärten Absicht des Autors zuwiderlaufen würde – die analytische (überwiegend psychologische) Perspektive vom Individuum aus, bei der gesellschaftliche Lebensbedingungen ausgeblendet werden?

## 3.2 Die Definition von Sozialisation

Im Folgenden wird das Modell der produktiven Realitätsverarbeitung in seinen verschiedenen Facetten vorgestellt. Die jeweils hierzu passenden besonders aussagekräftigen Kombinationen von Theorien werden erwähnt.

Den Ausführungen in diesem Buch liegt die folgende Definition von »Sozialisation« zugrunde:

*Sozialisation bezeichnet die Persönlichkeitsentwicklung eines Menschen, die sich aus der produktiven Verarbeitung der inneren und der äußeren Realität ergibt. Die körperlichen und psychischen Dispositionen und Eigenschaften bilden für einen Menschen die »innere« Realität, die Gegebenheiten der sozialen und physischen Umwelt die »äußere« Realität. Die Realitätsverarbeitung ist »produktiv«, weil ein Mensch sich stets aktiv mit seinem Leben auseinandersetzt und die damit einhergehenden Entwicklungsaufgaben zu bewältigen versucht. Ob die Bewältigung gelingt oder nicht, hängt von den zur Verfügung stehenden personalen und sozialen Ressourcen ab. Durch alle Entwicklungsaufgaben zieht sich die Anforderung, die persönliche Individuation mit der gesellschaftlichen Integration in Einklang zu bringen, um die Ich-Identität zu sichern.*

WICHTIG.

In diese Definition gehen Annahmen ein, die wichtige Vorgaben für die Theorie der Sozialisation machen:

*Erstens* erklärt sie Sozialisation als einen Prozess der »Persönlichkeitsentwicklung«: Mit Persönlichkeit wird die individuell spezifische und einmalige Struktur von körperlichen und psychischen Merkmalen, Eigenschaften und Dispositionen eines Menschen bezeichnet. Unter Persönlichkeitsentwicklung lässt sich folglich die Veränderung wesentlicher Elemente dieser Struktur im Verlauf des Lebens verstehen. Als umweltbezogene und lernfähige Wesen verändern Menschen bei gleichbleibender Grundstruktur ihrer Persönlichkeit je nach den Herausforderungen im Lebenslauf ihre Verarbeitungsstrategien und konstruieren so ihre eigene Lebensgeschichte (»Biografie«).

*Zweitens* wird Sozialisation als »produktive Realitätsverarbeitung« bezeichnet: Damit wird eine aktive, während des gesamten Lebenslaufs anhaltende Tätigkeit eines Menschen bei der Aneignung und Verarbeitung seiner natürlichen Anlagen und seiner sozialen und physischen Umweltbedingungen postuliert. Die Persönlichkeitsentwicklung des Menschen wird demnach weder durch seine Anlagen noch durch seine Umwelt determiniert, stattdessen entfaltet sich die Persönlichkeit in einem Wechselspiel zwischen diesen beiden Größen. Als innere Realität können die körperlichen und psychischen Dispositionen, als äußere Realität die Bedingungen der sozialen und physischen Umwelt bezeichnet werden.

*Drittens* wird die Bewältigung von Entwicklungsaufgaben als ständige Anforderung an die Sozialisation genannt. Sie ist vor allem durch die Verbindung von Individuation und Integration geprägt. Darin steckt die Annahme, dass ein Mensch dann zu einem Gesellschaftsmitglied wird, wenn er alle von ihm erwarteten sozialen Anforderungen erfüllt. Jede Kultur stellt über die Gestaltung ihrer sozialen Institutionen und sozialen Umwelten und in Form von sozialen Mustern und Normen Mitgliedschaftsentwürfe bereit. Das sind Vorstellungen, Wünsche, Erwartungen und Merkmale, die für eine aktive Teilnahme an der Gesellschaft als erforderlich erachtet werden. Werden sie übernommen, kann von »sozialer Integration« gesprochen werden. Jeder Mensch bleibt als sozial integriertes Gesellschaftsmitglied aber eine einmalige und unverwechselbare Persönlichkeit und hat ein Interesse daran, sozial nicht völlig vereinnahmt zu werden. Deshalb ist das Austarieren der Spannung von Integration und Individuation eine lebenslang anhaltende Aufgabe.

## 3.3 Die Kernaussagen des Modells der produktiven Realitätsverarbeitung

In den folgenden Abschnitten soll das »Modell der produktiven Realitätsverarbeitung« durch die Formulierung von zehn Kernaussagen detailliert entfaltet werden. Bei den Kernaussagen handelt es sich um Feststellungen, die den Gegenstandsbereich »Sozialisation« in Form von Leitsätzen auf seinen wesentlichen Gehalt zuspitzen. Sie stellen eine Zusammenfassung der für wichtig befundenen wissenschaftlichen Erkenntnisse zu jeweils einem Teilaspekt dar und eröffnen zugleich Perspektiven für künftige inhaltliche Arbeitsschwerpunkte und methodische Strategien der Sozialisationsforschung.

Die Kernaussagen werden als »Thesen« bezeichnet. Sie korrespondieren mit den zehn »Maximen« in der letzten Auflage des Buches »Lebensphase Jugend« (Hurrelmann/Quenzel 2012), wo sie inhaltlich auf die spezifische Situation der Bevölkerungsgruppe der jungen Generation bezogen sind.

Im Folgenden werden die zehn Thesen des Modells der produktiven Realitätsverarbeitung der Reihe nach vorgestellt und erläutert. Vorab eine Übersicht über alle zehn Thesen:

**Weiterführende Literatur**

Hurrelmann, K./Quenzel, G. (2012): Lebensphase Jugend. Weinheim: Juventa (überarbeitete 11. Auflage von Hurrelmann 2004).

*Erste These zum Verhältnis von innerer und äußerer Realität*
*Zweite These zur Produktion der eigenen Persönlichkeit*
*Dritte These zur Bewältigung der Entwicklungsaufgaben*
*Vierte These zur Spannung von Individuation und Integration*
*Fünfte These zur Bildung einer Ich-Identität*
*Sechste These zur Rolle personaler und sozialer Ressourcen*
*Siebte These zur Bedeutung der Sozialisationsinstanzen*
*Achte These zur Persönlichkeitsentwicklung im Lebenslauf*
*Neunte These zum Sozialisationseffekt sozialer Ungleichheit*
*Zehnte These zur weiblichen und männlichen Realitätsverarbeitung*

Die ersten beiden Thesen beziehen sich auf die Grundlagen der Persönlichkeitsentwicklung und formulieren die Vorstellung vom menschlichen Subjekt, also das »Menschenbild«, das ihnen zugrunde liegt. Die dritte, vierte, fünfte und sechste These benennen die wichtigsten operativen Prozesse der Persönlichkeitsentwicklung und die Voraussetzungen, die gegeben sein müssen, um das eigene Leben erfolgreich zu bewältigen und zu gestalten. Die siebte These stellt auf die Rolle der gesellschaftlichen Institutionen und Organisationen ab, die den Prozess der Persönlichkeitsentwicklung während des gesamten Lebenslaufs begleiten. Die achte, neunte und zehnte These befassen sich mit den sozialen, kulturellen und biologischen Rahmenbedingungen, die den Prozess der Persönlichkeitsentwicklung nachhaltig prägen.

### Erste These zum Verhältnis von innerer und äußerer Realität

*Sozialisation bezeichnet den das ganze Leben lang anhaltenden Prozess der Persönlichkeitsentwicklung. Persönlichkeitsentwicklung wird verstanden als produktive Verarbeitung der inneren Realität von körperlichen und psychischen Dispositionen, die stark durch genetische Anlagen bestimmt werden, und der äußeren Realität aus sozialer und physischer Umwelt. Der Prozess der Verarbeitung der inneren und äußeren Realität ist »produktiv«, weil es sich hierbei nicht um einen passiven Vorgang, sondern um eine dynamische und aktive Form von Tätigkeit handelt, auch wenn sie nicht immer im Bewusstsein eines Menschen präsent ist.*

In diese These gehen vor allem Annahmen der psychosozialen Entwicklungstheorie von Erik H. Erikson und des Symbolischen Interaktionismus von George Herbert Mead ein. Die Persönlichkeitsentwicklung von Menschen wird demnach sowohl durch körperliche als auch durch psychische und soziale Bedingungen beeinflusst. Kein Mensch kann die körperlichen und psychischen Vorgaben abstreifen, mit denen er geboren wird und die sich im Laufe des Lebens nur in engen Grenzen verändern. Ebenso wenig kann ein Mensch die sozialen und physischen (materiellen) Umweltbedingungen ausschalten, die für sein Handeln die Rahmenbedingungen setzen. Jeder Mensch muss vielmehr versuchen, ausgehend von diesen Vorgaben seine Persönlichkeit zu entwickeln.

Die Persönlichkeitsentwicklung eines Menschen vollzieht sich in einem Wechselspiel von Anlage und Umwelt. Die biologischen Merkmale des Menschen (der Genotyp als Gesamtheit aller seiner genetischen Anlagen) legen die Entwicklungsmöglichkeiten über den gesamten Lebenslauf fest. Gene beeinflussen die Persönlichkeit und das Verhalten eines Menschen aber nicht direkt. Sie legen vielmehr einen Möglichkeitsraum fest, aus dem einzelne Elemente aktiviert werden können. Zugleich begrenzen sie die Entfaltungspotenziale eines Menschen, denn er kann nicht über die Anlagen hinaus, die ihm vorgegeben sind. Wie groß der Einfluss von Anlage und Umwelt jeweils ist, lässt sich nicht sagen, es bietet sich aber die Annahme an, dass sich ihre Einflüsse in etwa die Waage halten.

Die aktive und dauerhafte individuelle Leistung der Auseinandersetzung mit der inneren und äußeren Realität kann als »Verarbeitung« bezeichnet werden. Der Begriff »Verarbeitung« drückt die ständige, ein Leben lang anhaltende Arbeit an der eigenen Person aus, beschreibt also die Eigenleistung eines Menschen beim Aufbau seiner Eigenschaften und Merkmale sowie bei der Auswahl und Festlegung seiner sozialen Handlungen. Jeder Mensch ist in der Lage, sich ein subjektives Bild von der inneren und äußeren Realität zu machen. In diese subjektive Wahrnehmung geht seine Vorstellung von seinem Körper, seiner Psyche und seiner sozialen und physischen Umwelt ein. Die innere und die äußere Realität sind immer durch die eigene subjektive Wahrnehmung gefiltert, jede Vorstellung von der inneren und äußeren Realität kann deshalb nur eine individuell gefärbte sein (siehe Abbildung 3.2).

## Persönlichkeitsentwicklung

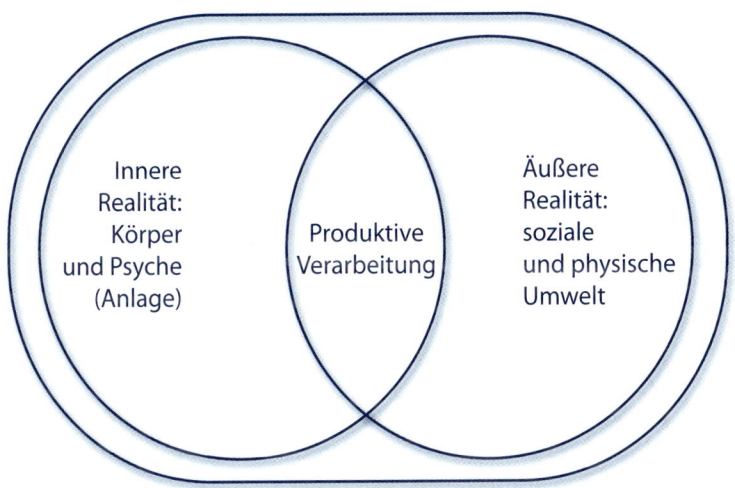

*Abb. 3.2: Sozialisation als produktive Verarbeitung der inneren und äußeren Realität*

Wie die Abbildung zeigt, wird mit diesem Ansatz die Idee der Verbindung von soziologischen und psychologischen Theorien des Verhältnisses von Individuum und Gesellschaft aufgenommen, die Abbildung 3.1 veranschaulicht wurde. Der Bereich »Individuum« wird zur inneren Realität, die durch genetische Veranlagung, körperliche Konstitution, Intelligenz, psychisches Temperament und Grundstrukturen der Persönlichkeit bestimmt ist. Der Bereich »Gesellschaft« wird zur äußeren Realität, die aus der sozialen Umwelt aus Familie, Wirtschafts- und Wohnbedingungen, Freundes- und Gleichaltrigengruppen, Erziehungs- und Bildungseinrichtungen, Arbeitsstätten, Freizeit-

und Medienangeboten und Politik sowie der physischen Umwelt aus Räumen und Plätzen, natürlichen Lebensbedingungen und Ernährungsangeboten besteht.

Dem Durchdringen der soziologischen und psychologischen Erklärungsansätze in Abbildung 3.1 entspricht in Abbildung 3.2 die »produktive Realitätsverarbeitung«. Damit wird ausgedrückt, dass es sich bei der individuell je spezifischen Auseinandersetzung mit der inneren und der äußeren Realität um einen aktiven Prozess handelt, bei dem ein Mensch eine individuelle, den eigenen Voraussetzungen und Bedürfnissen angemessene und flexibel angepasste Form wählt. Die Verarbeitung ist »produktiv«, weil sie sich aus der jeweils individuell besonderen Auseinandersetzung mit den inneren und den äußeren Bedingungen ergibt. Das Wort sagt aber noch nichts darüber aus, ob es sich um eine erfolgreiche Verarbeitung handelt, die Vorteile für die weitere Persönlichkeitsentwicklung mit sich bringt. Das Wort »produktiv« wird also nicht als wertender, sondern als beschreibender Begriff verwendet.

### Zweite These zur Produktion der eigenen Persönlichkeit

*Menschen sind »Produzenten« ihrer eigenen Entwicklung, weil sie von der frühesten Entwicklung als Säugling und Kleinkind über das Jugendalter und das Erwachsenenalter hinweg bis ins hohe Alter hinein eine Verarbeitung der inneren und äußeren Realität vornehmen, die ihren jeweils einmaligen und unverwechselbaren Merkmalen und Fähigkeiten entspricht. Ihre Persönlichkeit formt sich dabei auf der Basis einer angelegten Grundstruktur von Merkmalen ständig weiter. In diesem Sinne sind sie schöpferische Konstrukteure ihrer Persönlichkeit.*

Die Art und Weise, wie sich jeder einzelne Mensch mit seinen Anlagen und seiner Umwelt auseinandersetzt und wie er sie verarbeitet, ist individuell und einmalig. Vor allem die Theorien des Symbolischen Interaktionismus von George Herbert Mead und der Selbstproduktion der Persönlichkeit von Richard Lerner betonen mit unterschiedlicher, sich aber ergänzender Akzentsetzung diese Aussage. Sie gilt verstärkt in heutigen Gesellschaften, die viele traditionelle Vorgaben, insbesondere hinsichtlich sozialer Rollen und kultureller Normen, relativiert haben und hierdurch jedem Menschen einen großen Spielraum für die persönliche Entfaltung einräumen.

Zur Persönlichkeitsentwicklung gehört die ständige sensible Beobachtung der eigenen körperlichen und psychischen Anlagen und ihrer Veränderungen im Laufe des Lebens. Durchgehend stellt sich einem Menschen die Aufgabe, diese Veränderungen realistisch aufzunehmen und das eigene Handeln hierauf abzustellen. Analoges gilt für die Auseinandersetzung mit der sozialen und der physischen Umwelt.

Für die Weiterentwicklung der Persönlichkeit ist es von Vorteil, sich der Möglichkeiten bewusst zu sein, die durch die inneren Anlagen gegeben sind, zugleich aber auch alle Chancen der Entfaltung wahrzunehmen, die sich aus den äußeren Bedingungen ergeben. Je größer der Spielraum ist, den sich ein Mensch für seine produktive Verarbeitung der inneren und der äußeren Realität erobert, desto größer sind auch die Möglichkeiten, die soziale und physische Realität mitzugestalten und in diesen neu erschlossenen Bereichen Verhaltensmuster auszuprobieren, die den eigenen Bedürfnissen besonders gut gerecht werden (siehe Abbildung 3.3).

## Persönlichkeitsentwicklung

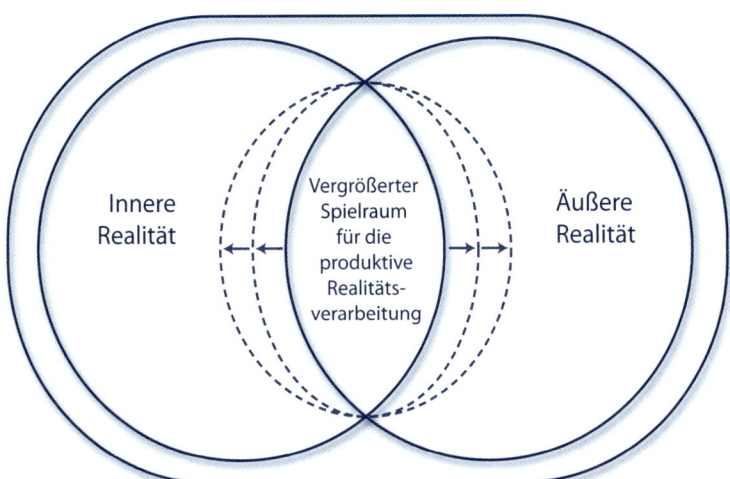

*Abb. 3.3: Der Mensch als Produzent seiner eigenen Persönlichkeitsentwicklung*

Biologisch gesehen ist das Gehirn der Teil des menschlichen Körpers, in dem sämtliche Informationen über Sinneseindrücke zusammenlaufen und koordiniert werden. Informationen über körperliche, psychische, soziale und physikalische Lebensbedingungen werden im Gehirn aufgenommen, in vorhandene Strukturen und Archive eingeordnet, mit bereits abgespeicherten Informationen und Kenntnissen abgeglichen und dann in Handlungen umgesetzt.

Das Gehirn eines Menschen ist von seiner Beschaffenheit her aber keine passive Aufnahmestelle von Sinneseindrücken und Realitätsinformationen, sondern es nimmt ununterbrochen Vergleiche und Einordnungen vor, bietet Kombinationen und Rückschlüsse an und macht damit einen Menschen reaktions- und handlungsfähig. Der Begriff »produktiv«, mit dem die spezifische Art und Weise der Verarbeitung der inneren und äußeren Realität charakterisiert wird, drückt das sprachlich aus.

### Dritte These zur Bewältigung der Entwicklungsaufgaben

*In jedem Lebensabschnitt gibt es kulturelle und gesellschaftliche Erwartungen an die Verarbeitung der inneren und äußeren Realität. Es wird von einem Menschen verlangt, die weitgehend biologisch programmierten körperlichen Veränderungen zu akzeptieren und das eigene Verhalten hierauf auszurichten. Auch wird erwartet, dass die Veränderungen in der psychischen Befindlichkeit angenommen und angemessen im eigenen Verhalten zum Ausdruck gebracht werden. Diese Erwartungen lassen sich als »Entwicklungsaufgaben« bezeichnen. Entwicklungsaufgaben, die in einem Kulturkreis definiert werden und von jedem Menschen auf seine Weise zu bewältigen sind, beschreiben die für ein Kind, einen Jugendlichen, einen Erwachsenen oder einen Senior als angemessen erachteten Verhaltensweisen.*

Diese These nimmt vor allem die Annahmen aus den psychologischen Theorien von Robert J. Havighurst und Jean Piaget auf und ergänzt sie um solche aus der soziologischen Theorie von Talcott Parsons. Diese Theorien postulieren, dass die Persönlichkeitsentwicklung nur dann fortschreitet, wenn die von innen und von außen an einen Menschen gerichteten Anforderungen aufgenommen und bewältigt werden. Die Anforderungen ergeben sich aus der Dynamik von Körper und Psyche ebenso wie aus den Veränderungen von sozialer und physischer Umwelt.

Im Verlauf der Kindheit bestehen die Entwicklungsaufgaben vor allem darin, das emotionale Vertrauen in die Umwelt aufzubauen, Bindungsverhalten zu entwickeln sowie Wahrnehmungs- und Bewegungsfähigkeiten und die sprachliche Ausdrucksfähigkeit zu entfalten. Im Jugendalter geht es darum, die raschen Veränderungen der körperlichen Erscheinung und das Eintreten der Geschlechtsreife zu akzeptieren und sich auf die Frauen- oder Männerrolle vorzubereiten, formale intellektuelle Operationen zu beherrschen und eine schulische und berufliche Qualifikation zu erwerben, um die gesellschaftliche Mitgliedsrolle des Berufstätigen einzunehmen. Außerdem wird erwartet, die Ablösung von den Eltern einzuleiten und Beziehungen zu einem Partner oder einer Partnerin aufzubauen, um sich auf die gesellschaftliche Mitgliedsrolle eines Familiengründers vorzubereiten, das Konsumwaren- und Freizeitangebot souverän zu nutzen, um die Rolle eines Wirtschaftsbürgers einnehmen zu können, sowie eine Wert- und Normorientierung aufzubauen, um in die Rolle des politischen Bürgers hineinzuwachsen.

Im Erwachsenenalter bestehen die Entwicklungsaufgaben darin, den Berufseinstieg vorzunehmen und eine berufliche Laufbahn zu gestalten, um auf diese Weise die wirtschaftlichen Grundlagen der Lebensexistenz zu sichern, eine eigene Familie zu gründen, Kinder zu erziehen und in ihrem Lebensweg zu unterstützen, einen eigenen Haushalt zu betreiben und ein aktiver Wirtschaftsbürger zu sein, mit den Angeboten des Waren-, Freizeit- und Medienmarktes kompetent umgehen zu können und sie zur Regeneration der Kräfte zu nutzen und Verantwortung als Mitgestalter der Lebenswelt und der politischen Bedingungen zu übernehmen.

Im Lebensabschnitt des Seniors steht ein Mensch vor der Aufgabe, den Austritt aus dem Berufsleben und eine nachberufliche Lebensgestaltung einzuleiten, eine aktive Beteiligung an gesellschaftlichen Belangen aufrechtzuerhalten, das Familienleben auf die Großelternrolle umzustellen und die Kontakte zu den erwachsenen Kindern und den Enkeln zu festigen, eine neue Rolle im sozialen Netzwerk von Freundschaften zu finden, mit den allmählich schwindenden Körperkräften umgehen zu lernen und die häufiger werdenden Krankheiten zu bewältigen sowie sich am Ende des Lebens auf den Verlust der Fähigkeit zur Selbstversorgung und auf den Tod einzustellen.

Die Bewältigung der Entwicklungsaufgaben setzt in jeder Lebensphase eine intensive »Arbeit an der eigenen Person« mit dem permanenten Bemühen um eine Strukturierung und Gestaltung der Persönlichkeit und des Verhaltens voraus. Die körperlichen Veränderungen, die psychischen Befindlichkeiten und die gesellschaftlichen Anforderungen werden sensibel wahrgenommen, in Vergleiche mit anderen Menschen einbezogen und mit den eigenen Bedürfnissen und Handlungsplänen abgestimmt. Weiter werden flexible und belastbare Strukturen der Abstimmung zwischen inneren Bedürfnissen und äußeren Erwartungen herausgebildet und in jedem Lebensabschnitt jeweils flexibel weiterentwickelt.

Die Entwicklungsaufgaben verbinden Anforderungen der inneren und der äußeren Realität miteinander. So müssen zum Beispiel die kognitiven Fähigkeiten mit der Berufswahl in Einklang stehen, die weitgehend angeborenen psychischen Dispositionen mit der Partnerwahl und die Neigungen und Interessen mit der Auswahl von Freizeitbeschäftigungen (siehe Abbildung 3.4).

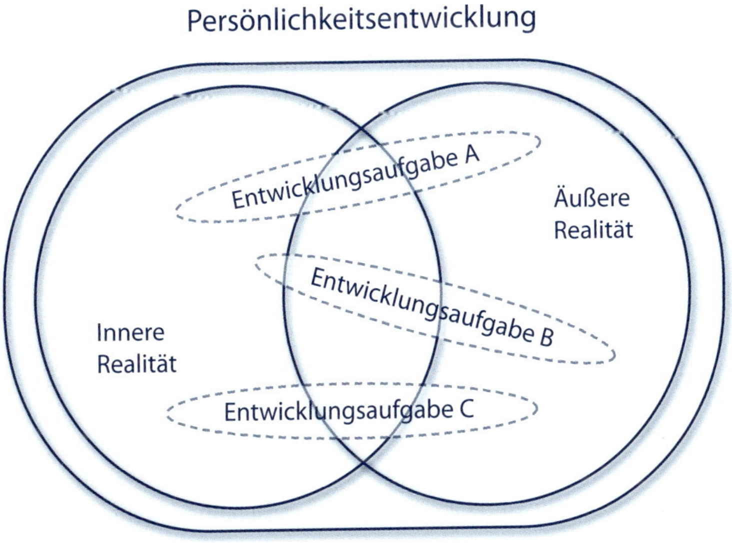

Abb. 3.4: Produktive Realitätsverarbeitung als Bewältigung von Entwicklungsaufgaben

### Vierte These zur Spannung von Individuation und Integration

*Durch alle Entwicklungsaufgaben zieht sich die Anforderung, die persönliche Individuation und die soziale Integration aufeinander zu beziehen und miteinander zu verbinden. Zur »Individuation« gehören der Aufbau einer individuellen Persönlichkeitsstruktur mit unverwechselbaren körperlichen, psychischen wie auch sozialen Merkmalen und Kompetenzen sowie das subjektive Erleben als einzigartige und einmalige Persönlichkeit. Zur »Integration« gehören die Anpassung an die gesellschaftlichen Werte, Normen und Verhaltensstandards, die Übernahme gesellschaftlicher Mitgliedsrollen und die Eingliederung in die sozialen Strukturen der Gesellschaft.*

Die Verbindung von persönlicher Individuation und sozialer Integration wird vor allem in der Theorie der psychosozialen Entwicklung von Erik H. Erikson und in der Kompetenztheorie von Jürgen Habermas thematisiert.

Individuation und Integration stehen während des gesamten Lebenslaufs in einem ständigen Spannungsverhältnis zueinander. Besonders bewusst und äußerst sensibel wird dieses Spannungsverhältnis in der Pubertät, also beim Eintritt in die Lebensphase Jugend, empfunden. Zum ersten Mal im Lebenslauf ist zu diesem Entwicklungszeitpunkt die Fähigkeit gegeben, über sich selbst, den eigenen Körper, die Psyche und die Umwelt bewusst nachzudenken und wahrzunehmen, dass auch andere Menschen diese Fähigkeit besitzen. Deshalb kann das Austarieren von Individuation und Integration als zwei sich widersprechenden, weil jeweils in eine andere Richtung zielenden Anforderungen und Erwartungen zu einem anstrengenden und quälenden Erlebnis werden. Die Kluft zwischen persönlicher Einzigartigkeit und sozialer Gemeinschaftlichkeit kann im Jugendalter als unüberbrückbar empfunden werden und zu heftigen Entwicklungskrisen führen.

Die produktive Realitätsverarbeitung ist aber nicht nur im Jugendalter, sondern auch in allen nachfolgenden Lebensphasen durch das Austragen und Aushalten des Spannungsverhältnisses von individuellen und gesellschaftlichen Ansprüchen charakterisiert. Wird während oder gleich nach der Pubertät ein zumindest vorübergehend stabiler Ausgleich dieser Spannung erreicht, ist das von Vorteil für die Belastbarkeit und Widerstandsfähigkeit bezüglich der gesamten weiteren Persönlichkeitsentwicklung (siehe Abbildung 3.5).

Das subjektive Empfinden von Individuation und Integration macht einem Menschen bewusst, wie unterschiedlich die Anforderungen von Körper und Psyche auf der einen und sozialer und physischer Umwelt auf der anderen Seite sind. Die Anforderungen folgen völlig unterschiedlichen Regeln und Logiken. Die systemtheoretischen Ansätze von Talcott Parsons und Niklas Luhmann betonen diese Unterschiede, indem sie auf die »selbstreferenzielle Logik« der Systeme Körper, Psyche und Gesellschaft hinweisen, die jeweils eigenen Funk-

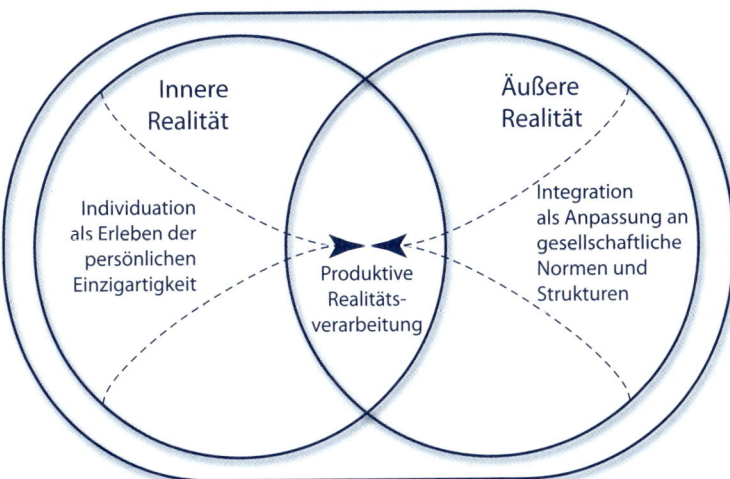

*Abb. 3.5: Das Spannungs-verhältnis von Individuation und Integration*

tionen folgen, um ihre Strukturen aufrechtzuerhalten, und die füreinander fremde Außenwelten darstellen.

Insbesondere wenn ein Mensch in existenzielle Krisen gerät (dazu zählen neben der schon erwähnten Pubertät auch Unfälle, Schicksalsschläge und schwere Krankheiten), kann es zu dem Gefühl kommen, die spezifischen Anforderungen der inneren und der äußeren Realität seien nicht miteinander zu versöhnen, weil sie völlig unterschiedliche Anforderungen mit sich bringen. In solchen Konstellationen des Lebens spielt die Ausstattung mit personalen Ressourcen, insbesondere mit einer guten körperlichen Konstitution und einer großen psychischen Widerstandsfähigkeit, und sozialen Ressourcen, insbesondere mit finanziellen Mitteln und stabilen sozialen Netzwerken, eine große Rolle. Hierauf geht die sechste These ein.

### Fünfte These zur Bildung einer Ich-Identität

*Durch den Ausgleich der Anforderungen von persönlicher Individuation und sozialer Integration kommt es zum Aufbau einer Ich-Identität. Von einer Ich-Identität eines Menschen ist zu sprechen, wenn über verschiedene Entwicklungs- und Lebensphasen hinweg eine Kontinuität des Selbsterlebens auf der Grundlage eines positiv gefärbten Selbstwertgefühls und des Empfindens einer Selbstwirksamkeit gegeben ist. Obwohl sich Körper und Psyche verändern und soziale und physische Umweltbedingungen in jedem Lebensabschnitt eine andere Ausprägung haben, nimmt der über eine Identität verfügende Mensch sich als »sich selbst gleiche Persönlichkeit« wahr, die sich aus Erfahrung eine Bewältigung der anstehenden Entwicklungsaufgaben auch in Krisenzeiten zu-*

*traut. Ich-Identität ist die Voraussetzung für die autonome Handlungsfähigkeit und die psychische Gesundheit eines Menschen.*

Für diese Thesen sind in der soziologischen Ausrichtung die Identitäts- und Kommunikationstheorien von Lothar Krappmann und Jürgen Habermas und in der psychologischen Ausrichtung die »Soziale Lerntheorie« von Albert Bandura maßgeblich.

Vom Jugendalter an besteht demnach die Möglichkeit, sich sowohl als »Akteur« in eigener Sache als auch als »Objekt« für andere wahrzunehmen. Ausgehend davon kann ein Mensch ein Bild von sich selbst aufbauen, indem er alle Ergebnisse seiner bisherigen Wahrnehmungen auswertet und zu einem »Selbstbild« zusammenfügt.

Das Selbstbild besteht aus den subjektiven Einschätzungen, die ein Mensch von sich selbst hat. Die Basis des Selbstbildes ist eine realistische Wahrnehmung der inneren Realität, also der genetischen, körperlichen und psychischen Potenziale, und der Möglichkeiten, mit diesen Potenzialen in der äußeren Realität handlungsfähig zu sein. Kommt ein Mensch hierbei zu positiven und optimistischen Einschätzungen, kann er ein stabiles Selbstvertrauen und ein ausgeprägtes Selbstwertgefühl aufbauen. Er entwickelt – folgt man der »Sozialen Lerntheorie« von Bandura – das Gefühl von Selbstwirksamkeit, indem er sich die Gewissheit verschafft, die anstehenden Anforderungen mit den eigenen Ressourcen effektiv bewältigen zu können.

Eine Ich-Identität als Kontinuität des Selbsterlebens und des inneren Sich-selbst-gleich-Seins setzt die erfolgreiche Bewältigung der Entwicklungsaufgaben voraus, bei der die Anforderungen der persönlichen Individuation und der sozialen Integration miteinander ausbalanciert sind. Individuation ist die Basis für die Entwicklung der »personalen Identität«, also dem Empfinden, eine unverwechselbare und einmalige Persönlichkeit zu sein. Integration ist die Basis für die Entwicklung der »sozialen Identität«, also dem subjektiven Erleben, eine anerkannte gesellschaftliche Mitgliedsrolle einzunehmen, die von anderen Menschen als solche wahrgenommen wird (siehe Abbildung 3.6).

Eine sowohl für das Individuum als auch für die Gesellschaft vorteilhafte Konstellation ist immer dann gegeben, wenn Menschen ihre personale und ihre soziale Identität in eine Balance bringen können. Das ist nur möglich, wenn ihnen die »Aussöhnung« zwischen den Ansprüchen auf eine höchst persönliche und unverwechselbare Einmaligkeit und eine sozial geachtete und anerkannte Gemeinschaftlichkeit gelingt. Nur mit einer Ich-Identität kann ein Mensch die Basis für seine weitere positive Persönlichkeitsentwicklung legen. Die Ich-Identität ist Dreh- und Angelpunkt einer gesunden Persönlichkeitsentwicklung.

Störungen der Identitätsbildung haben ihren Ausgangspunkt in einer mangelnden Übereinstimmung der personalen und sozialen Komponenten der Identität, also den auf Individuation zielenden Bedürfnissen, Motiven und

## Persönlichkeitsentwicklung

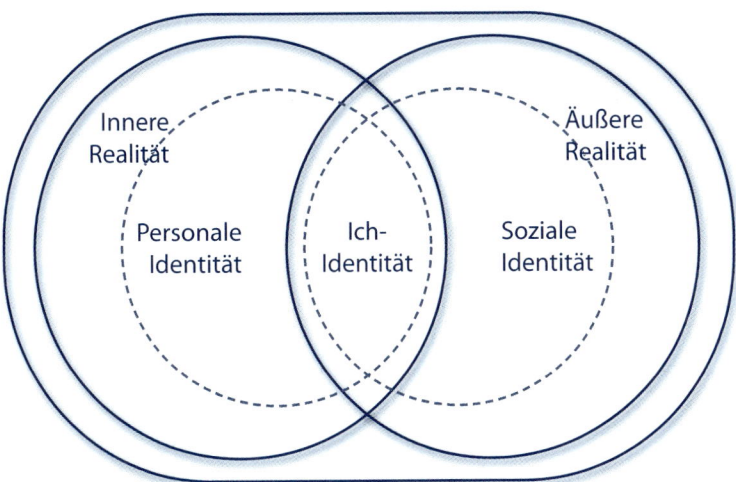

*Abb. 3.6: Personale und soziale Identität als Komponenten der Ich-Identität*

Interessen auf der einen und den auf Integration gerichteten gesellschaftlichen Erwartungen auf der anderen Seite. Stimmen diese nicht überein, kann es zu Störungen des Selbstvertrauens und in der Folge zu sozial unangepasstem und gesundheitsschädigendem Verhalten kommen.

Je entscheidungsfähiger und handlungssicherer ein Mensch ist, je mehr Fertigkeiten zur Bewältigung psychischer und sozialer Probleme er besitzt, je mehr er in zuverlässige soziale Beziehungsstrukturen und Netzwerke einbezogen und in wichtigen gesellschaftlichen Rollenzusammenhängen anerkannt ist, desto besser sind die Voraussetzungen für die Ich-Identität und damit für die selbstständige und autonome Handlungsfähigkeit.

### Sechste These zur Rolle personaler und sozialer Ressourcen

*Um das Spannungsverhältnis von Individuations- und Integrationsanforderungen auszugleichen, sind neben individuellen Bewältigungskompetenzen (»personalen Ressourcen«) auch Unterstützungsleistungen aus der sozialen Umwelt (»soziale Ressourcen«) notwendig. Sind die personalen Ressourcen und/oder die sozialen Ressourcen gut oder zumindest ausreichend, ist eine autonome und gesunde Persönlichkeitsentwicklung möglich. Sind die Ressourcen unzureichend, kann es zu einer negativen und gestörten weiteren Persönlichkeitsentwicklung mit nach außen gerichtetem, ausweichendem und nach innen gerichtetem Problemverhalten und psychischen und körperlichen Krankheiten kommen.*

Wie in der dritten These ausgeführt wurde, stehen Menschen in jeder Lebensphase vor einer Reihe dicht gestaffelter Entwicklungsaufgaben und stellen sich der Herausforderung, sie mit den ihnen zur Verfügung stehenden Ressourcen zu bewältigen. Aus der Dichte und Vielfalt von Entwicklungsaufgaben können sich in jeder Lebensphase so hohe Anforderungen ergeben, dass die für die Bewältigung zur Verfügung stehenden Kompetenzen nicht ausreichen. Wird eine Entwicklungsaufgabe nicht bewältigt, dann ergeben sich in der Regel auch Schwierigkeiten bei der Lösung einer anderen.

Die für jede Lebensphase typische Neuorganisation der Persönlichkeitsstruktur und der Handlungskompetenzen stellt hohe Anforderungen an die personalen Ressourcen. Dazu gehören die individuellen Handlungs- und Kommunikationskompetenzen, die Basisfähigkeiten des Rollenhandelns und die kreativen Potenziale des flexiblen, »eigenaktiven« Verhaltens. Wie ein Mensch mit den Anforderungen zurechtkommt, hängt in entscheidendem Ausmaß von den Hilfestellungen seiner sozialen Umwelt, den sozialen Ressourcen ab. Jeder benötigt solche Formen der Unterstützung, damit die Fähigkeiten zum Selbstmanagement und zur Handlungsautonomie gestärkt werden.

Vor allem die Theorien der ökologischen Entwicklung von Urie Bronfenbrenner, der Produktion der eigenen Entwicklung von Richard L. Lerner und der Salutogenese von Aaron Antonovsky haben zu diesen Sachverhalten differenzierte Aussagen gemacht.

Diese Theorien legen Wert auf die Analyse der einem Menschen zur Verfügung stehenden Ressourcen. Sind diese unzureichend, kann es demnach zu Störungen der weiteren Persönlichkeitsentwicklung kommen. Aus einem Missverhältnis zwischen Entwicklungsanforderungen und Bewältigungsressourcen ergeben sich problematische Folgen für die Persönlichkeit und die soziale Umwelt. Sie drücken sich in verschiedenen Formen des »Problemverhaltens« aus.

Ein Problemverhalten kommt zustande, wenn ein Mensch sich bemüht, die Entwicklungsaufgaben zu lösen, dabei aber nicht erfolgreich ist und unter den Konsequenzen leidet. Er kann den entstandenen »Entwicklungsdruck« nicht lange ertragen und möchte den Misserfolg aus Selbstschutz und Scham vor der sozialen Umwelt überspielen.

Es lassen sich idealtypisch drei Risikowege bei der Bewältigung von Entwicklungsaufgaben unterscheiden: der nach außen gerichtete, der auf Ausweichen gerichtete und der nach innen gerichtete Risikoweg.

Von einer nach außen gerichteten »externalisierenden« Variante der unzureichenden Bewältigung von Entwicklungsaufgaben kann gesprochen werden, wenn ein Mensch auf den entstandenen »Entwicklungsdruck« mit Aggressionen gegen andere reagiert. Der starken Beeinträchtigung des Selbstwertgefühls, die aus dem Versagen bei einer oder mehreren Entwicklungsaufgaben resultiert, wird durch eine nach außen gerichtete Haltung begegnet.

Die zweite Variante eines Risikoweges bei der Bewältigung von Entwicklungsaufgaben ist durch ein Ausweichen charakterisiert (»evadierende« Variante). Dieses »Aus-dem-Wege-Gehen« drückt sich in fluchtförmigen Verhaltensweisen, in unsteten, wechselhaften sozialen Beziehungsmustern und in suchtgefährdetem Verhalten aus, etwa dem unkontrollierten Konsum legaler wie illegaler Drogen und Nahrungsmittel und der unbeschränkten Nutzung von elektronischen Medien.

Bei der nach innen gerichteten »internalisierenden« Variante des Problemverhaltens reagiert ein Mensch auf einen Entwicklungsstau durch Rückzug und Isolation, Desinteresse und Apathie, psychosomatische Störungen und depressive Stimmungen (siehe Abbildung 3.7).

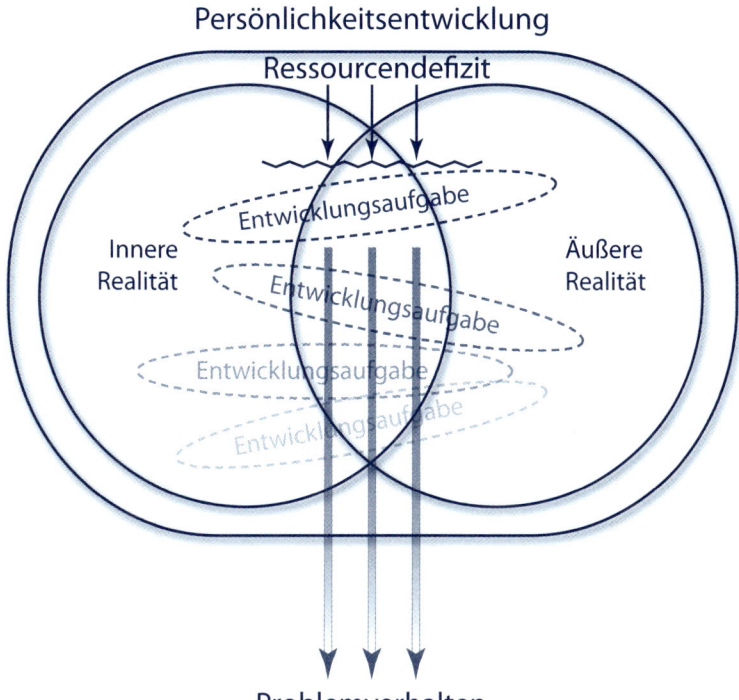

Abb. 3.7: Defizite an persönlichen und sozialen Ressourcen und ihre Auswirkung auf Formen des Problemverhaltens

### Siebte These zur Bedeutung der Sozialisationsinstanzen

*Eine gelingende Persönlichkeitsentwicklung setzt eine dauerhafte Unterstützung bei der Verarbeitung der inneren und äußeren Realität voraus. Der wichtigste Unterstützer ist die Sozialisationsinstanz Familie, die durch eine intensive Interaktion zwischen Eltern und Kindern die Grundlagen für deren Persönlichkeitsentwicklung legt. Von immer größerer Bedeutung werden öffentliche Erziehungs- und Bildungsinstitutionen wie Kindertagesstätten, Horte, Schulen, Ausbildungseinrichtungen, Hochschulen, sozialpädagogische Institu-*

*tionen sowie Einrichtungen der beruflichen Aus- und Weiterbildung, die eigens zu diesem Zweck gesellschaftlich etabliert werden. Sehr viele Einflüsse auf die Persönlichkeitsentwicklung gehen darüber hinaus auch von sozialen Systemen aus, die nicht zum Zweck der Erziehung, Bildung oder Berufsausbildung etabliert wurden. Dazu gehören neben dem beruflichen Erwerbssektor die intime Partnerschaft, der Freundes- und Bekanntenkreis, der Konsumsektor, die Freizeiteinrichtungen, die Medien, die Institutionen der Politik, die religiösen Einrichtungen und die sozialökologische Lebenswelt.*

Wichtige Aussagen zu dieser These werden aus der psychologischen Perspektive in der Ökologischen Entwicklungstheorie von Urie Bronfenbrenner und aus der soziologischen Perspektive in der Strukturfunktionalistischen Theorie von Talcott Parsons und der »Sozialen Milieutheorie« von Pierre Bourdieu getroffen.

Familien fungieren demnach seit Jahrhunderten als die wichtigsten Vermittler der äußeren Realität für den gesellschaftlichen Nachwuchs. Sie werden auch als »primäre Sozialisationsinstanz« bezeichnet, da sie gezielt auf die Art und Weise der Aneignung und Verarbeitung der Realität einwirken, vor allem über die Einflüsse der Eltern auf die Persönlichkeitsentwicklung der Kinder.

Wie in einem Mikrokosmos spiegeln sich in der Familie von früher Kindheit an kulturelle, ökonomische und normative Lebensbedingungen, die durch den Umgang von Eltern und Kindern miteinander aufgenommen und verarbeitet werden. Die soziale Lebenslage von Vätern und Müttern und insbesondere ihr Bildungsgrad entscheiden über die Vielfalt und Angemessenheit der elterlichen Entwicklungsimpulse und Erziehungsstile. Je günstiger die ökonomische Lage der Familie und je höher der Bildungsgrad von Vater und Mutter, desto reichhaltiger wird der Sozialisationsprozess in der Familie.

Als primären Sozialisationsinstanzen kommt Familien die zentrale Funktion der Erziehung der Kinder zu. Als »Erziehung« werden die Handlungen bezeichnet, durch die Menschen versuchen, auf die Persönlichkeitsentwicklung anderer Menschen Einfluss zu nehmen. Sozialisation umfasst alle Impulse für die Persönlichkeitsentwicklung, unabhängig davon, ob sie geplant und beabsichtigt sind, und auch unabhängig davon, welche Dimension der Persönlichkeitsentwicklung (Wissen, Motive, Gefühle, Bedürfnisse, Handlungskompetenzen) beeinflusst wird. Erziehung, vor allem die absichtsvollen Interaktionen zwischen Eltern und Kindern, konzentriert sich hingegen zumeist auf einen Ausschnitt davon.

Neben der primären Sozialisationsinstanz Familie stehen die sekundären, die gesellschaftlich etabliert werden, um bestimmte Aufgaben der Bildung, insbesondere von Kindern und Jugendlichen, zu übernehmen. Hierunter fallen Kindertagesstätten, Horte, Schulen, Ausbildungseinrichtungen, Hochschulen, sozialpädagogische Institutionen sowie Einrichtungen der beruflichen Aus- und Weiterbildung.

Unter Bildung lässt sich die Förderung der Eigenständigkeit und Selbstbestimmung eines Menschen verstehen, die durch die intensive sinnliche Aneignung und die gedankliche Auseinandersetzung mit der ökonomischen, kulturellen und sozialen Lebenswelt entstehen. Selbstbestimmung setzt den Aufbau von Fähigkeiten der Selbststeuerung voraus, wozu der Erwerb von Kenntnissen, Informationen und Wissen gehört, die ein eigenständiges Handeln in der sozialen Umwelt erlauben. Bildung schützt gegen die soziale und kulturelle Funktionalisierung des Menschen und sichert seine Individualität. Sie ist in diesem Verständnis die normative Zielsetzung des Sozialisationsprozesses.

Nicht nur die primären und sekundären Sozialisationsinstanzen haben Einfluss auf die Persönlichkeitsentwicklung, sondern auch andere soziale Organisationen und Systeme, die in erster Linie Funktionen für Partnerschaft, Arbeit, Freizeit, Konsum, Unterhaltung und Regeneration erbringen. Für hochentwickelte Industriegesellschaften ist die Differenzierung in viele verschiedene Institutionen und Organisationen typisch – in ein breites Spektrum eigenständiger gesellschaftlicher Teilsysteme für Wirtschaft und Arbeit, Politik und Verwaltung, Religion und Wertsetzung, Information und Unterhaltung, um nur einige zu nennen. Die meisten dieser Teilsysteme sind in der Form von sozialen Organisationen verfasst, die nach spezifischen Regeln und Verfahrensweisen operieren. Beispiele sind Unternehmen, Ministerien und Verwaltungsbehörden, Kirchen, Rundfunkhäuser und Internetanbieter.

Mit dieser sozialen Differenzierung verlagern und verbreitern sich die Sozialisationseffekte, denn immer mehr ursprünglich nicht für die Sozialisation

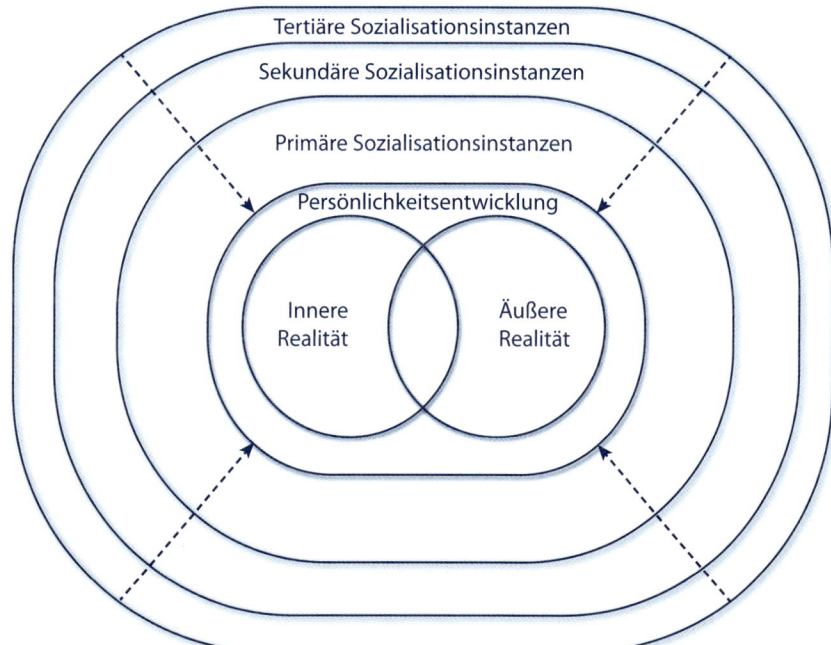

*Abb. 3.8: Primäre, sekundäre und tertiäre Sozialisationsinstanzen*

entstandene soziale Systeme üben Einfluss auf die Persönlichkeitsentwicklung der Menschen aus, die sich längere Zeit in ihnen aufhalten und mit ihnen in Kontakt kommen. Diesen sozialen Organisationen kommt also zumindest ein indirekter Sozialisationseffekt zu, denn sie stellen sozialisationsrelevante Lebenswelten dar. Sie lassen sich deshalb auch als »tertiäre Sozialisationsinstanzen« bezeichnen. In Abbildung 3.8 sind die drei Kategorien von Sozialisationsinstanzen veranschaulicht.

### Achte These zur Persönlichkeitsentwicklung im Lebenslauf

*Die Persönlichkeit entwickelt sich während des gesamten Lebenslaufs. Der Lebenslauf untergliedert sich in aufeinanderfolgende Lebensphasen, die jeweils spezifische Entwicklungsaufgaben mit sich bringen. Durch die sich verändernden ökonomischen, politischen, sozialen und kulturellen Bedingungen stehen Menschen in den jeweiligen Lebensphasen vor der Herausforderung, ihren biografischen und gesellschaftlichen Standort immer wieder neu zu definieren. Durch die Verlängerung der Lebensdauer und die heute typischen großen Spielräume für einen individuellen Lebensstil gehen die Lebensphasen heute fließend ineinander über. Deswegen ist die Persönlichkeitsentwicklung trotz der elementaren Fundierung, die sie in Kindheit und Jugendalter erfährt, nie abgeschlossen, sondern befindet sich in mehr oder weniger großen Schüben ständig im Fluss.*

Zu dieser These sind Aussagen vor allem in den psychologischen Theorien der Entwicklungsaufgaben von Robert J. Havighurst, in der Theorie der Selbstproduktion von Richard L. Lerner und in der Entwicklungstheorie von Erik H. Erikson zu finden. Von den soziologischen Theorien legen insbesondere die »Kompetenztheorie« von Jürgen Habermas und die »Sozialkonstruktivistische Theorie« von Peter L. Berger und Thomas Luckmann großes Gewicht auf die Veränderungen im Lebenslauf.

In den hochentwickelten Gesellschaften wird die Lebensphase Kindheit demnach immer kürzer, weil sich das Jugendalter im Lebenslauf immer weiter nach vorn verlagert. Zugleich verlängert sich das Jugendalter durch eine ausgedehnte schulische und berufliche Bildung. Die Übernahme der Erwerbs-, Familien-, Konsumenten- und Bürgerrolle, die den Erwachsenenstatus kennzeichnen, verschiebt sich auf diese Weise, und der Übergang in den Erwachsenenstatus erfolgt oft fließend.

Die Möglichkeiten zur schöpferischen »Produktion« der eigenen Persönlichkeit sind bei den meisten Menschen in der Lebensphase Jugend am größten. Jugendliche erreichen in einigen Lebensbereichen (soziale Kontakte, Freundschaften, Freizeit, Medien, Konsum) schon den vollen Grad der Autonomie des Handelns, in anderen (Beruf, Familiengründung) noch nicht. Diese

Ausgangslage erfordert flexible Strategien und Kompetenzen für den Umgang mit den Lebensanforderungen und ermöglicht einen ständigen Prozess des Suchens und Tastens nach sowie des Ausprobierens von innovativen Verhaltensmöglichkeiten. Der unfertige, noch offene Charakter dieses Lebensabschnitts als Statuspassage zwischen Kind und Erwachsenem bietet große Spielräume für eine eigenwillige und selbstverantwortliche Lebensführung.

Die dabei erschlossenen Bewältigungsmuster werden auch für nachfolgende Lebensphasen immer wichtiger. Denn ebenso wie Jugendliche müssen auch Erwachsene in den offen strukturierten Gesellschaften mit einer flexiblen Selbstorganisation der Persönlichkeit auf die jeweils neuesten kulturellen, sozialen und ökonomischen Veränderungen reagieren. Da auch sie sich häufig in Lebenssituationen mit unsicherem Ausgang und ungewisser Zukunftsperspektive befinden, sind sie gezwungen, sich individuelle Zielperspektiven und Sinngebungen aufzubauen, um ein Mindestmaß an Stabilität in ihren Lebensalltag zu bringen.

In abgeschwächter Form gilt das heute auch für die Lebensphase Alter. Durch die Verlängerung der Lebensdauer und die großen Spielräume für einen individuellen Lebensstil ist die Persönlichkeitsentwicklung damit in keiner Phase des Lebens wirklich »abgeschlossen«, sondern befindet sich in mehr oder weniger großen Schüben ständig im Fluss. Die für das Jugendalter charak-

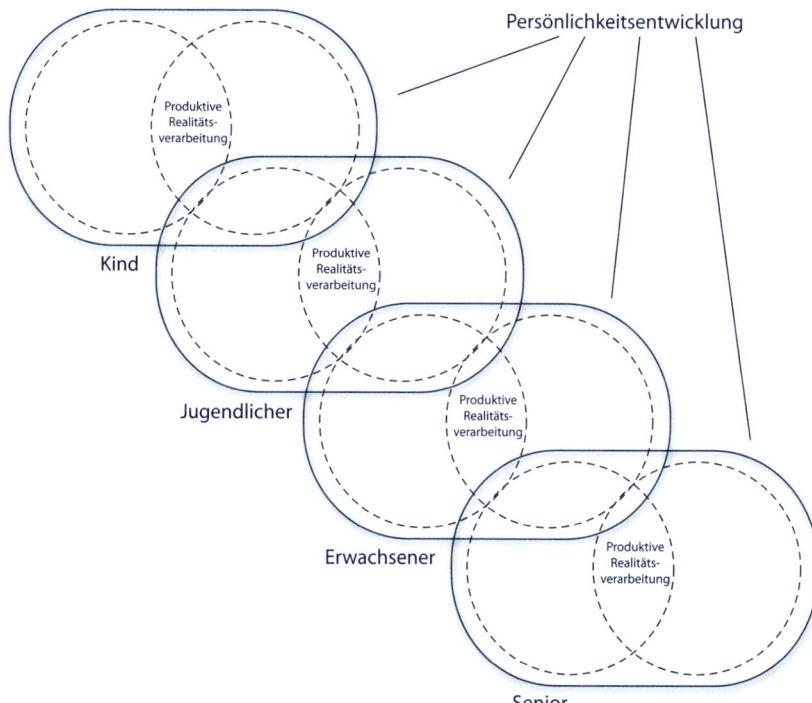

Abb. 3.9: Die Persönlichkeitsentwicklung im Lebenslauf

teristische suchende und sondierende Haltung gilt heute vielen Menschen auch in späteren Lebensphasen als Muster und Vorbild für die Persönlichkeitsbildung. Die scheinbar »jugendtypischen« Formen der Lebensführung werden für alle nachfolgenden Lebensphasen bis zum Alter paradigmatisch, weil Umbrüche und Neuanfänge immer häufiger werden.

Auch in späteren Lebensphasen tritt noch eine formative Strukturierung der Persönlichkeit ein. Das kann bei einschneidenden persönlichen Erlebnissen, wie einer Trennung oder Scheidung, oder bei gravierenden Umstellungen der ökonomischen Basis, wie etwa Arbeitslosigkeit und Armut, der Fall sein. In solchen Situationen werden eine grundlegende Neustrukturierung der Persönlichkeit und eine neue Austarierung der Verarbeitungsfähigkeiten von innerer und äußerer Realität notwendig, um mit den völlig veränderten Ausgangssituationen zurechtzukommen. Die Spannung zwischen Individualisierung und Vergesellschaftung der menschlichen Persönlichkeit hält ein Leben lang an. Sozialisation kann deshalb auch als ein permanenter Bewältigungsprozess verstanden werden (siehe Abbildung 3.9).

### Neunte These zum Sozialisationseffekt sozialer Ungleichheit

*Hochentwickelte Gesellschaften sind durch ein großes Ausmaß an ökonomischer, sozialer und kultureller Ungleichheit gekennzeichnet. Dadurch kommt es zu großen Unterschieden in den Sozialisationsprozessen der Bevölkerungsgruppen mit einem hohen und einem niedrigen sozioökonomischen Status. Den Menschen mit hohem Status steht in ihrer alltäglichen Lebenswelt von Geburt an ein reichhaltigeres Ausmaß an personalen und sozialen Ressourcen zur Verfügung als denen mit niedrigem Status, und deshalb sind die Voraussetzungen für eine Persönlichkeitsentwicklung mit einer stabilen Ich-Identität bei ihnen erheblich besser. Da der soziale Status auch die Sozialisationsinstanzen prägt, pflanzen sich die sozialen Ungleichheiten von einer Generation zur nächsten fort.*

Zu dieser These können vor allem Aussagen aus den Theorien von Jürgen Habermas, Pierre Bourdieu und Urie Bronfenbrenner herangezogen werden. Sie alle betonen, dass in den hochentwickelten Ländern der durchschnittliche Lebensstandard der Bevölkerung und damit ihr materieller Wohlstand ebenso wie ihr subjektives Wohlbefinden einschließlich der Gesundheit immer weiter anwächst, aber gleichzeitig die Unterschiede im Lebensstandard zwischen den sozial privilegierten und den benachteiligten Gruppen der Bevölkerung zunehmen. Die ökonomische und in der Folge auch die soziale und kulturelle Ungleichheit steigen an.

Dadurch vergrößern sich die Unterschiede zwischen Familien, die ihren Kindern sehr gute materielle Lebensbedingungen, eine gute Ausstattung an

Nahrung, Wohnung und Kleidung, reichhaltige Freizeit- und Bildungsimpulse und eine gute Erziehung auf der Basis einer sicheren Bindung bieten können, und Familien, die in allen diesen Bereichen Defizite und Schwächen haben. Diese Unterschiede in der Ausprägung der sozialen Ressourcen in den primären Sozialisationsinstanzen werden in die produktive Verarbeitung der äußeren Realität einbezogen und wirken sich auf die Persönlichkeitsentwicklung der Kinder aus. Kinder aus sozial privilegierten Familien starten auf diese Weise mit ungleich besseren Voraussetzungen für die Bewältigung der Entwicklungsaufgaben als die aus sozial benachteiligten Familien.

Im weiteren Verlauf des Lebens werden die Startunterschiede für die Persönlichkeitsentwicklung nur in den seltensten Fällen ausgeglichen. Bei der Mehrheit der Kinder kommt es vielmehr zu einer Verstetigung und ständigen Verstärkung des einmal eingeschlagenen Pfades der Persönlichkeitsentwicklung. Den sekundären Sozialisationsinstanzen gelingt es nur bei einem kleinen Teil der Kinder aus den sozial benachteiligten Familien, die Weichenstellungen des Elternhauses so zu verändern, dass die Rückstände in der Leistungs- und Kompetenzentwicklung (beim Ansammeln von sozialem und kulturellem »Kapital«, wie es bei Bourdieu heißt) und damit auch in der Identitätsentwicklung ausgeglichen werden können.

Auch die tertiären Sozialisationsinstanzen verstärken in der Regel die bereits vorhandenen Ungleichheiten, weil – um nur ein Beispiel zu nennen – Freizeit- und Medienangebote mit den bereits durch die Familie geformten Einstellungs-, Wahrnehmungs- und Fähigkeitsunterschieden und damit zusammenhängenden Verhaltenserwartungen aufgenommen werden. Der »soziale Habitus« ist mithin meist schon so stark ausgebildet, dass er sich gewissermaßen immer wieder selbst reproduziert.

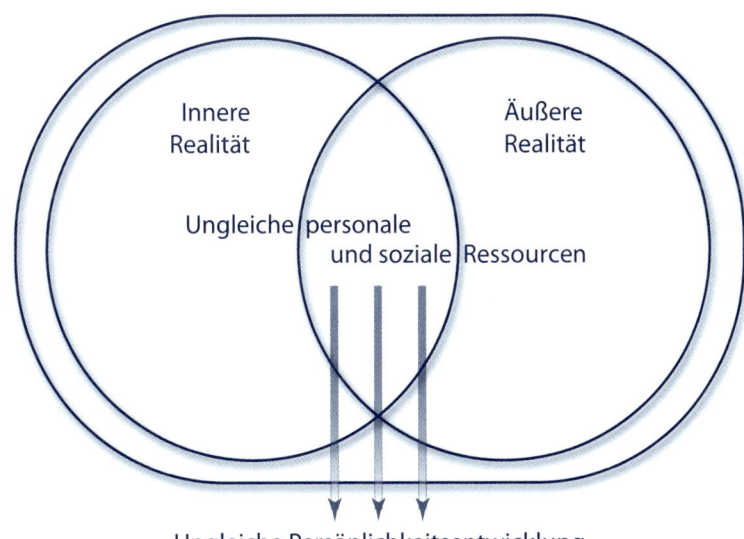

Ungleiche Persönlichkeitsentwicklung

*Abb. 3.10: Ungleiche Persönlichkeitsentwicklung durch gesellschaftliche Ungleichheit*

Bei der Mehrzahl der Kinder aus privilegierten sozialen Bevölkerungsgruppen kommt es auf diese Weise zu einer Kumulation von weiteren Bevorzugungen, bei denen aus unterprivilegierten von weiteren Benachteiligungen im Prozess der Realitätsverarbeitung. Bei den Kindern aus beiden Gruppen ist der Prozess produktiv in dem Sinne, dass er aktiv und individuell suchend und sondierend abläuft. Das jeweilige Ergebnis dieses Prozesses – gemessen an der Fähigkeit, Individuation und Integration miteinander zu verbinden und eine Ich-Identität zu entwickeln – fällt unterschiedlich aus: Je privilegierter die Ausgangsbedingungen, desto erfolgreicher die Persönlichkeitsentwicklung.

In den hochentwickelten Gesellschaften wird auch die Bevölkerungszusammensetzung hinsichtlich der ethnischen Abstammung und der nationalen Herkunft immer diversifizierter. Wegen des hohen Lebensstandards der reichen Länder und der international verflochtenen Arbeitsmärkte ist der Anteil der Zuwanderer aus anderen Ländern und Kulturen in den letzten fünfzig Jahren in allen hochentwickelten Gesellschaften kontinuierlich angewachsen. In Deutschland liegt er bei rund einem Viertel der Gesamtbevölkerung, in der jüngsten Generation schon bei knapp der Hälfte. Für Zuwanderer sind die Voraussetzungen für die Bewältigung der Entwicklungsaufgaben und die Identitätsbildung in der Regel schlechter als für die Einheimischen. Ist ein Migrant sozial und kulturell schlecht integriert, verfügt er auch nicht über die sozialen Ressourcen, um die für die jeweilige Lebensphase typischen Belastungen bewältigen zu können. Entsprechend groß ist das Risiko, dass soziale und gesundheitliche Entwicklungsstörungen auftreten (siehe Abbildung 3.10).

### Zehnte These zur weiblichen und männlichen Realitätsverarbeitung

*Die Zugehörigkeit zum weiblichen oder männlichen Geschlecht prägt die Muster der Bewältigung der Entwicklungsaufgaben. Biologische Faktoren legen das Geschlecht in einem Dispositionsraum fest, aber gleichwohl lässt es sich durch Eigenaktivität erheblich beeinflussen und ist für Umwelt- und Erziehungsimpulse offen. Weiblichkeit und Männlichkeit werden gelebt und individuell hergestellt, indem ein Mann oder eine Frau mit der jeweils angelegten physiologischen Ausstattung, der körperlichen Konstitution, dem angelegten Temperament und den psychischen Grundstrukturen individuell arbeitet und diese mit der sozialen und physischen Umwelt in eine Passung bringt. Trotz aller Spielräume bei der individuellen Ausgestaltung setzen sich typisch weibliche und typisch männliche Muster der produktiven Realitätsverarbeitung durch.*

Männer und Frauen unterscheiden sich nach ihren Geschlechtschromosomen und Geschlechtshormonen. Das Ergebnis ist ein unterschiedlicher Bau der Geschlechtsorgane, des Körpers und des Gehirns sowie ein unterschiedlicher hormoneller Haushalt. Auch zeigen sich typische Geschlechtsunterschiede in Persönlichkeit und Verhalten.

Der männliche Stil der Lebensführung und damit der Bewältigung der Entwicklungsaufgaben lässt sich als dominant aktivitätsorientiert beschreiben. In der englischen Sprache wird hierfür der bildhafte Begriff »agency« eingesetzt. Männer nehmen traditionell in unserer Gesellschaft die Rolle des »Jägers«, des aktiven Eroberers des sozialen Raumes ein, der machtvoll und überlegen für die Sicherung seiner eigenen Lebensgrundlagen und der seiner Angehörigen sorgt. Zum »typisch männlichen« Verhalten gehören die Durchsetzung gegen Konkurrenten, das Bemühen um Dominanz, eine wache Selbstbehauptung, die Abgrenzung von anderen, das Bemühen um die Ausweitung des Selbst und die Eroberung des sozialen Raumes. Auf diese Weise wird die eigene Existenz gesichert und Macht ausgeübt.

Diesem Muster steht die »typisch weibliche« Orientierung gegenüber, die als gemeinschaftsorientiert bezeichnet werden kann. Im Englischen findet sich hierfür der Begriff »community«. Frauen spielten früher die Rolle der »Sammlerin« und Haushälterin, Rollen also, bei denen die Teilhabe am sozialen Zusammenhalt und am Funktionieren des Gemeinwesens stark akzentuiert ist. Zum »typisch weiblichen« Verhalten zählen das Bemühen, ein Teil der Gemeinschaft sein und diese formen und gestalten zu wollen, das intensive Bestreben um Kooperation mit und Bindung an andere Menschen sowie der Aufbau von Beziehungen und Netzwerken, der der Sicherung der eigenen Existenz sowie der Ausübung von Macht dient.

Es ist nicht zu unterscheiden, was an diesen Vorgaben für die Rollengestaltung von Frauen und Männern anlage- und was umweltbedingt ist. Die ange-

*Abb. 3.11: Typisch weibliche und typisch männliche Dispositionen für die Persönlichkeitsentwicklung*

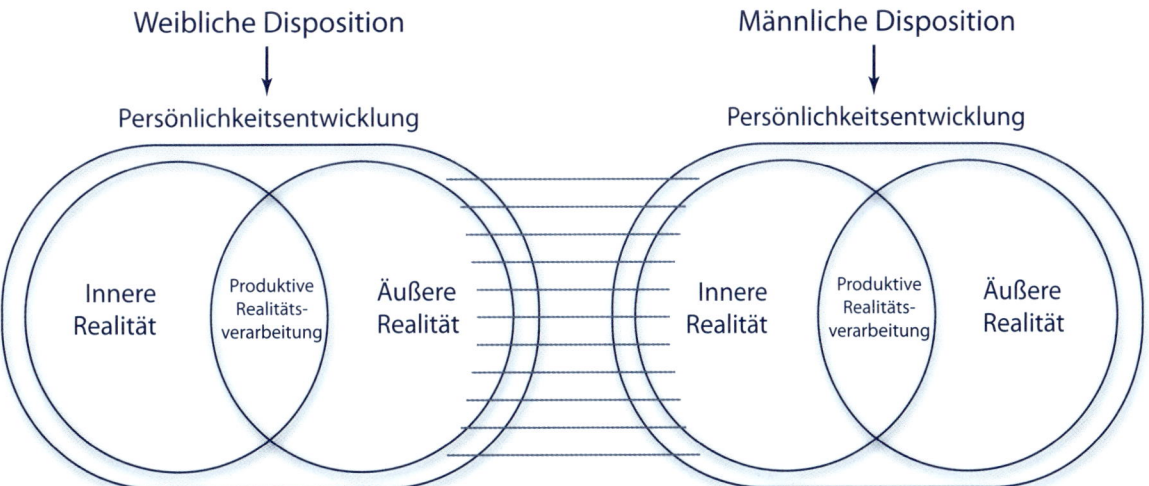

borene genetische Ausstattung, die die Unterschiede in Körperbau und Organen bedingt, wird durch kulturelle Vorstellungen von Männlichkeit und Weiblichkeit überformt. Die Differenz der Geschlechter ist zu einem erheblichen Teil durch solche sozialen Einflüsse bedingt. Viele geschlechtsspezifische Persönlichkeitsmerkmale und Verhaltensweisen sind offensichtlich erlernt und werden im Verlauf des Sozialisationsprozesses herausgebildet. Die genetische Ausstattung und die Anlage der Persönlichkeitsmerkmale dient dabei als Ausgangslage und als Möglichkeitsraum für die geschlechtsspezifische Entfaltung.

Dennoch ist nicht zu übersehen, dass beide Geschlechter in den für sie typischen Mustern der Lebensführung und der Bewältigung der Entwicklungsaufgaben auf ihre genetische Disposition angewiesen sind und diese nicht außer Kraft setzen können (siehe Abbildung 3.11).

Je nach der Beschaffenheit der Anforderungen der äußeren Realität schneiden Männer und Frauen unterschiedlich gut oder schlecht bei der Bewältigung der Entwicklungsaufgaben ab. Bis weit in das 20. Jahrhundert hinein war die typisch männliche Art der Lebensbewältigung offenbar die durchsetzungsfähigere und führte dazu, dass Männer in den entscheidenden Lebensbereichen Politik, Wirtschaft und Kultur die dominante Rolle einnahmen.

In den letzten vier bis fünf Jahrzehnten aber scheint sich hier eine Wende anzubahnen. Das zeigt sich vor allem mit Blick auf die Lebensphase Jugend. In den hochentwickelten Gesellschaften haben gegenwärtig die Mädchen und jungen Frauen bessere Ausgangsbedingungen für die Bewältigung der jugendtypischen Entwicklungsaufgaben. Auf diese Weise verschieben sich die geschlechtsspezifischen Ungleichheitsmuster zugunsten der Frauen. Junge Frauen fallen insgesamt durch ein flexibleres und an die veränderten gesellschaftlichen Bedingungen besser angepasstes Bewältigungsverhalten auf und beginnen, traditionell von Männern dominierte Lebensbereiche wie berufliche Ausbildungsstätten und Hochschulen und in Ansätzen auch schon Positionen in Wirtschaft, Politik und Kultur zu erobern.

**Folgende Fragen können Ihnen helfen, Ihr Verständnis der Ausführungen in diesem Kapitel zu überprüfen:**

1. Welche Argumente sprechen für die Verbindung von soziologischen und psychologischen Theorien der Sozialisation?
2. Welche Vorteile hat eine über den Theorien angesiedelte (»metatheoretische«) Modellvorstellung? Wie kann sie in die Fülle der verschiedenen theoretischen Ansätze Struktur und Ordnung bringen?
3. Welche Definition von Sozialisation liegt dem in diesem Buch vorgeschlagenen »Modell der produktiven Realitätsverarbeitung« zugrunde?
4. Welche Bedeutung haben die zehn Kernaussagen des Modells der produktiven Realitätsverarbeitung, die in Thesenform formuliert sind?
5. Welche Aussagen treffen die ersten beiden Thesen zu den Grundlagen der Persönlichkeitsentwicklung? Welches Menschenbild liegt hiernach dem Modell der produktiven Realitätsverarbeitung zugrunde?
6. Welche Aussagen treffen die dritte, vierte, fünfte und sechste These zu den operativen Prozessen der Persönlichkeitsbildung? Was wird unter einer Entwicklungsaufgabe verstanden? Welche Voraussetzungen müssen diesen Thesen nach gegeben sein, um das eigene Leben erfolgreich bewältigen und gestalten zu können? Welche Bedeutung hat dabei eine Ich-Identität?
7. Welche Bedeutung wird in der siebten These den gesellschaftlichen Institutionen und Organisationen zugesprochen, die als Sozialisationsinstanzen den Prozess der Persönlichkeitsentwicklung während des gesamten Lebenslaufs begleiten?
8. Welche sozialen, kulturellen und biologischen Rahmenbedingungen werden in der achten, neunten und zehnten These als nachhaltig prägend für die Persönlichkeitsentwicklung während des gesamten Lebenslaufs herausgearbeitet?

## Zusammenfassung

In diesem Kapitel wurde das Modell der produktiven Verarbeitung der inneren und äußeren Realität erörtert, das als erkenntnisleitende Orientierung für eine umfassende Sozialisationstheorie fungiert. Das Modell repräsentiert die über den Einzeltheorien der Sozialisation angesiedelte metatheoretische Vorstellung, dass ein Mensch sich stets aktiv mit seinen körperlichen und psychischen Voraussetzungen und gleichzeitig den sozialen und physischen Umweltbedingungen auseinandersetzt und dabei seine Persönlichkeitsentwicklung während des gesamten Lebenslaufs vorantreibt.

Es wurden zehn Kernaussagen der umfassenden Sozialisationstheorie formuliert, die sich aus den soziologischen und psychologischen Einzeltheorien speisen, die in den Kapiteln 1 und 2 vorgestellt wurden. Die Kernaussagen sind in Thesenform gefasst. Sie treffen Feststellungen zum Verhältnis von innerer und äußerer Realität, zur Produktion der eigenen Persönlichkeit, zur Bewältigung der Entwicklungsaufgaben, zum Spannungsverhältnis von Individuation und Integration, zur Bildung von Ich-Identität, zum Verhältnis personaler und sozialer Ressourcen, zur Rolle der Sozialisationsinstanzen, zur Persönlichkeitsentwicklung im Lebenslauf, zum Sozialisationseffekt gesellschaftlicher Ungleichheit und zur männlichen und weiblichen Dispositionen für die Persönlichkeitsentwicklung.

Damit treffen die zehn Thesen Aussagen zum Menschenbild, das dem Modell der produktiven Realitätsverarbeitung zugrunde liegt, zu den operativen Prozessen der Persönlichkeitsbildung und zu den Voraussetzungen, die gegeben sein müssen, um das eigene Leben erfolgreich bewältigen und gestalten zu können. Sie benennen auch die gesellschaftlichen Institutionen, Organisationen und Rahmenbedingungen, die während des gesamten Lebenslaufs die Persönlichkeitsentwicklung prägen.

Insgesamt beschreiben die zehn Thesen damit den inhaltlichen Kern des Modells der produktiven Realitätsverarbeitung.

# 4. Sozialisation im Lebenslauf

In diesem Kapitel werden die zehn Kernannahmen des Modells der produktiven Realitätsverarbeitung auf den Lebenslauf bezogen. Der Lebenslauf ist die Abfolge von Ereignissen im Leben eines Menschen. Er lässt sich in Abschnitte oder Phasen unterteilen. Die vier großen Abschnitte mit jeweils spezifischen Ereignissen und damit verbundenen Anforderungen an die Persönlichkeitsentwicklung sind die Lebensphasen Kindheit, Jugendzeit, Erwachsenenzeit und Seniorenalter.

Im Folgenden wird zunächst ein Überblick über die Entwicklungsaufgaben im Lebensverlauf gegeben. Anschließend werden die sich wandelnden Strukturen des Lebenslaufs und die sich daraus ergebenden Anforderungen an die Verarbeitung der inneren und äußeren Realität erörtert. Im dritten Teil werden die Herausforderungen diskutiert, die sich durch den Strukturwandel des Lebenslaufs für die biografische Gestaltung und Rhythmisierung des Lebens ergeben.

## 4.1 Die Entwicklungsaufgaben im Lebenslauf

Wie in der zweiten These in Kapitel 3 dargestellt, untergliedert sich der Lebenslauf in aufeinanderfolgende Lebensphasen mit jeweils spezifischen Entwicklungsaufgaben. Durch die sich stetig verändernden ökonomischen, politischen, sozialen und kulturellen Bedingungen stehen Menschen vor der Herausforderung, ihren biografischen und gesellschaftlichen Standort im Verlauf des Lebens immer wieder neu zu definieren.

### Abfolge der Entwicklungsaufgaben im Lebenslauf

Eine Entwicklungsaufgabe definiert, wie in der dritten These in Kapitel 3 erläutert, den Zuschnitt von individuellen Handlungskompetenzen im Umgang mit Körper, Psyche und sozialer wie auch physischer Umwelt, der für eine bestimmte Lebensphase in unserem Kulturkreis erwartet wird. Im Lebenslauf kommt es zu einer ständigen Konfrontation mit neuen Situationen, die jeweils mit angemessenen Formen des Handelns bewältigt werden müssen. Immer wieder erneut – und besonders zugespitzt bei einschneidenden sozialen oder wirtschaftlichen Krisen oder bei biografischen Umbrüchen und Übergängen –

steht jeder Mensch vor der Aufgabe, seine Bewältigungsfähigkeiten zu aktivieren.

Entwicklungsaufgaben zielen also auf die Aneignung der für einen Menschen als angemessen erachteten Verhaltensweisen, die in einem Kulturkreis festgelegt werden; sie sind von jedem Menschen auf seine Weise zu bewältigen. Die Bewältigung setzt voraus, dass eine Umsetzung von biologischen, psychischen und gesellschaftlichen Anforderungen in individuelle Handlungskompetenzen erfolgt.

Einige Entwicklungsaufgaben, wie etwa das Akzeptieren der körperlichen Erscheinung, sind universal und demzufolge in jeder Kultur zu bewältigen. Andere Aufgaben finden sich nur in bestimmten Gesellschaften oder innerhalb bestimmter Subkulturen und Regionen einer Gesellschaft. Weiterhin gibt es Aufgaben, die zeitlich begrenzt sind (etwa die Ablösung von den Eltern), und solche, die in verschiedenen Dimensionen über mehrere Phasen des Lebenslaufs bestehen bleiben (etwa der Aufbau angemessener Beziehungen zu Gleichaltrigen beiderlei Geschlechts).

In den heutigen hochentwickelten Gesellschaften sind die Spielräume für eine individuelle Gestaltung des Lebenslaufs deutlich größer geworden. Zwar haben sich die Entwicklungsaufgaben selbst nicht verändert, denn sie sind biologisch, psychisch, kulturell und sozial programmiert. Die Art und Weise aber, wie ein Mensch sie jeweils meistern kann, ist im Vergleich zu früheren Generationen nicht mehr so stark normiert und festgelegt. Das heißt, dem Einzelnen steht für die Bewältigung der altersspezifischen Entwicklungsaufgaben eine größere Vielfalt an Wegen offen (Böhnisch 2001).

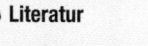

**Weiterführende Literatur**

Böhnisch, L. (2001): Sozialpädagogik der Lebensalter. Weinheim: Juventa.

### *Die Entwicklungsaufgaben in den einzelnen Lebensphasen*

Worin bestehen die Entwicklungsaufgaben im Einzelnen?

In der frühen Kindheit geht es darum, die grundlegenden sensorischen und motorischen Fertigkeiten und ein Bindungsverhalten aufzubauen, anschließend soziale Kontakte zu Gleichaltrigen zu knüpfen und Sprache und Wahrnehmung zu schulen. In der Grundschulzeit werden dann bereits intellektuelle Leistungen und das Einhalten sozialer Umgangsformen verlangt.

Im Jugendalter stellen sich die Aufgaben, die Veränderung der körperlichen Gestalt zu akzeptieren und die Geschlechtsreife zu bewältigen, die schulischen Leistungsfähigkeiten zu stärken, eine Ablösung von den Eltern einzuleiten, Beziehungen zu Gleichaltrigen und später auch intime Partnerbeziehungen einzugehen, eine Geschlechtsidentität zu gewinnen, ein eigenes Wertesystem zu entwickeln, wirtschaftlich handeln zu können, mit Konsum- und Medienangeboten umgehen zu können und sich politisch zu beteiligen.

Im Erwachsenenalter wird in der Regel die Aufnahme einer Berufstätigkeit erwartet, ebenso die Gründung eines eigenen Haushalts mit selbstständiger

Bewirtschaftung, die Gründung einer eigenen Familie und deren Versorgung und Betreuung, die Pflege von Freundschaften und sozialen Kontakten und die Übernahme von Verantwortung als Staatsbürger.

Im Seniorenalter geht es darum, sich auf die veränderten Körperkräfte einzustellen, den Austritt aus dem Erwerbsleben zu gestalten, die Beziehungen zur Gesamtfamilie weiterzuführen, eine neue Rolle im sozialen Netzwerk von Freunden und Bekannten zu finden und die Rolle als Wirtschafts- und Staatsbürger fortzuführen.

Die Entwicklungsaufgaben in den Lebensphasen bauen aufeinander auf, stellen aber in jeder Phase Anforderungen, die eine Neuorganisation der personalen und sozialen Ressourcen verlangen. Diese Neuorganisation erfolgt sowohl auf der biologisch-körperlichen und psychologischen Ebene, also der Verarbeitung der inneren Realität, als auch auf der sozialen und kulturellen Ebene, also der Verarbeitung der äußeren Realität.

## Die vier Gruppen von Entwicklungsaufgaben

Die einzelnen Entwicklungsaufgaben lassen sich vier großen Gruppen mit jeweils über den gesamten Lebenslauf hinweg recht gleichartigen Anforderungen zuordnen (Hurrelmann/Quenzel 2012, S. 32):

**Weiterführende Literatur**

Hurrelmann, K./Quenzel, G. (2012): Lebensphase Jugend. Weinheim: Juventa (überarbeitete 11. Auflage von Hurrelmann 2004).

1. *Qualifizieren:* Auf der biologischen und psychischen Ebene geht es in diesem Bereich um die Entwicklung der intellektuellen und sozialen Kompetenzen, die notwendig sind, um den Leistungs- und Sozialanforderungen gerecht zu werden; auf der soziokulturellen Ebene geht es um die Aufgabe, Kompetenzen für die gesellschaftliche Mitgliedsrolle eines aktiven Wirtschaftsbürgers und Berufstätigen zu erwerben. Dazu sollen im Kindes- und Jugendalter solche kognitiven und sozialen Fähigkeiten sowie berufsrelevante Fachkenntnisse angeeignet werden, dass gesellschaftlich relevante Beschäftigungen übernommen werden können. Eine Voraussetzung dafür ist eine selbstgesteuerte, »intrinsische« Motivation für das Erbringen von Leistungen. Wird diese Dimension der Entwicklungsaufgabe erfüllt, gelingen also der Abschluss der schulischen und Berufsbildung und die Übernahme einer Berufstätigkeit, dann besteht die Möglichkeit zur selbstständigen Finanzierung des Lebensunterhalts und damit zur »ökonomischen Reproduktion« der eigenen Existenz und zugleich der gesamten Gesellschaft. Die Entwicklungsaufgaben dieser Gruppe begleiten einen Menschen bis zum Eintritt in den beruflichen »Ruhestand«.
2. *Binden:* Psychobiologisch geht es hierbei im Kindes- und Jugendalter um die Entwicklung der Körper- und Geschlechtsidentität, die emotionale Ablösung von den Eltern und die Fähigkeit der intimen Bindung an eine Partnerin oder einen Partner. Soziokulturell steht die Vorbereitung auf die gesellschaftliche Mitgliedsrolle eines Familiengründers im Vordergrund.

Dazu muss sich der Einzelne emotional und sozial von der elterlichen Herkunftsfamilie ablösen. Eine Voraussetzung für das Eingehen einer Partnerbindung ist die Identifikation mit der eigenen Geschlechtsrolle, verbunden mit der Suche nach der individuellen sexuellen Orientierung. Wird diese Entwicklungsaufgabe erfüllt, besteht die Bereitschaft und Fähigkeit zur Familiengründung mit eigenem Kind. Damit ist die »biologische Reproduktion« der eigenen Existenz und zugleich der gesamten Gesellschaft gewährleistet. Die Gruppe von Entwicklungsaufgaben begleitet einen Menschen bis an sein Lebensende.

3. *Konsumieren:* Psychobiologisch steht hier die Entwicklung von sozialen Kontakten und Entlastungsstrategien sowie von Fähigkeiten im Umgang mit Wirtschafts-, Freizeit- und Medienangeboten im Vordergrund, soziokulturell die Vorbereitung auf die gesellschaftliche Mitgliedsrolle des Konsumenten. Es geht darum, einen selbstständigen und an den eigenen Bedürfnissen und Interessen ausgerichteten Umgang mit allen Angeboten des Wirtschafts-, Freizeit- und Mediensektors und seinen vielfältigen Entspannungs-, Erfahrungs- und Unterhaltungsprogrammen einschließlich seiner finanziellen Kosten einzuüben. Voraussetzung dafür ist eine sichere Kenntnis der eigenen Bedürfnisse und der Stärken wie auch Schwächen bei deren Umsetzung, außerdem ein angemessener Umgang mit Geld. Wird diese Entwicklungsaufgabe erfüllt, verfügt ein Mensch über die Fähigkeit, Konsum- und Freizeitangebote zum eigenen Vorteil zu nutzen und einen eigenen Haushalt zu führen. Außerdem gelingt eine »psychische Reproduktion«, also eine Erholung und Wiederherstellung der in anderen Lebensbereichen aufgezehrten Kreativität und Leistungsfähigkeit, die sowohl dem Individuum als auch der gesamten Gesellschaft zugutekommt. Es handelt sich um eine Gruppe von Entwicklungsaufgaben, die sich durch alle Lebensphasen ziehen.

4. *Partizipieren:* Psychobiologisch liegt hier die Aufgabe darin, ein individuelles Werte- und Normensystem und die Fähigkeit zur politischen Partizipation zu entwickeln. Soziokulturell geht es darum, die gesellschaftliche Mitgliedsrolle des Bürgers zu übernehmen, also die Fähigkeit zur aktiven Beteiligung an öffentlichen Angelegenheiten zu erlangen. Voraussetzung dafür ist der Aufbau von ethischen, religiösen, moralischen und politischen Orientierungen und darauf aufbauenden Handlungsfähigkeiten. Wird diese Entwicklungsaufgabe erfüllt, verfügt ein Mensch über die Kompetenz, die eigenen Bedürfnisse und Interessen in der Öffentlichkeit zu artikulieren und durchzusetzen sowie durch seine bürgerschaftliche Beteiligung gleichzeitig zur Stärkung der Selbststeuerungsfähigkeit der Gesellschaft und zu ihrem sozialen Zusammenhalt (»Kohäsion«) beizutragen. Die zu dieser Gruppe gehörenden Entwicklungsaufgaben sind in allen Lebensphasen zu bewältigen.

## Entwicklungsaufgaben und Ich-Identität

Diese vier Gruppen von Entwicklungsaufgaben stehen in enger Beziehung zueinander. Die Bewältigung der Aufgaben einer Gruppe hat großen Einfluss auf die einer anderen. Kommt es nicht zu einer erfolgreichen Berufstätigkeit, sind auch die Chancen für eine Familiengründung gering; gelingt es nicht, ein festes Wertesystem aufzubauen, ist die Gefahr groß, dass im Freizeitbereich keine souveräne Haltung gegenüber den vielfältigen Konsum- und Medienangeboten entwickelt wird.

Wie in Kapitel 3 erläutert wurde, zieht sich durch alle Entwicklungsaufgaben die Anforderung der Verbindung von persönlicher Individuation als Erleben der persönlichen Einzigartigkeit und sozialer Integration als Anpassung an gesellschaftliche Normen und Strukturen. Hierfür ist ein Mensch auf die Aktivierung seiner personalen und sozialen Ressourcen angewiesen. Nur wenn unter Einsatz der Ressourcen die Entwicklungsaufgaben bewältigt werden und damit ein Austarieren von Individuation und Integration gelingt, ist die Voraussetzung für den Aufbau der Ich-Identität gegeben. Diese Zusammenhänge sind in Abbildung 4.1 anschaulich dargestellt.

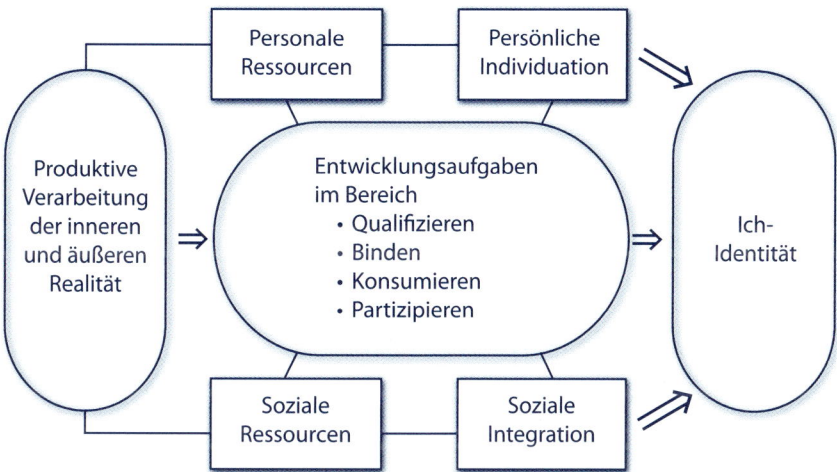

*Abb. 4.1: Der Zusammenhang von Entwicklungsaufgaben und Ich-Identität*

---

### Reflexion/Übungsaufgaben

1. In welche Lebensphasen lässt sich der menschliche Lebenslauf einteilen? Was unterscheidet diese Phasen voneinander?
2. Wie lässt sich eine Entwicklungsaufgabe definieren? Worin besteht grundsätzlich die Aufgabe, die in jeder einzelnen Lebensphase neu gelöst werden muss?

3. Welche vier Gruppen von Entwicklungaufgaben lassen sich unterscheiden? Durch welche Aufgabenstellung sind sie jeweils charakterisiert?

4. Wie hängt die Bewältigung der Entwicklungsaufgaben mit der Bildung
einer Ich-Identität zusammen?

## 4.2 Strukturwandel des Lebenslaufs

Wie bereits erwähnt, eröffnen die heutigen individualistischen Gesellschaften,
die im Vergleich zu früheren Gesellschaftsformen viele Traditionen, Rollenvor-
schriften und Normen für den sozialen Umgang ihrer Mitglieder abgebaut haben, einen vergleichsweise großen Spielraum bei der Bewältigung der Entwicklungsaufgaben. Die Aufgaben müssen definitiv bewältigt werden, aber bei der
Form der Bewältigung kann jedes Gesellschaftsmitglied je nach der Verfügbarkeit von personalen und sozialen Ressourcen eigene Wege gehen (Hurrelmann
1976).

### Der Wandel des Lebenslaufs im letzten Jahrhundert

*Abb. 4.2: Struktur des Lebenslaufs im histori-schen Vergleich*

Innerhalb eines Jahrhunderts, im Zeitraum von 1900 bis heute, haben die ökonomischen und sozialen Veränderungen zu einem spürbaren Strukturwandel
des Lebenslaufs geführt, der unmittelbare Auswirkungen auf die Abfolge und
den Zuschnitt der einzelnen Lebensphasen und damit auch auf das Profil der
jeweiligen Entwicklungsaufgaben hatte und hat. Nehmen wir die drei Zeit-
punkte 1900, 1950 und 2000 als symbolische Wegmarken, dann lässt sich die

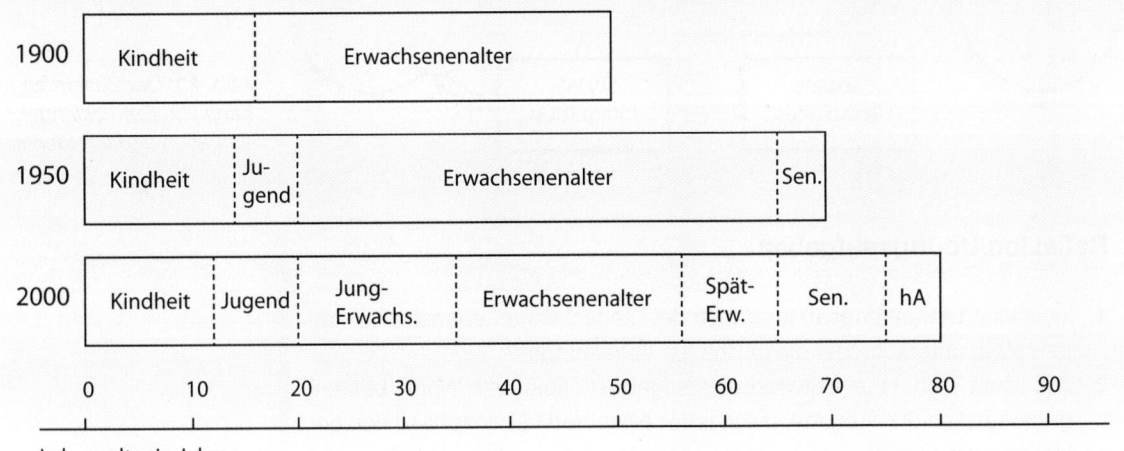

Veränderung der Strukturmerkmale des Lebenslaufs mit seiner Einteilung in verschiedene Lebensphasen idealtypisch wie in Abbildung 4.2 veranschaulichen.

Wie die Darstellung zeigt, bestand der Lebenslauf im Jahr 1900 nur aus den beiden Phasen der Kindheit und des Erwachsenenalters. Der Übergang von der Kindheit in das Erwachsenenalter fiel meist mit dem Übergang in das Erwerbsleben und dem Aufbau einer eigenen Familienbeziehung mit Kindern zusammen. Das Ende des Erwachsenenalters trat noch in der Erwerbsphase mit dem für heutige Verhältnisse früh einsetzenden Tod etwa im 50. Lebensjahr ein.

Im Jahr 1950 hatte sich die Lebensdauer deutlich verlängert. Die Lebensphasen Jugend und Senior hatten sich neu herausgebildet. Die Kindheit war wegen der Vorverlagerung der Pubertät im Lebensalter kürzer als noch 1900, das Jugendalter diente als Übergang von der abhängigen Kindheit zum unabhängigen Erwachsenenalter. Die Erwachsenenphase hatte sich durch die verlängerte Lebensdauer erheblich ausgedehnt. Damit war der gesamte Lebenslauf dominant vom Erwerbs- und Familienleben des Erwachsenenalters geprägt. Nach dem Austritt aus dem Erwerbsleben wurde es möglich, eine zwar meist kurze, aber doch von der Verantwortung des Erwachsenenalters entlastete Phase als Senior im Ruhestand zu verbringen.

Im Jahr 2000 war die Lebensdauer erneut angewachsen, und der Lebenslauf war im Vergleich zu 1950 noch stärker untergliedert. Die Lebensphase Kindheit hatte sich auf nun nur noch etwa zwölf Lebensjahre verkürzt, die Jugendzeit hatte sich insgesamt deutlich verlängert und zog sich bis in die Zeit des früheren Erwachsenenalters hinein. Die Lebensphase der »Spätadoleszenz«, die man auch als »Jungerwachsenenalter« bezeichnen kann, hatte sich herauskristallisiert, in der noch keine Berufstätigkeit ausgeübt und keine Familie gegründet wurde. Damit verbunden war ein späterer Übergang in Beruf und Familie. Das Erwachsenenalter behielt zwar seine dominierende Rolle für die Gestaltung des Lebens, war aber wegen zunehmender beruflicher und familiärer Brüche und Neuanfänge in sich stärker untergliedert als 1950. Die Lebensphase Senior verlängerte sich auf einen insgesamt fünfzehn Jahre langen Abschnitt, der in seinem ersten Teil nicht mehr den Charakter des Ruhestands hatte, sondern durch vielfältige Aktivitäten gekennzeichnet war, die für das Erwachsenenleben typisch sind, bevor er im zweiten Teil in das hohe Alter (hA) überging.

*Verlängerung und stärkere Untergliederung des Lebenslaufs*

## Die biografische Rhythmisierung des Lebenslaufs

Wie diese idealtypische Darstellung zeigt, lebten die meisten Gesellschaftsmitglieder bis zur Mitte des vorigen Jahrhunderts in einer Aufeinanderfolge von Lebensphasen, die jeweils feste Regeln und Erwartungen sowie klare Übergänge hatten. Die Gesellschaft unterstützte die soziale Integration in jeder Lebensphase und erleichterte es, die biografische Lebensführung entsprechend

**Weiterführende Literatur**

Rosenmayr, L. (Hrsg.) (1978): Die menschlichen Lebensalter. München: Piper.

*Das Angebot einer normierten Lebenskarriere*

auszurichten. Biografische Erwartungen und kulturelle sowie rechtliche Vorgaben standen in einem harmonischen Verhältnis zueinander (Rosenmayr 1978).

Der Lebenslauf um 1950 drückt das am deutlichsten aus: Er hatte drei Teile, nämlich den auf den Beruf vorbereitenden (Kindheit und Jugend), den, in dem der Beruf ausgeübt wurde (Erwachsenenalter), und den vom Beruf entlasteten (Senior). Die Kindheit galt der Herausbildung der grundlegenden Strukturen der Persönlichkeit, das Jugendalter der Vorbereitung auf die Vollmitgliedschaft in der Gesellschaft als Berufstätiger und Familiengründer, das Erwachsenenalter war der biografische Höhepunkt der Lebensführung und gab Status und Sicherheit, danach folgte eine Phase des Ruhestands und des sukzessiven Rückzugs aus der gesellschaftlichen Verantwortung.

Eine solche Struktur des Lebenslaufs machte es möglich, eine berechenbare, fest rhythmisierte Biografie zu entfalten. Die Gesellschaft unterbreitete ihren Mitgliedern das Angebot einer »normierten Lebenskarriere«. Damit war ein einheitliches Muster des jeweiligen Lebenskonzepts verbunden: Jedes Gesellschaftsmitglied konnte auf eine sinngebende biografische Rhythmisierung des Lebenslaufs, gewissermaßen eine »Normal-Biografie«, zurückgreifen, die von allen Gesellschaftsmitgliedern geteilt wurde. Allenfalls durch heftige Wirtschaftskrisen und politische Umbrüche oder – auf der individuellen Ebene – durch schwere Krankheiten oder Arbeitslosigkeit konnte sie aus dem Takt geraten, ansonsten aber galt sie als Standard.

### Das Muster der Normal-Biografie

Diese Normal-Biografie bestand aus drei Stationen im Lebenslauf, die jeweils von den folgenden biografischen Ideen getragen waren:

1. In der Kleinkindphase bis etwa zum sechsten Lebensjahr lebt ein Kind im Schonraum der Familie und kann die wesentlichen Handlungskompetenzen und persönlichen Fertigkeiten ausbilden. In der daran anschließenden Schulzeit werden intellektuelle und fachliche Fertigkeiten trainiert, die durch den Schulabschluss symbolisch dokumentiert werden. Hiermit ist zugleich die Jugendzeit beendet und der Übergang in den Erwachsenenstatus vollzogen.

2. Der Erwachsenenstatus wird durch die Aufnahme einer Berufsausbildung mit nachfolgender Erwerbstätigkeit realisiert. Darüber hinaus wird mit dem Übergang in den Erwachsenen- und Erwerbsstatus die Ablösung von der Herkunftsfamilie vollzogen, die Gründung einer eigenen Familie mit Kindern ist die Regel. Der Erwachsenenstatus kommt dem Einzelnen über eine lange aktive Lebensspanne bis zur Pensionierung zu. In dieser Zeit sind Menschen vollwertige Gesellschaftsmitglieder und übernehmen in Wirtschaft und Politik auch die maßgebliche Verantwortung für die Gestaltung

der ökonomischen, sozialen und kulturellen Lebensbedingungen im Gemeinwesen.

3. Mit der Pensionierung werden kulturell und rechtlich der Austritt aus dem Erwerbsleben und der Übergang in die Seniorenphase des Lebenslaufs eingeleitet, die sich bis zum Tode erstreckt. Diese Phase gilt als Ruhestand und damit als wohlverdiente Lebenszeit, in der der Einzelne von den verantwortungsvollen Aufgaben des Erwachsenenalters entlastet ist.

Eine solche »Normal-Biografie« wurde bis in die 1980er-Jahre hinein als »natürlich« erachtet. Menschen, die von ihr abwichen, waren sozial randständig. Das galt besonders für kinderlose Frauen, die keine Familie gründen wollten oder konnten, und für nicht berufstätige Männer. Die Normal-Biografie galt für Angehörige aller gesellschaftlichen Schichten, aber sie sah deutliche Unterschiede zwischen Männern und Frauen vor. Da Frauen als Müttern die Verantwortung für die Erziehung der Kinder zukam, war für sie während der Lebensphase des Erwachsenenalters keine Berufstätigkeit vorgesehen. Diese war vielmehr den Männern vorbehalten, die zugleich die »Brotverdiener« der gesamten Familie sein sollten (Sackmann 2009).

**Weiterführende Literatur**

Sackmann, R. (2009): Lebenslaufanalyse und Biografieforschung. Wiesbaden: VS Verlag für Sozialwissenschaften.

## Die institutionelle Absicherung der Normal-Biografie

Durch eine ganze Reihe von politischen, rechtlichen und institutionellen Regelungen wurden die Muster der Normal-Biografie gefestigt:

- Für die Kindheitsphase wurde die häusliche Erziehung durch die Mutter als »Hausfrau« in weiten Teilen der Bevölkerung und der Politik als Standard angesehen. Entsprechende finanzielle und rechtliche Regelungen (Steuervorteile, soziale Anerkennung des Status »Hausfrau«) stabilisierten die damit verbundene Familienkonstellation.
- Die Einrichtungen Schule, Berufsbildungsstätte und Hochschule bildeten den formalen Rahmen für die Jugendphase. Hingegen blieb der Arbeitsmarkt mit der Möglichkeit zum selbstständigen Geldverdienen den Angehörigen der jungen Generation ohne formale Abschlüsse weitgehend verschlossen.
- Der Arbeitsmarkt galt als die institutionelle Basis für die Erwachsenenphase eines Mannes. Der Privathaushalt, die Kindererziehung und die Pflege der Kontakte in Familie und Nachbarschaft fielen in den Zuständigkeitsbereich der Frauen. Sie wurden über ihre berufstätigen Ehemänner finanziell abgesichert. Die Familie erhielt Kindergeld und andere finanzielle Zuwendungen des Staates, um den Nachteil gegenüber kinderlosen Berufstätigen auszugleichen.
- Sozialstaatliche Einrichtungen und versicherungsrechtliche Konstruktionen stützten und sicherten das Pensionsalter mit einer kalkulierbaren

Pension. Oft war es nicht möglich, länger als bis zum gesetzlich festgelegten Pensionsalter berufstätig zu sein, obwohl die Voraussetzungen und das Interesse dafür gegeben waren.

### Das allmähliche Aufbrechen der Normal-Biografie

**Weiterführende Literatur**

Faltermaier, T. (2008): Sozialisation und Lebenslauf. In: Hurrelmann, K./ Grundmann, M./Walper, S. (Hrsg.): Handbuch Sozialisationsforschung. Weinheim und Basel: Beltz, S. 157–171.

Alle diese Regelungen und die dahinter stehenden Konzepte einer »normalen« Lebensführung wirken bis heute nach und sind teilweise noch unverändert in Kraft, obwohl schon in den 1980er-Jahren deutlich wurde, dass sich der dreiteilige Lebenslauf umgestaltet und nur noch im Ausnahmefall realisiert werden kann. Der Grund dafür sind tiefgreifende Veränderungen der wirtschaftlichen und sozialen Rahmenbedingungen, die neuartige Anforderungen an die Rhythmisierung des Lebenslaufs mit sich bringen (Faltermaier 2008):

- Die Berufsanforderungen und Arbeitsbedingungen haben sich so gewandelt, dass sie eine immer anspruchsvollere und längere, hochqualifizierende Ausbildung voraussetzen. Durch Rationalisierungs- und Automatisierungsprozesse und die weltweite Verzahnung der Volkswirtschaften kann die Zahl der Arbeitsplätze nicht beliebig ausgedehnt werden, und so stehen nicht allen Angehörigen der jungen Generation Arbeitsplätze zur Verfügung. Das Resultat ist, dass ein großer Teil der Jugendlichen einen sehr späten oder gar keinen Zugang zum Erwerbsleben findet. Im Erwerbsleben werden außerdem oft nur zeitlich befristete Arbeitsverträge angeboten, die es schwierig oder unmöglich machen, eine Familie zu gründen.
- Die Wünsche und Perspektiven für die private Lebensführung haben sich verändert. Menschen in jeder Lebensphase streben nach freier Entfaltung ihrer individuellen Fähigkeiten. Das gilt für beide Geschlechter. In einer offenen, demokratisch verfassten Gesellschaft wollen heute nur noch wenige Frauen und Männer gemäß der noch 1950 als selbstverständlich erscheinenden Arbeitsteilung leben, die mit der Normal-Biografie verbunden war. Immer mehr Frauen, auch als Mütter, streben nach einer Beteiligung am Erwerbsleben. Weil sie dafür ebenso wie die Männer eine lange Ausbildung durchlaufen müssen, verzögert sich die Familiengründung.
- In den wohlhabenden Gesellschaften der Gegenwart sind über den gesamten Lebenslauf hinweg die Möglichkeiten größer geworden, eigene Vorstellungen bezüglich der Lebensführung umzusetzen, die nicht den traditionellen Mustern entsprechen. Als siebzehnjähriger Gymnasiast kann man heute zum Unternehmensgründer werden, als fünfundsiebzigjährige Pensionärin noch in einem Betrieb mitarbeiten. Für die private Lebensgestaltung, etwa die Partnerschaftsbeziehung, gelten praktisch keine Einschränkungen mehr. Durch diese Entwicklung ist der 1950 noch als natürlich geltende traditionelle Rhythmus der Gestaltung des Lebenslaufs außer Kraft gesetzt worden.

Die einzelnen Lebensphasen folgen heute nicht mehr klar abgegrenzt und sequenziell aufeinander, sondern können sich überlappen und ineinanderschieben. Eine feste Abfolge von schulischer und beruflicher Ausbildung und anschließender Erwerbstätigkeit ist nicht mehr garantiert. Für einige junge Leute ergibt sich bereits in der Schul- und Studienzeit die Möglichkeit, berufstätig zu sein und ein Erwachsenenleben nach traditionellem Muster zu führen. Für andere hingegen kann es durch lang anhaltende Arbeitslosigkeit und befristete Arbeitsverträge sogar noch im Erwachsenenalter Unsicherheiten und Unwägbarkeiten der Lebensführung geben, die das Eingehen einer festen Partnerbeziehung und die Gründung einer Familie als nicht ratsam erscheinen lassen.

---

### Reflexion/Übungsaufgaben

1. Wie haben sich Länge und Phaseneinteilung des menschlichen Lebenslaufs im Zeitraum von 1900 bis 2000 verändert?
2. Wie lässt sich der biografisch fest rhythmisierte Lebenslauf beschreiben, der im 20. Jahrhundert vorherrschte und zu dem Eindruck führte, es gäbe so etwas wie eine Normal-Biografie?
3. Worin bestanden die Muster der vermeintlichen Normal-Biografie? Durch welche politischen, rechtlichen und sozialstaatlichen Regelungen wurden sie abgestützt?
4. Warum kam es von den 1980er-Jahren an zu einem allmählichen Aufbrechen der festen biografischen Rhythmisierung des Lebenslaufs?

---

## 4.3  Neue Anforderungen an die biografische Gestaltung

Ein biografisch fest rhythmisiertes Abfolgemuster des Lebenslaufs, das an die Stelle des traditionellen dreiteiligen Musters »Vorbereitung auf das Erwachsenen- und Berufsleben«, »Durchführung des Erwachsenen- und Berufslebens« und »Austritt aus dem Erwachsenen- und Berufsleben« tritt, gibt es heute nicht. Stattdessen sind die Spielräume für eine individuelle Gestaltung des Lebenslaufs größer geworden, was sich vor allem darin ausdrückt, dass die Übergänge zwischen den Lebensphasen Jugend, Erwachsener und Senior fließend geworden sind.

Hiermit einher geht eine deutlich erhöhte Anforderung, das eigene Leben unabhängig von und teilweise sogar in Spannung zu sozialen, rechtlichen und institutionellen Vorgaben und Regelungen zu gestalten. Für jeden einzelnen Menschen besteht die Herausforderung in jeder Lebensphase darin, sich dauerhaft auf Ungewissheiten und Unwägbarkeiten mit ihren positiven und negativen Überraschungen einzurichten. Diese sind für hochentwickelte, global vernetzte Gesellschaften charakteristisch geworden. Ausprobieren und Dazulernen, mit Provisorien leben und Spannungen zwischen widersprüchlichen Erwartungen aushalten – diese zuvor nur für die Lebensphase Jugend charakteristischen Verhaltens- und Einstellungsmuster sind heute in jeder Phase des Lebens unentbehrlich. Das gilt für Bildung und Beruf ebenso wie für Freizeit und Privatleben.

### Neustrukturierung der Biografie im Lebenslauf

In einer vereinfachten idealtypischen Darstellung lassen sich diese Veränderungen der biografischen Gestaltung des Lebenslaufs in den letzten einhundert Jahren wie in Abbildung 4.3 veranschaulichen.

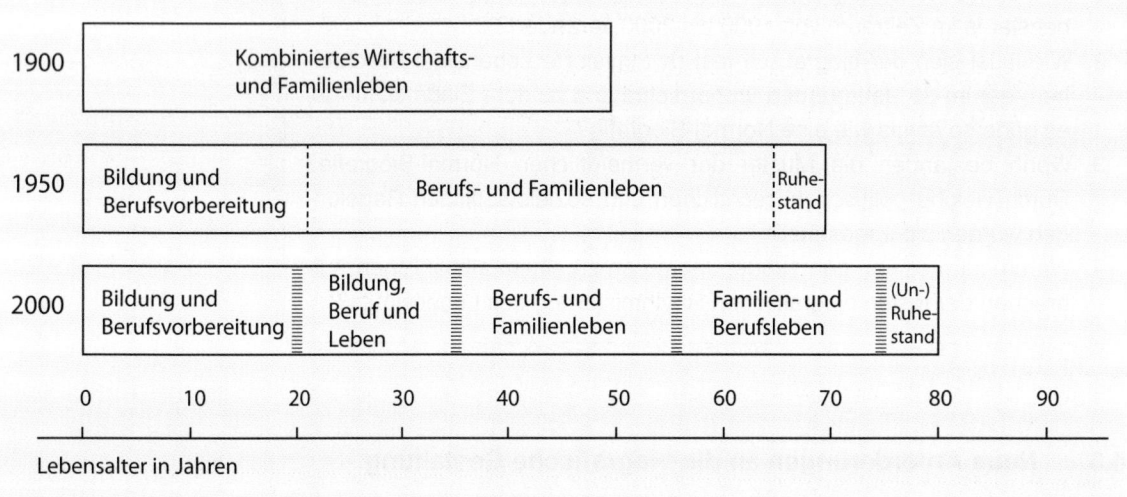

*Abb. 4.3: Struktur der Biografie im historischen Vergleich*

Wie die Abbildung zeigt, verschiebt sich im Lebenslauf der Übergang in die traditionelle Phase des vollverantwortlichen Erwachsenenlebens. Die allein durch Bildung und Berufsvorbereitung geprägten Lebensphasen sind in der Regel um das 20. Lebensjahr beendet. Danach geht für viele junge Leute zwar die allgemeine und berufliche Ausbildung weiter, aber sie ist von gelegentlichen Berufstätigkeiten unterbrochen oder begleitet. Durch partnerschaftliches Zusammenleben im privaten Bereich und durch völlig autonome Handlungsmuster im Konsum-, Medien- und Freizeitbereich kann es zu einer Art der Lebensführung kommen, die mit der traditionellen Jugendphase der 1950er-Jahre nichts mehr zu tun hat, sondern eher Muster der Erwachsenen aufnimmt.

Durch das Aufschieben des Übergangs in die Erwachsenenrolle entsteht zwischen den Lebensphasen Jugend und Erwachsenenalter eine flexible Übergangsphase. Sie stellt ein biografisches »Moratorium« dar, das der freien beruflichen Entfaltung dient, ohne dass der Einzelne durch familiäre Verpflichtungen der Kindererziehung eingeschränkt wird. In dieser Phase ist eine flexible und kreative Verbindung von Bildung, Beruf und Privatleben möglich.

Auch während des Erwachsenenalters sind durch Arbeitsplatzverlust oder -wechsel und oft auch durch Partnerverlust oder -wechsel vielfältige Neuorientierungen möglich und notwendig. Für viele Menschen ergibt sich nach der ersten Phase des Berufs- und Familienlebens ein »zweites Erwachsenenleben« um das 50. oder 55. Lebensjahr mit neuer Partnerschaft und neuem Familienleben, oft auch mit einem beruflichen Neuanfang. Standen in der davorliegenden Phase Beruf und Karriere im Vordergrund, sind es jetzt möglicherweise die neu zusammengesetzte Familie und die breit gefächerten Freizeitmöglichkeiten.

*Anwachsen der biografischen Gestaltungsmöglichkeiten*

Auch der Übergang in das Seniorenalter wird hierdurch fließend. Das traditionelle Bild des »Ruhestands« mit völligem Rückzug aus dem Berufs- und Familienleben passt immer weniger, stattdessen ist eine aktive Lebensführung mit gelegentlichen Berufstätigkeiten und ehrenamtlichen Beschäftigungen typisch. Die biografischen Gestaltungsmöglichkeiten lassen sich von denen im Erwachsenen- und Jungerwachsenenalter oft nicht mehr unterscheiden. Auch in der letzten Phase des Lebens ist vielen älteren Menschen noch ein »Un-Ruhestand« möglich. Erst ganz am Ende des Lebens trifft die traditionelle Vorstellung aus den Zeiten der Normal-Biografie noch zu, wonach das hohe Alter durch Rückzug und Austritt aus aktiven Lebensvollzügen gekennzeichnet ist.

## Von der Normal- zur Wahl-Biografie

Statt einer Normal-Biografie entwickelt sich mehr und mehr die Möglichkeit einer »Wahl-Biografie«. Von jedem Menschen wird in jeder Lebensphase ein hohes Ausmaß an »Biografie-Management« verlangt.

Die meisten Menschen sind auf diese Veränderung gut eingestellt und können ihr positive Seiten abgewinnen. Die große Mehrheit der jungen Leute in der Altersspanne zwischen achtzehn und fünfunddreißig Lebensjahren genießt die Freiheitsgrade der Lebensgestaltung, die sich hieraus ergeben. Sie lassen sich durch die oft prekäre ökonomische Lage, die sich für sie ergibt, nicht irritieren und stellen sich früh auf ein flexibles Biografie-Management ein, das hohe Anforderungen an ihre produktive Realitätsverarbeitung stellt. Mehr und mehr werden diese Einstellungen auch von den älteren Bevölkerungsgruppen übernommen.

Eine Wahl-Biografie lässt Freiheiten, aber sie erfordert unvermeidlich auch immer die Kompetenz, diese Freiheiten zu steuern und zu bewältigen. Der Begriff »Biografie-Management« soll genau diesen Sachverhalt ausdrücken. Die Gestaltung des eigenen Lebensentwurfs verlangt Flexibilität, Offenheit und eine schnelle Reaktionsfähigkeit sowie die Kompetenz, die zur Verfügung stehenden personalen und sozialen Ressourcen richtig einschätzen und einsetzen zu können.

Die dreigeteilte Normal-Biografie setzte den Menschen zwar einen festen Rahmen für ihre Lebensgestaltung und konfrontierte sie mit standardisierten Erwartungen, bot aber damit zugleich auch Unterstützung und Anleitung bei der Bewältigung der Entwicklungsaufgaben. Im Gegensatz dazu lockert die Wahl-Biografie den Rahmen der Lebensgestaltung und schafft eine Vielfalt an biografischen Optionen, geht dafür aber mit gesteigerten Anforderungen an die Fähigkeiten der Menschen einher, ihre Entwicklungsaufgaben aus eigener Kraft zu bewältigen.

### Hoher Anspruch an das Biografie-Management

Typisch für die heutigen Gesellschaften ist, dass sie ihren Mitgliedern nur wenig Unterstützung für dieses anspruchsvolle Biografie-Management bieten. In den Familien und den Freundes- und Gleichaltrigengruppen dürften noch am ehesten Erfahrungen ausgetauscht und Hilfestellungen gegeben werden. Über die Massenmedien können zudem mehr oder weniger individuell zugeschnittene Hinweise für die Lebensgestaltung aufgenommen werden.

Die öffentlichen Sozialisationsinstanzen tun sich hingegen schwer, auf die heutzutage typische flexiblere Rhythmisierung des Lebenslaufs vorzubereiten. Die Schulen konzentrieren sich nur zu einem kleinen Teil darauf, ihre Absolventinnen und Absolventen mit den Fähigkeiten auszustatten, die sie für den Übergang in die selbstständige Rolle des Familiengründers und Erwerbstätigen benötigen. Die Arbeitsorganisationen folgen privatwirtschaftlichen Verwertungsdynamiken und nehmen so gut wie keine Rücksicht auf die soziale Einbindung der in ihnen Tätigen, etwa ihre familiären Verpflichtungen bei der Kindererziehung. Damit wird eine Verbindung von Familien- und Erwerbsarbeit erheblich erschwert. Die Sozial- und Versicherungssysteme setzen teilweise Anreize, die nicht unbedingt mit der Gestaltung eines stimmigen Lebensführungskonzepts korrespondieren. Die Rentenversicherung ermuntert insbesondere zur Frühpensionierung, auch wenn die intellektuelle und körperliche Spannkraft für eine Weiterführung der beruflichen Laufbahn bei einem Menschen noch gegeben ist.

Hierdurch wird es Menschen in allen Lebensphasen schwer gemacht, biografische Erwartungen und individuelle Lebenskonzepte mit den gesellschaftlichen Vorgaben in Einklang zu bringen. Die Aufgabe des Austarierens von Individuation und Integration stellt hohe Ansprüche, und entsprechend hoch sind auch die Anforderungen an die Entwicklung und Sicherung der Ich-Identität.

## Komplexe Anforderungen an den Aufbau der Ich-Identität

Die heutigen Gesellschaften bieten ihren Mitgliedern größere und vielfältigere Verhaltensmöglichkeiten an als noch in den 1950er-Jahren, und zwar von der Lebensphase Kindheit an. Es handelt sich dabei um Angebote, also unverbindlich unterbreitete Optionen, und nicht um klare Vorgaben und Erwartungen. Jedes einzelne Gesellschaftsmitglied hat dadurch die Chance, aus diesen Optionen die wichtigen und die für die eigene Persönlichkeit richtigen auszuwählen und sie in den eigenen Lebensplan zu übertragen.

Jeder Mensch muss gewissermaßen mit sich selbst und mit den wichtigsten Menschen in seinem Umfeld einen eigenen Lebensstil aushandeln und ihn auch unter veränderten Bedingungen flexibel weiterentwickeln. Einen »Masterplan« dafür gibt es aber nicht, und Modelle und Vorbilder, an denen man sich fest orientieren kann, existieren ebenfalls kaum (Kohli/Künemund 2000).

**Weiterführende Literatur**

Kohli, M./Künemund, H. (Hrsg.) (2000): Die zweite Lebenshälfte. Neuwied: Leske + Budrich.

In jeder Phase des Lebenslaufs ist heute ein hohes Maß an »Selbstorganisation« notwendig, um Individuation und Integration miteinander zu verbinden. Voraussetzung dafür ist eine genaue und sensible Wahrnehmung der »inneren Realität« der körperlichen und psychischen Ressourcen, um mit ihnen in eine aktive Auseinandersetzung mit der »äußeren Realität« der sozialen und physischen Lebensbedingungen zu treten.

Beurteilen wir – wie in der dritten These in Kapitel 3 ausgedrückt – den »Erfolg« der Persönlichkeitsentwicklung am Kriterium der Gewinnung und Aufrechterhaltung der Ich-Identität, dann lässt sich sagen: Eine Ich-Identität ist unter den heutigen Lebensbedingungen schwieriger zu erlangen als noch vor zwei oder drei Generationen. Sie ist durch das permanente Austarieren der Anforderungen von Individuation und Integration heute typischerweise zu jedem Zeitpunkt der eigenen Lebensgeschichte immer wieder erneut zu erarbeiten. Dabei sind komplexe Anforderungen zu bewältigen.

*Hohe Anforderungen an die Kompetenz der Selbstorganisation*

In jeder einzelnen Lebensphase stellt sich die Aufgabe, die voneinander abgegrenzten sozialen Systeme mit ihren spezifischen organisatorischen Anforderungen zu koordinieren und sich dennoch in diesen verschiedenen Lebenswelten als identisch zu erleben. Das gilt auch für Brüche und Krisen während des Lebenslaufs, die heute in jeder Lebensphase auftreten können. Angesichts der vielfältigen Gestaltbarkeit der Biografie ist also sowohl die Möglichkeit für als auch der Druck auf eine individuelle und absolut einmalige Formung der Ich-Identität im Vergleich zu früheren Generationen größer geworden.

## Bedarf an neuen rechtlichen und institutionellen Regelungen

Die große Mehrzahl der Gesellschaftsmitglieder kommt mit diesen Herausforderungen mehr oder weniger gut zurecht, aber eine anwachsende Minderheit ist durch die komplexen biografischen Management- und die sozialisatorischen Syntheseleistungen überfordert. Um allen Menschen eine individuelle variantenreiche und den eigenen Wünschen entsprechende Lebensführung zu ermöglichen, sind zum einen gezielte Unterstützungen durch die Sozialisationsinstanzen erforderlich, um die notwendigen Kompetenzen aufzubauen. Zum anderen bedarf es aber auch dringend neuer Regelungen und strukturierender Hilfen für die Bewältigung der Entwicklungsaufgaben. Dazu sind viele der traditionellen rechtlichen und institutionellen Regelungen zu verändern, die noch aus den Zeiten des vermeintlichen Normal-Lebenslaufs stammen. Beispiele dafür sind:

- Bildungs- und Berufssequenzen im Lebenslauf sollten nicht mehr nur aufeinanderfolgen, sondern miteinander verbunden werden. Statt die schulische und berufliche Ausbildungszeit immer weiter in die Länge zu ziehen und damit die Kreativität von Kindern, Jugendlichen und jungen Erwachsenen in den ersten zwei oder drei Lebensjahrzehnten praktisch lahmzulegen, sollten schon während der Schulzeit Produkte und Dienstleistungen entstehen, die für die Gesellschaft von Nutzen sind. Außerdem sollten sich Phasen theoretischer Bildung viel früher und häufiger als bisher mit Praxis- und Berufsphasen abwechseln. Grundsätzlich sollte ein Eintritt in das Berufsleben schon während der Ausbildungszeit möglich sein.

- Um das Bildungs- und das Erwerbssystem enger miteinander zu verzahnen, sollten berufliche Arbeitsphasen in die Ausbildung an Berufs- und Hochschulen integriert werden. Umgekehrt müsste es zudem möglich werden, nach einigen Jahren Berufspraxis eine erneute Trainingsphase mit Weiterbildung zu absolvieren. Wünschenswert ist, dass solche miteinander verzahnten Abläufe während des gesamten Lebenslaufs von der Jugend- bis in die Seniorenzeit typisch werden.

- Die Arbeitszeiten und Vertragsformen im Berufsleben sollten so umgestaltet werden, dass das Familienleben und die Erwerbstätigkeit flexibel miteinander verbunden werden können. Dazu gehören der Ausbau von Betreuungseinrichtungen für Kinder jeden Alters ebenso wie die Vereinbarung flexibler Arbeitszeiten, die über Monats- oder Jahreskonten ausgeglichen werden können, und die Gewährung von Erziehungs- und Betreuungsurlauben in Krisenfällen, etwa bei Krankheiten der Kinder. Auch sollten neue Berufsgruppen wie Erziehungs- und Haushaltshilfen als professionelle Erwerbstätigkeiten unterstützt werden.

- Männer und Frauen sollten in Bildung, Ausbildung und Beruf die gleichen Rechte und Pflichten haben, auch wenn sie in Familien zusammenleben. Das gilt vor allem für die Möglichkeit, sich den eigenen Lebensunterhalt durch berufliche Arbeit zu sichern. Dazu sollte ein Bürgerrecht auf Berufstätigkeit für Männer ebenso wie für Frauen bei gleicher Bezahlung und individueller Besteuerung gelten.

- Es sollte ein fließender Übergang zwischen Erwerbsarbeit und Rentenzeit ermöglicht werden. Das heute auf ein bestimmtes Alter (bislang 65, bald 67

Jahre) fixierte Datum der Pensionierung sollte abgeschafft und durch flexible freie Vereinbarungen ersetzt werden, die Arbeitszeit, Arbeitsumfang und Verbindung von tarifvertraglichen und freiberuflichen Arbeitsverhältnissen regeln. Das heute an das biologische Alter gebundene Datum für den Austritt aus dem Erwerbsleben geht an den unterschiedlichen Möglichkeiten und Wünschen der meisten Menschen in diesem Lebensabschnitt vorbei. Deshalb sollten auch viel mehr ehrenamtliche Freiwilligenangebote als bisher zur Verfügung stehen, um das Seniorenalter nicht zu einem reinen Freizeitalter werden zu lassen.

Das sind nur einige wenige Beispiele für sozialisationspolitische Schritte, die den Übergang von der »Normal-Biografie« der 1950er-Jahre zur »Wahl-Biografie« des 21. Jahrhunderts erleichtern können. Sie dienen dazu, die Entwicklungsaufgaben in der heute typischen flexiblen Struktur des Lebenslaufs erfolgreich bewältigen und persönliche Individuation und soziale Integration so verbinden zu können, dass die Ich-Identität gesichert ist. Gelingt es, alle Menschen zu einer adäquaten Abstimmung von Individuation und Integration anzuhalten, steigt das Ausmaß an subjektiver Zufriedenheit. Es kommt dann sowohl zu einer Verbesserung der Lebensqualität der Individuen als auch zu einem stärkeren sozialen Zusammenhalt, der letztlich zu einer wachsenden Leistungsfähigkeit der gesamten Gesellschaft führt.

**Folgende Fragen können Ihnen helfen, Ihr Verständnis der Ausführungen in diesem Kapitel zu überprüfen:**

1. Wie haben sich Länge und Struktur des Lebenslaufs in den letzten 100 Jahren verändert?
2. Wie lässt sich der Wandel von der Normal-Biografie zur Wahl-Biografie beschreiben?
3. Welche Vorteile und welche Nachteile sind für die Menschen in den hochentwickelten Gesellschaften dadurch gegeben, dass sie ein individuelles Biografie-Management betreiben müssen, um den veränderten Lebensbedingungen gerecht zu werden?
4. Auf welche Hindernisse im sozialen, rechtlichen und institutionellen Bereich stößt ein flexibles Biografie-Management für die Gestaltung des Lebenslaufs heute?
5. Durch welche Reformschritte könnten diese Hindernisse überwunden werden?

## Zusammenfassung

In diesem Kapitel wurden die ökonomischen und sozialen Faktoren analysiert, die auf die Struktur des Lebenslaufs einwirken. Die Analyse ergab, dass sich die einzelnen Phasen des Lebenslaufs in den letzten einhundert Jahren spürbar in Ausdehnung und Gestalt verändert und verschoben haben. Die sich daraus ergebenden Konsequenzen für die Entwicklungsaufgaben in den Lebensphasen Kindheit, Jugend, Erwachsenenalter und Seniorenalter wurden erörtert.

Das auffälligste Ergebnis ist, dass der Lebenslauf sich von 1900 bis 2000 in immer kleinere Abschnitte und Phasen untergliedert hat, die sich nicht mehr eindeutig voneinander abgrenzen und viele Übergangs- und Verbindungsmöglichkeiten einräumen. Vor allem die Übergänge zwischen der Jugend-, der Erwachsenen- und der Seniorenphase des Lebenslaufs sind fließend geworden, sodass viele der früher fest mit einer bestimmten Lebensphase verbundenen Verhaltensweisen heute auch in einer anderen anzutreffen sind.

Es wurden die Herausforderungen angesprochen, die sich durch diese Umstrukturierung des Lebenslaufs für die biografische Gestaltung und die Sozialisation ergeben. Bis in die 1970er-Jahre war ein klar in drei Teile gegliederter Lebenslauf erkennbar, der mit den Schritten Berufsvorbereitung, Berufs- und Familienleben und Ruhestand eine Abfolge kannte, die als natürlich empfunden wurde und deshalb auch wie eine »Normal-Biografie« wahrgenommen wurde.

Heute ist hingegen eine sehr offene Gestalt des Lebenslaufs vorherrschend, die eine »Wahl-Biografie« möglich macht, aber auch ein anspruchsvolles »Biografie-Management« erfordert. Es wurde herausgearbeitet, dass die Umsetzung dieses Biografie-Managements heute oft an persönlichen Kompetenzen, vielfach aber auch an dem Fortbestand traditioneller sozialer, rechtlicher und institutioneller Regelungen scheitert, die noch aus der Zeit der vermeintlichen Normal-Biografie stammen.

# 5. Sozialisation in den einzelnen Lebensphasen

In diesem Kapitel werden für die einzelnen Lebensphasen Kindheit, Jugend, Erwachsenenalter und Senior jeweils die kritischen Anforderungen an die produktive Verarbeitung der inneren und der äußeren Realität erörtert. Die Unterschiede nach sozialer Herkunft werden dabei besonders beachtet.

Ziel der Darstellung ist es, die strukturellen Probleme zu identifizieren, die sich bei der Bewältigung der dem Alter jeweils angemessenen Entwicklungsaufgaben ergeben. Dabei wird die in Kapitel 4 vorgenommene Gruppierung der Entwicklungsaufgaben in vier Bereiche zugrunde gelegt: »Qualifizieren« als Aufgabe, Kompetenzen für die Bewältigung der Leistungs- und Sozialanforderungen und für spätere berufliche Aufgaben aufzubauen; »Binden« als Aufgabe, Körperentwicklung und Geschlechtsidentität anzunehmen und partnerschaftliche Beziehungen zu knüpfen; »Konsumieren« als Aufgabe, Fähigkeiten zum souveränen Umgang mit Wirtschafts-, Freizeit- und Medienangeboten zu entwickeln; und »Partizipieren« als Aufgabe, ein Werte- und Normensystem zu entwickeln, um eigene Interessen durchsetzen und das Gemeinwesen mitgestalten zu können.

## 5.1 Sozialisation in der Lebensphase Kindheit

Bis in das 19. Jahrhundert hinein gab es die Abgrenzung zwischen den Lebensphasen Kindheit, Jugend und Erwachsenenalter nicht. Für Kinder kannte man in der Gesellschaft keinen sozialen und psychischen Schonraum, der ausschließlich ihrer Erziehung und Bildung diente. Sie lebten vielmehr schon nach wenigen Jahren ähnlich wie die Erwachsenen im meist familiären Betrieb, trugen die gleichen Kleider, verrichteten die gleichen Arbeiten, sahen und hörten die gleichen Dinge wie die Erwachsenen. Sie wurden wie »kleine Erwachsene« wahrgenommen und behandelt. Einen Schutz für ihre besonderen kindlichen Bedürfnisse gab es in der Regel nicht. Sehr viele Kinder mussten große Belastungen, Ausbeutung und Missbrauch ertragen.

Erst im 19. Jahrhundert änderte sich diese Ausgangslage, indem sich im Verlauf der Industrialisierung Arbeits- und Familienwelten immer weiter voneinander trennten. Kinder lebten jetzt in Familien, die von der wirtschaftlichen Produktion abgeschirmt waren und sich als Erziehungsinstanzen verstanden. Unterstützt wurden sie durch Kindergärten, Schulen und andere öffentliche

 **Weiterführende Literatur**

Andresen, S./Hurrelmann, K. (2010): Kindheit. Weinheim und Basel: Beltz.

Bühler-Niederberger, D. (2011): Lebensphase Kindheit. Weinheim: Juventa.

Bildungseinrichtungen, die ihre Aufgabe darin sahen, die Persönlichkeitsentwicklung des gesellschaftlichen Nachwuchses zu begleiten und Kinder und Jugendliche auf das Leben in der Gesellschaft vorzubereiten. Ihr Einfluss ist in den letzten Jahrzehnten immer größer geworden (Andresen/Hurrelmann 2010; Bühler-Niederberger 2011).

*Probleme bei der Bewältigung der Entwicklungsaufgaben*

Welche Probleme stellen sich heute bei der Bewältigung der Entwicklungsaufgaben in der Lebensphase Kindheit? Wie im vorigen Kapitel dargestellt, ist diese Lebensphase wegen der sehr früh einsetzenden Pubertät immer kürzer geworden. Entsprechend drängen sich die Anforderungen für die Verarbeitung der inneren und der äußeren Realität in einem kurzen Zeitraum. Schauen wir uns die strukturellen Probleme in den großen Gruppen von Entwicklungsaufgaben an, können wir die folgende Bilanz ziehen:

1. Entwicklungsbereich »Qualifizieren«: Zur Kindheit gehört heute die Ernsthaftigkeit des Leistungsdrucks in der mit dem sechsten Lebensjahr beginnenden Pflichtschule. Schon im Kindergartenalter spüren viele Kinder die Erwartung ihrer Eltern, ihre kognitive und intellektuelle Entwicklung schnell voranzutreiben und auf die Leistungsanforderungen der Schule vorbereitet zu sein. Sie werden fast ebenso intensiv wie Jugendliche mit der Entwicklungsaufgabe »Qualifizieren« konfrontiert. Es wird ihnen nachdrücklich vermittelt, dass sie in einer Wettbewerbsgesellschaft leben und ihre ersten Schritte auf dem Weg zur beruflichen Kompetenzbildung über ihre Chancen im gesamten späteren Lebenslauf entscheiden. Der Freiraum für eine verspielte Kindheit mit ausreichend Zeit für Umwege in der persönlichen Entwicklung ist damit äußerst begrenzt.

2. Entwicklungsbereich »Binden«: Das Elternhaus ist nach wie vor die eindeutig gewichtigste Sozialisationsinstanz im Kindesalter. Mutter und Vater kommt die Schlüsselrolle für alle Aspekte der Persönlichkeitsentwicklung zu. Doch müssen Kinder heute auch darauf eingerichtet sein, dass sich die Familienkonstellation jederzeit verändern kann. Die Beziehung der Eltern bricht bei jedem dritten Kind dauerhaft auseinander; die betroffenen Kinder sind dann gefordert, die Spannungen zu bewältigen, die sich aus diesen Veränderungen und einer eventuellen neuen Partnerbeziehung ihrer Eltern ergeben. Die sozialen Bindungen im Familienleben haben sich insgesamt gelockert. Sie ermöglichen es den Erwachsenen, flexible Formen von Partnerschaften einzugehen und zu leben, wodurch allerdings auch die Bedürfnisse der Kinder nach Gemeinschaft und Zugehörigkeit verletzt werden können. Kinder sind letztlich immer die »Anhängsel« der Partnerbeziehungen ihrer Eltern und insofern von deren Unsicherheit und Unbeständigkeit betroffen, ohne gestaltend auf sie einwirken zu können.

3. Entwicklungsbereich »Konsumieren«: Im Konsum- und Freizeitbereich erleben Kinder heutzutage wie Jugendliche und Erwachsene die Vorteile und die Nachteile einer demokratisch offenen, kommerziell orientierten Gesellschaft. Sie können sich vor allem bei der Nutzung von Medien weitgehend frei bewegen und sind im Umgang mit den Angeboten der modernen Informations- und Kommunikationstechnologien teilweise souveräner als ihre Eltern. Sie sind »Digital Natives«, weil die interaktiven Medien ihre selbstverständliche Umwelt bilden. Damit ist aber auch die Herausforderung verbunden, die Inhalte zu verarbeiten, die sich damit erschließen lassen. Schon Kinder müssen heute die Nachrichten über soziale, politische und ökologische Entwicklungen in der Welt mit samt ihren Krisen und Katastrophen verfolgen und einordnen können. Die vielen Anreize im Freizeitbereich führen bei vielen Kindern zu Überreizungen und zur Steigerung ihrer Erwartungshaltung gegenüber vielfältigen Formen der Unterhaltung, Zerstreuung und erregender Grenzüberschreitungen. Hierdurch kann die realistische Einordnung von Ereignissen und der Aufbau eines strukturierten Selbst- und Weltbildes erschwert werden.

*Komplexe Anforderungen an die Realitätsverarbeitung*

4. Entwicklungsbereich »Partizipieren«: Kinder erfahren die Vielfalt ihrer Lebenswelt auch durch den Kontakt mit Menschen aus anderen Kulturen, Regionen und Religionen. In ihren Freundschaftsbeziehungen, die sich in ersten Schritten im Grundschulalter aufbauen und Einfluss auf ihr Freizeit- und Medienverhalten ausüben, spüren Kinder die kulturellen und sozialen Spannungsfelder im gesellschaftlichen Alltag. Sie erfahren die Unterschiede zwischen Menschen unterschiedlicher Religionszugehörigkeit und Glaubensorientierung. Auch werden Kinder früh auf das Auseinandergehen der Schere zwischen Arm und Reich aufmerksam gemacht, zumal viele von ihnen durch die relative Armut ihres Elternhauses selbst betroffen sind und ungünstige räumliche Wohn- und Umweltbedingungen ertragen müssen. Insgesamt sind ihre Möglichkeiten, ihre Lebenswelt aktiv mitzugestalten, auch in den heutigen Gesellschaften minimal.

Kindheit heute bedeutet demnach, in einer unsicheren sozialen Bindung aufzuwachsen und in einer Wettbewerbsgesellschaft zu leben, in der allein individuelle Leistung zählt. Kindheit heißt auch, sich in einer Freizeitwelt aufzuhalten, die von Konsum und kommerzieller Anreizung geprägt ist, die Verknappung von Spiel- und Freiflächen in der Wohnumgebung zu erleben und zu erfahren, dass die ökologische Umwelt schädigende Wirkungen (etwa durch Lärm und Umweltverschmutzung im Wohnviertel oder chemisch behandelte Nahrungsmittel) haben kann. Schließlich ist Kindheit auch die Erfahrung, auf alle diese Prozesse kaum einen aktiven Einfluss ausüben zu können.

### *Ungleiche Ausgangsbedingungen nach sozialer Herkunft*

Kinder, die sich diesen komplexen Herausforderungen der heutigen Lebenswelt erfolgreich stellen, und das ist die große Mehrheit von ihnen, haben bereits die Fähigkeit entwickelt, ihre inneren und äußeren Ressourcen realistisch einschätzen und einsetzen zu können. Sie werden dabei in der Regel von Elternhäusern unterstützt, die ihnen gezielt Anerkennung verschaffen und ihnen Anregungen und Anleitungen geben, die sie auf ihrer jeweiligen Entwicklungsstufe gut verarbeiten können. Je besser die wirtschaftliche Lage, die soziale Verankerung und Vernetzung und die Erziehungskompetenzen der Eltern sind, desto günstiger sind die Voraussetzungen für die Kinder, die heute notwendigen Bausteine für eine erfolgreiche Persönlichkeitsentwicklung mit einer eigenständigen Lebensführung zur Verfügung zu haben.

*Ergebnisse der »World Vision Kinderstudie«*

In der »World-Vision-Kinderstudie« ist diese Situation präzise beschrieben worden: »Kinder haben je nach Schichtzugehörigkeit unterschiedliche Gestaltungsspielräume. Armut und fehlende häusliche Ressourcen führen zu geringeren Teilhabemöglichkeiten: in der Familie, in der der materielle Druck und die existenziellen Sorgen von den Kindern bereits sehr genau registriert werden, in der Schule, in der die Möglichkeiten für eine individuelle Förderung zum Ausgleich von Nachteilen fehlt, sowie im Wohnumfeld oder hinsichtlich der Möglichkeit, in Vereinen mitzumachen oder Kreativangebote zu nutzen. Kinder aus den unteren Schichten sind häufiger auf sich allein gestellt. Es fehlt ihnen an Rückhalt, an Anregungen und an gezielter Förderung. In der Konsequenz ist der Alltag dieser Kinder bei einem größeren Teil einseitig auf Fernsehen oder auf sonstigen Medienkonsum ausgerichtet. Jungen sind hierfür besonders anfällig« (World Vision Deutschland 2010, S. 16).

Im Kontrast dazu können die Kinder aus den gehobenen Schichten von Anfang an ihre besseren Chancen nutzen. Sie verfügen im Vergleich über mehr Gestaltungsspielräume. Ihr familiärer Bildungshintergrund eröffnet ihnen den Zugang zu einer vielfältigen und kreativen Form der Freizeitgestaltung. Deshalb kann sich bei ihnen das Vertrauen bilden, selbst Dinge gestalten zu können (Selbstwirksamkeit). Sie können vielfältigere Gelegenheiten nutzen, um einen stabilen Freundeskreis aufzubauen, und gleichzeitig erleben sie, dass ihre eigene Meinung weitaus häufiger wertgeschätzt wird: »Entsprechend höher ist bei diesen Kindern auch das Vertrauen in die eigene Lernkompetenz ausgeprägt. Diese Kinder lernen dadurch selber zu entscheiden, wie sie ihr eigenes Leben angehen müssen, um die sich ihnen bietenden Chancen zu nutzen. Auch sie sind im Alltag mit Risiken konfrontiert und auch sie verspüren Bewährungsdruck. Der Unterschied ist jedoch, dass ihnen mehr Wege offenstehen und dass sie von daher weitaus besser das erforderliche Selbstbewusstsein gegenüber den zum Teil ganz unterschiedlichen Herausforderungen in Familie, Schule, Freizeit und Freundeskreis entwickeln können« (World Vision Deutschland 2010, S. 16).

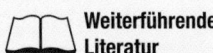

**Weiterführende Literatur**

World Vision Deutschland (2010): Kinder in Deutschland. Konzeption und Koordination: K. Hurrelmann, S. Andresen und Infratest Sozialforschung. Frankfurt a.M.: Fischer.

Bei etwa einem Fünftel der Angehörigen der jüngsten Bevölkerungsgruppe sind die Ausgangsbedingungen relativ schlecht. In der »World-Vision«-Studie wird bildhaft von einer »Vier-Fünftel-Gesellschaft« der Kinder in Deutschland gesprochen, wobei die Kluft zwischen der Mehrheit der Privilegierten und der Minderheit der Benachteiligten in den letzten Jahren größer geworden ist. Kinder verfügen also über sehr ungleiche soziale Voraussetzungen für die Bewältigung ihrer Entwicklungsaufgaben und für den Aufbau der schon in ihrem Lebensabschnitt notwendigen Kompetenz, Biografie-Management zu betreiben.

## 5.2    Sozialisation in der Lebensphase Jugend

Die Lebensphase Jugend umfasst den Abschnitt zwischen der Pubertät und dem Eintritt in ein eigenständiges Berufs- und Familienleben, der mit der Erlangung des Erwachsenenstatus gleichgesetzt werden kann. Jugend symbolisiert wie keine andere Lebensphase die Spannung zwischen persönlicher Individuation und sozialer Integration. Jugendliche müssen die schnelle Veränderung ihrer körperlichen und psychischen Eigenschaften in einer Zeitspanne bewältigen, in der von ihnen mit massivem Nachdruck auch die soziale Anpassung, insbesondere schulische Bildungsleistungen und berufliche Qualifizierungen, verlangt wird (Fend 2000; Hurrelmann/Quenzel 2012).

> **Weiterführende Literatur**
>
> Fend, H. (2000): Entwicklungspsychologie des Jugendalters. Opladen: Leske + Budrich.
>
> Hurrelmann, K./Quenzel, G. (2012): Lebensphase Jugend. Weinheim: Juventa (überarbeitete 11. Auflage von Hurrelmann 2004).

### *Anforderungen in den Bereichen Qualifizieren und Binden*

Welche strukturellen Anforderungen stellen sich in der Jugendphase für die Bewältigung der Entwicklungsaufgaben in den Bereichen »Qualifizieren« und »Binden«?

Die schon in der Kindheit hohen Erwartungen an die Leistungsfähigkeit steigern sich weiter und werden von vielen Jugendlichen als ein starker Bewährungsdruck empfunden. Hohe Schul- und Ausbildungsabschlüsse sind in Zeiten von Arbeitsplatzmangel und internationaler Konkurrenz zu notwendigen, aber noch lange nicht hinreichenden Voraussetzungen für die Aufnahme in die Berufswelt geworden.

Grundvoraussetzung für die Bewältigung der Entwicklungsaufgaben in diesem Bereich ist es deshalb, mit der Ungewissheit umgehen zu können, ob man tatsächlich jemals in die Phase des Erwachsenen im Sinne einer gesellschaftlichen Vollmitgliedschaft vorrücken wird oder aber im Moratorium Jugend verbleibt. Jugendliche müssen also die strukturelle Unsicherheit aushalten lernen, dass sie nicht wissen, ob sie später einmal eine berufliche Position besetzen oder nur kurzfristige Arbeitsmöglichkeiten oder auch gar keinen Arbeitsplatz erhalten werden. Da hiervon auch die Entscheidung über eine

*Mit struktureller Zukunftsunsicherheit leben lernen*

spätere Gründung einer Familie abhängt, vergrößert sich die biografische Ungewissheit, die sie ertragen lernen müssen.

Im Entwicklungsbereich »Binden« lässt sich zunächst konstatieren, dass die Jugendphase auch heute noch als Vorbereitung auf die sexuelle, partnerschaftliche und familiäre Selbstständigkeit des Erwachsenenalters empfunden wird. Aber die Vorgaben und Rahmenbedingungen für diesen Übergang sind gegenüber früheren Generationen freier und ungezwungener geworden. Jugendliche können Freundschafts-, Partnerschafts- und Liebesbeziehungen weitgehend frei gestalten und in diesem Bereich ein Leben mit relativ hohen, dem Erwachsenenstatus ähnlichen Graden von Selbstständigkeit entfalten. Im Unterschied zu früheren Generationen ist das gemeinsame intime partnerschaftliche Zusammenleben aber über viele Jahre hinweg möglich, ohne einer Familiengründung zu dienen.

### Anforderungen in den Bereichen Konsumieren und Partizipieren

Noch stärker als Kindern stehen Jugendlichen die Angebote der Medien- und Freizeitwelt zur Verfügung, zumal sie meist über die nötigen finanziellen Mittel zu ihrer Erschließung verfügen. Die überwiegend kommerziell gesteuerten Medienangebote verlangen aber nach einer gut strukturierten Vorstellung davon, wie man sie nutzen möchte. Ansonsten können sie zu einem rauschhaften Konsumverhalten mit Suchtgefahr verleiten. In diesem Fall hat der Jugendliche nicht mehr die volle Kontrolle über die Nutzung der Angebote, sondern die Angebote ziehen ihn in ihren Sog, den er zeitlich und sozial nicht mehr selbst steuern kann. Besonders im Jugendalter tritt diese Gefahr auch bei psychoaktiven Drogen auf, die zur Steigerung von Wahrnehmung und Empfinden konsumiert werden.

*Einen inneren Relevanzkompass aufbauen*

Jugendliche benötigen für die selbstbestimmte Nutzung der Medien- und Freizeitangebote ein inneres Ordnungssystem mit einem eingebauten »Relevanzkompass«, um die vielfältigen Handlungsanforderungen und die Widersprüche bei der Einräumung von persönlicher Autonomie flexibel und sinnvoll zu bewältigen. In einer hochgradig individualistischen Gesellschaft ist ein Gespür dafür wichtig, wohin sie eigentlich wollen und wo sie langfristig ihren Platz in der Gesellschaft sehen. Verfügen sie über eine sichere Ich-Identität, haben sie die besten Voraussetzungen, Freiräume zu ihrem Vorteil nutzen zu können, ohne Gefahr zu laufen, dass ihre persönlichen Bedürfnisse und Wünsche durch die Dynamik der Medien- und Freizeitangebote gesteuert werden.

Auch im Entwicklungsbereich »Partizipieren« benötigen Jugendliche heute ein sensibles Gespür für die Schwierigkeiten der Zukunftsplanung, insbesondere im Hinblick auf Risiken wie Arbeitslosigkeit, Umweltbelastung, Gesundheitsschädigung und Kriegsgefahr. Sie müssen mit der »Angst« leben lernen, nicht zu wissen, ob sie als Erwachsene überhaupt noch ein lebenswürdiges Dasein führen können und die Welt für sie bewohnbar bleibt. Trotz all dieser Sorgen und Bedenken können sie ihre Entwicklungsaufgaben nur bewältigen, wenn sie von ihrer Selbstwirksamkeit überzeugt sind, sich also zutrauen, ihre Lebensherausforderungen gegen alle widrigen Umstände meistern zu können.

Sie haben in einer demokratischen Gesellschaft grundsätzlich die Möglichkeit, ihre Interessen durchzusetzen, und können politisch partizipieren, sie müssen aber immer wieder abwägen, ob sich der Kraftaufwand hierfür lohnt. Die starke Beteiligung von Jugendlichen an Umweltschutz- und Bürgerrechtsbewegungen und ihre aktive Rolle bei Demonstrationen und in Internetforen mit politischen Themen machen deutlich, dass sie diese Spielräume auch auf ihre Weise nutzen.

### Die Entwicklung von Selbstbild und Ich-Identität

Die herausragende Besonderheit des Sozialisationsprozesses im Jugendalter ist der Aufbau einer Ich-Identität, der in dieser Lebensphase zum ersten Mal möglich ist. Er setzt ein dem Alter und dem Entwicklungsstand angemessenes eigenes Selbstbild voraus, also eine realistische Einschätzung der personalen und sozialen Ressourcen.

Voraussetzung für den Aufbau eines Selbstbildes ist die Fähigkeit, zwischen der eigenen Person mit ihrer inneren Realität und der umgebenden äußeren Realität unterscheiden zu können. Diese Fähigkeit baut sich im Verlauf der Entwicklung im Jugendalter auf. Die reflexive Beziehung eines Menschen zu seinem Körper und zu seinen Bedürfnissen, Motiven und Interessen wird differenzierter und komplexer und erreicht in der frühen Jugendphase eine qualitativ neue Entwicklungsstufe. Das Gleiche gilt für die Einschätzung der sozialen und physischen Umweltbedingungen.

> 📖 **Weiterführende Literatur**
>
> Silbereisen, R./Hasselhorn, M. (Hrsg.) (2008) Psychologie des Jugendalters. Göttingen: Hogrefe. Hurrelmann 2004).

In den entwicklungspsychologischen Theorien wird das Jugendalter als ein Abschnitt verstanden, in dem heftige persönliche Entwicklungskrisen im Lebenslauf auftreten. Junge Männer und junge Frauen in der Pubertät reagieren äußerst sensibel auf die Veränderungen von Körper und Psyche, aber auch auf die sich ihnen unvermittelt stellenden Herausforderungen in der sozialen und physischen Umwelt. Es handelt sich um eine besonders konfliktanfällige Zeit, in der es eine Abfolge von »Adoleszenzkrisen« zu bewältigen gilt (Silbereisen/Hasselhorn 2008).

*Mit Entwicklungskrisen umgehen können*

Die hiermit verbundenen Spannungen und Stimmungsschwankungen müssen voll durchlebt werden, um eine ausgereifte Persönlichkeitsstruktur mit einem Ausgleich von Individuations- und Identitätsanforderungen und einer leistungsfähigen Ich-Identität aufbauen zu können. Nur nach dem Durchstehen dieser Krisen kann es gelingen, über eine oberflächliche Anpassung an die gesellschaftlichen und kulturellen Verhältnisse, etwa durch eine mechanische Leistungsmotivation und eine materialistische Orientierung an Geld, Ansehen und Karriere, hinwegzukommen und autonome Handlungskompetenzen aufzubauen.

## *Anforderungen an das Biografie-Management*

**Weiterführende Literatur**

Neubauer, G./Hurrelmann, K. (Hrsg.) (1996): Individualization in Childhood and Adolescence. Berlin und New York: de Gruyter.

Da die heutigen individualistisch geprägten Gesellschaften so viele Freiräume für unkonventionelle Verhaltensweisen einräumen, bieten sich den Jugendlichen nicht die Reibungen und Widerstände, die sich in Zeiten der standardisierten »Normal-Biografie« (vgl. Kap. 4) fast zwangsläufig einstellten. Durch die verhältnismäßig frühe Selbstständigkeit im Konsum-, Medien- und partnerschaftlichen Lebensbereich auf der einen und die lang anhaltende Bildungs- und Ausbildungszeit mit ökonomischer Unselbstständigkeit auf der anderen Seite tritt an die Stelle einer noch in den 1950er-Jahren selbstverständlichen genormten Statuspassage von der Jugendzeit in das Erwachsenenalter eine selbst gestaltete Übergangsphase mit der Anforderung, sie biografisch sinnvoll zu gestalten (Neubauer/Hurrelmann 1996).

Von Jugendlichen wird eine kreative individuelle Lebensführung verlangt, um die erheblichen Spannungen zwischen den Selbstständigkeitspotenzialen in den verschiedenen Lebensbereichen auszugleichen. Eine solche Lebensführung scheint vor allem dann möglich zu sein, wenn die Lebensphase Jugend nicht ihrem traditionellen Verständnis gemäß als Durchgangsphase von der Kindheit in den vollwertigen Status des Erwachsenen interpretiert wird, sondern als eine Lebensphase, die selbstständig gestaltet wird und eine besondere Lebensqualität hat. Die in Kapitel 4 angesprochene Unterteilung der Jugendphase in einen ersten Abschnitt bis zum etwa 20. Lebensjahr, der vorrangig Bildung und Ausbildung gewidmet ist, und einen zweiten Abschnitt bis zum etwa 30. oder 35. Lebensjahr, der eine freie Lebensgestaltung in den Bereichen Qualifizieren, Binden, Konsumieren und Partizipieren zulässt, ist Ausdruck dieser Grundeinstellung.

*Persönliche Individuation und soziale Integration austarieren*

Im Jugendalter spitzt sich die Anforderung zu, die persönliche Individuation und die soziale Integration miteinander auszutarieren und hierauf die personale und die soziale Identität aufzubauen. Unter den heutigen Lebensbedingungen sind die Chancen für den Aufbau einer personalen Identität sehr groß, weil traditionelle Vorgaben für das Rollenverhalten und entsprechende Wertorientierungen entfallen und vielfältige Möglichkeiten gegeben sind, eine eigene Lösung für die Aufgaben und Probleme des Alltags zu finden. Demgegenüber ist es schwierig, eine soziale Identität zu finden, denn die Möglichkeiten für eine Übernahme von sozialer Verantwortung sind relativ begrenzt, zudem verzögert sich im Lebenslauf der für die soziale Identität wichtige Übergang in den anerkannten wirtschaftlichen Status des Erwerbsbürgers immer mehr. Entsprechend anspruchsvoll ist für Jugendliche heutzutage die Aufgabe, eine Ich-Identität mit den beiden Komponenten der personalen und der sozialen Identität zu entwickeln.

## Sozial ungleiche Ausgangsbedingungen

Die Ausgangsbedingungen für die Bewältigung der Entwicklungsaufgaben unterscheiden sich in Abhängigkeit von der sozialen Herkunft der Jugendlichen sehr stark. Wie schon im Kindesalter spielen hierfür die Entwicklungsvoraussetzungen im und die Erziehungsimpulse aus dem Elternhaus eine Schlüsselrolle.

*Ergebnisse der »Shell Jugendstudien«*

Je höher der sozioökonomische und der Bildungsstatus der Eltern sind, desto eher schafft es eine Jugendliche oder ein Jugendlicher, die geforderten Kompetenzen aufzubauen. Ungünstige Voraussetzungen für die Bewältigung der Entwicklungsaufgaben und den Ausgleich von Individuation und Integration haben hingegen die Jugendlichen aus Familien mit niedrigem sozialem Status. Die Chancen, zu einer wirklich kompetenten Planungsinstanz des eigenen Lebens und in diesem Sinne zum Produzenten der eigenen Jugendlichen-Persönlichkeit zu werden (»doing adolescence«), sind mithin sehr ungleich verteilt.

Blickt man auf die Befunde der Shell-Jugendstudien, lassen sich drei große Gruppen von Jugendlichen unterscheiden (Gensicke 2002):

Etwa 40 Prozent der Angehörigen der jungen Generation können die sich aus den heutigen Bedingungen ergebenden Möglichkeiten in einer besonders produktiven Weise zu ihrem eigenen Vorteil ausschöpfen. Sie gehen pragmatisch und leistungsorientiert an die Entwicklungsaufgaben heran und lösen sie mit Geschick und Ausdauer. Diese Jugendlichen nutzen die Chancen vollständig aus, die sich aus ihrer »Pionierrolle« bei neuen sozialen, kulturellen und technischen Trends ergeben. Sie spüren mit Spaß und Leidenschaft innovativen Wegen der Lebensgestaltung nach und kommen zu Lösungen, die aufgrund ihrer Originalität und Zweckmäßigkeit oft von älteren Gesellschaftsmitgliedern kopiert werden. Diese Jugendlichen stammen vor allem aus den Elternhäusern, in denen die Eltern selbst eine gute Bildung erhalten haben und gesicherte berufliche und wirtschaftliche Positionen besetzen. Diese Sicherheit geben die Eltern ebenso an ihre jugendlichen Kinder weiter wie die Kompetenz zum selbstbewussten Bewältigen von Lebensherausforderungen. Entsprechend günstig sind die Ausgangsbedingungen dieser Jugendlichen selbst in wirtschaftlichen Krisenzeiten oder Zeiten gesellschaftlicher Umbrüche.Eine weitere Gruppe von etwa 40 Prozent der jungen Frauen und Männer kommt mit der gegenüber früheren Epochen deutlich veränderten Gestalt der Lebensphase Jugend gut bis befriedigend zurecht. Diese Jugendlichen richten sich pragmatisch und selbstbewusst auf die bestehenden Bedingungen ein und

**Weiterführende Literatur**

Gensicke, T. (2002): Individualität und Sicherheit in neuer Synthese? In: Deutsche Shell (Hrsg.): Jugend 2002. Frankfurt a.M.: Fischer, S. 139–212.

versuchen, diese optimal für sich zu nutzen. Sie haben Eltern in mittlerer sozialer Position, die ihre persönlichen und beruflichen Herausforderungen oft unter großen Anstrengungen meistern, aber bisher immer zu tragfähigen Lösungen gekommen sind. Die Jugendlichen aus dieser Gruppe spüren, dass es für sie nicht völlig ausgeschlossen ist, in wirtschaftlichen Krisenzeiten und bei Umbrüchen in eine prekäre finanzielle und berufliche Lage geraten zu können. Sie überspielen diese Ängste mit einer pragmatischen und zukunftsoffenen Grundhaltung, auch wenn sich in ihre Selbstgewissheit hier und da Zweifel einschleichen.

### *Die besonderen Probleme der sozial »Abgehängten«*

**Weiterführende Literatur**

Shell Deutschland (Hrsg.) (2006): Jugend 2006. Konzeption und Koordination: K. Hurrelmann, M. Albert und Infratest Sozialforschung. Frankfurt a.M.: Fischer.

Shell Deutschland (Hrsg.) (2010): Jugend 2010. Konzeption und Koordination: M. Albert, K. Hurrelmann, G. Quenzel und Infratest Sozialforschung. Frankfurt a.M.: Fischer.

Eine in den letzten Jahrzehnten anwachsende Minderheit von inzwischen fast 20 Prozent der jungen Leute ist der Bewältigung der hohen Anforderungen im persönlichen Umfeld, in der schulischen und beruflichen Qualifikation und in der Nutzung von Freizeit- und Medienangeboten nicht ausreichend gewachsen. Diese jungen Leute haben teilweise erhebliche Schwierigkeiten bei der Bewältigung der heute typischen Entwicklungsaufgaben. Sie leben in einer prekären Lage und fühlen sich zu Recht sozial randständig und »abgehängt« (Shell Deutschland 2006).

Die meisten dieser benachteiligten Jugendlichen stammen aus wirtschaftlich relativ armen Elternhäusern, in denen Vater und Mutter über eine geringe oder gar keine Ausbildung verfügen und von Arbeitslosigkeit bedroht oder bereits betroffen sind. Von diesen leben überproportional viele in Haushalten, die schon seit längerer Zeit auf staatliche Transferleistungen (»Hartz IV«) angewiesen sind. Nicht wenige haben eine unglückliche Schullaufbahn durchlaufen, einige sind deswegen am Ende der Schulzeit sogar ohne einen Abschluss abgegangen.

Die Mehrheit der Jugendlichen befindet sich heute also in einer mehr oder weniger befriedigenden Lebenslage, eine Minderheit aber steckt in einer marginalen gesellschaftlichen Position, die zu erheblichen Beeinträchtigungen des Wohlbefindens im sozialen, psychischen und gesundheitlichen Bereich führen kann. Diese Jugendlichen halten dem hohen Bewährungsdruck nicht stand, dem junge Leute in den heutigen Gesellschaften ausgesetzt sind.

»Die sozial an den Rand gedrängten jungen Menschen spüren deutlich, in einer prekären sozialen Lebenslage zu stecken … Man ahnt, zu den in der Gesellschaft Abgehängten zu gehören. Dass ihr Risiko einer dauerhaften Exklusion vom Arbeitsmarkt verhältnismäßig hoch ist, ist diesen Jugendlichen zumindest unterschwellig bewusst« (Albert/Hurrelmann/Quenzel 2010, S. 345). Die »Abgehängten« fühlen sich von den komplexen gesellschaftlichen und wirtschaftlichen Umständen des Lebens teilweise überrollt und schaffen es nicht, das hohe Ausmaß an Biografie-Management zu aktivieren, das für einen

Erfolg im Bildungs- und Berufssystem und für die Gestaltung des privaten und freizeitlichen Lebens notwendig ist. Auch ihre Bereitschaft zum politischen Engagement ist sehr gering.

## 5.3 Sozialisation in der Lebensphase Erwachsener

Der Eintritt in die Lebensphase Erwachsener ist traditionell durch die Übernahme der Rolle des Erwerbstätigen und des Familiengründers definiert. Infolge der »zerfaserten« Gestalt der Lebensphase Jugend werden diese beiden sozialen Meilensteine im Lebenslauf heutzutage zu sehr unterschiedlichen Zeitpunkten passiert. Daher erfolgt der Eintritt in die Lebensphase Erwachsenenalter meist sehr spät im Lebenslauf. Durch den immer größer werdenden Anteil von Menschen, die nicht in Ehebeziehungen leben, und durch die steigende Arbeitslosigkeit kommt es sogar dazu, dass viele Gesellschaftsmitglieder den Status Erwachsener nach der traditionellen Definition des in Kapitel 4 skizzierten »Standard-Lebenslaufs« gar nicht mehr erreichen. Das macht deutlich, wie stark sich mit der Neustrukturierung des Lebenslaufs auch der Charakter des bisher wichtigsten Lebensabschnitts gewandelt hat (Beck-Gernsheim/Beck 2005).

> 📖 **Weiterführende Literatur**
>
> Beck-Gernsheim, E./Beck, U. ($^{11}$2005): Das ganz normale Chaos der Liebe. Frankfurt a.M.: Suhrkamp.

### *Probleme bei der Bewältigung der Entwicklungsaufgaben*

Der Übergang in das Erwachsenenalter vollzieht sich bei der Mehrheit der Bevölkerung heute zwischen dem 25. und dem 30. Lebensjahr. Er bringt erhebliche Anforderungen an die Selbstorganisation mit sich.

Das Erwachsenenalter ist von den unsicheren ökonomischen Ausgangsbedingungen der letzten Jahrzehnte nicht unberührt geblieben. Große Herausforderungen für das Biografie-Management in der Lebensphase des »Erwachsenseins« liegen heute in den unterbrochenen oder sogar abgebrochenen Berufslaufbahnen, die in Zeiten von Massenarbeitslosigkeit immer mehr erwachsene Berufstätige betreffen. Hieraus ergibt sich die Notwendigkeit zur beruflichen Umschulung, zum Arbeitsplatzwechsel sowie zur Weiterbildung und Fortbildung im beruflichen Bereich – alles Anforderungen, die noch vor einer Generation untypisch waren.

*Gewachsene Anforderungen an das Biografie-Management*

Ebenso wie im Jugendalter setzt auch im Erwachsenenalter jeder Übergang Umorganisationen und Neudefinitionen des Selbstbildes voraus, die meist mit Bilanzierungen zurückliegender und Vorwegnahmen künftiger Erfahrungen und Erlebnisse einhergehen. Ein markanter Einschnitt ist das Erreichen des Zenits der körperlichen und psychischen Kräfte etwa zwischen dem 45. und 50. Lebensjahr. Er bietet für viele Menschen einen geeigneten Anlass zum Abgleich der früheren Ansprüche, Perspektiven und Wünsche im beruflichen und privaten Bereich mit dem tatsächlich Erreichten und dem, was in Zukunft noch realistisch erreichbar ist. Dieser Abgleich kann insbesondere dann zu einer »Krise der Lebensmitte« führen, wenn Menschen erkennen, dass sie die selbst gesetzten beruflichen und die damit verbundenen persönlichen Lebensziele nicht so erreichen können, wie sie es erhofft haben.

Der Bilanzierungsprozess zur Mitte des Lebens kann so zu einer großen Belastung werden und sich noch verschärfen, wenn auch die eigenen Kinder, deren Ablösungsprozess sich in der Regel in diesem Zeitraum vollzieht, nicht die schulischen und beruflichen Ausgangspositionen erreicht haben, die sich die Eltern wünschten.

### Veränderungen der Geschlechtsrollen

Die partnerschaftlichen Beziehungen im Erwachsenenalter unterliegen zum Teil ähnlichen biografischen Abwägungen. Durch die im Vergleich zu den 1950er-Jahren eingetretene Emanzipation der Frauen von der traditionellen Hausfrauen- und Mutterrolle hat sich bei beiden Geschlechtern der Trend verstärkt, (Ehe-)Partnerschaften als persönlich erfüllende und Glück bringende Beziehungen zu definieren. Eine schrittweise Neudefinition der traditionellen Frauenrolle und ihre Angleichung an bislang typisch männliche Verhaltensmuster lassen sich spätestens seit den 1980er-Jahren beobachten.

Ihren Ausgang nimmt diese Entwicklung schon im Jugendalter. Hier sind Mädchen – besonders bei der Entwicklungsaufgabe »Qualifizieren« – den Jungen inzwischen leistungsmäßig deutlich überlegen. Im Erwachsenenalter setzt sich diese Entwicklung fort, denn immer mehr Frauen wenden sich von der Aufgabenbeschränkung auf Haushalt, Kindererziehung und soziale Gemeinnützigkeit (die »drei Ks«: Küche, Kinder, Kirche) ab und erschließen sich ein viertes »K«, nämlich die berufliche Karriere. Dabei kommt ihnen ihr Bildungserfolg zugute.

*Ständiges Anwachsen der Erwerbsquote von Frauen*

Diese Entwicklung lässt sich an dem über die letzten dreißig Jahre kontinuierlich anhaltendem Anwachsen der Erwerbsquote von Frauen in Deutschland ablesen. Dieser Trend wurde von der wirtschaftlichen und konjunkturellen Entwicklung kaum beeinflusst und setzte sich auch während wirtschaftlicher Krisenzeiten unvermindert fort. Im gleichen Zeitraum ist der prozentuale Anteil der erwerbstätigen Männer stetig gesunken. Diese Trends bringen auch symbolisch zum Ausdruck, wie stark der Drang von Frauen ist, ihre soziale Rolle in den modernen Gesellschaften grundlegend zu verändern und im ökonomischen, zunehmend auch im politischen Bereich einen aktiven Part zu übernehmen.

*Wachsende soziale Ungleichheit im Erwachsenenalter*

Für die große Mehrheit der erwachsenen Bevölkerung sind die Möglichkeiten der biografischen Gestaltung des Lebenslaufs in den letzten fünfzig Jahren kontinuierlich angewachsen. Wegen der insgesamt wirtschaftlich erfolgreichen Entwicklung und des stabilen politischen Systems in Deutschland sind die Chancen stetig gestiegen, das Erwachsenenleben nach den persönlichen Wünschen und Zielen zu gestalten. Breit gefächerte soziale Sicherungssysteme haben auch in Krisenzeiten das Risiko der Arbeitslosigkeit gut abgefedert. Dadurch konnten sich die meisten Erwachsenen größere Spielräume für die subjektive Entfaltung der Persönlichkeit erschließen.

Diese positive Bilanz schlägt sich auch in den Gesundheits- und Krankheitsdaten nieder. Im Vergleich zu den 1950er- und 1960er-Jahren ist das Gesamtniveau der gesundheitlichen Befindlichkeit der erwachsenen Bevölkerung im körperlichen und psychischen Bereich deutlich angestiegen, vor allem durch verbesserte Hygiene, gute Wohnmöglichkeiten, gute Ernährung und hervorragende medizinische und psychologische Versorgung. Das hat dazu geführt, dass sich die Lebenserwartung beider Geschlechter ständig weiter erhöht hat.

Diese Aussagen treffen nicht oder nur mit erheblichen Einschränkungen auf eine Minderheit der Angehörigen der Erwachsenenpopulation zu. Wie in der Kinder- und Jugendpopulation ist bei Erwachsenen eine allmählich anwachsende Minderheit von gegenwärtig etwa 20 Prozent benachteiligten und relativ armen Menschen zu identifizieren. Die wirtschaftliche und in der Folge auch die soziale und kulturelle Ungleichheit ist besonders durch die hohe Arbeitslosigkeit in den 1990er- und 2000er-Jahren angestiegen, was sich zum Beispiel an der hohen Zahl von Empfängern von Transferleistungen (dauerhaftes Arbeitslosengeld/»Hartz IV«) ablesen lässt. In vielen Fällen hat sich dabei die Benachteiligung von der Lebensphase Kindheit über die Lebensphase Jugend bis in das Erwachsenenalter fortgeschrieben. Auch Erwachsene leben in diesem Sinne in einer »Vier-Fünftel-Gesellschaft«, die von ihren sozialen und ökonomischen Chancenstrukturen her dazu tendiert, 20 Prozent ihrer Mitglieder auszuschließen.

## 5.4  Sozialisation in der Lebensphase Senior

Ebenso fließend wie der Übergang vom Jugend- in das Erwachsenenalter verläuft heute auch der Übergang vom Erwachsenen- in das hohe Alter, das hier als »Seniorenalter« bezeichnet werden soll. Im standardisierten Lebenslauf der 1950er-Jahre erfolgte der Übergang für die berufstätigen Männer fast automatisch mit dem Tag des Austritts aus dem Beruf. Die mehrheitlich nicht berufstätigen Frauen waren von diesem einschneidenden Schritt der Pensionierung ihres (Ehe-)Mannes ebenfalls stark betroffen, weil sich damit der gesamte

Ablauf von Haushaltsgeschäften, Freizeitaktivitäten und der Pflege sozialer Netzwerkkontakte veränderte.

Heute sind diese Übergänge weitaus vielgestaltiger. Das hat maßgeblich mit der Verlängerung der Lebensdauer zu tun. Im frühen Seniorenalter, etwa in der Spanne vom 60. bis zum 65. Lebensjahr, geht zwar im Vergleich zum Erwachsenenalter die physiologische Leistungskapazität zurück und das Risiko von chronischen Erkrankungen nimmt zu. Doch die Gruppe der »jungen Alten« weist insgesamt eine gute oder zumindest zufriedenstellende körperliche und psychische Kondition auf und ist überwiegend unabhängig von Hilfe oder Pflege. Die materiellen Ressourcen sind im Durchschnitt ebenfalls gut. Diese Ausgangslage macht es möglich, einen vom Erwachsenenstatus kaum abweichenden Lebensstil zu praktizieren, der auch eine Aufrechterhaltung von beruflichen (Teil-)Aktivitäten umfasst (Backes/Clemens [3]2008).

Der erste Abschnitt des Seniorenalters ist deshalb bei einem Teil der Population kaum vom davorliegenden Erwachsenenleben unterscheidbar. Das ändert sich erst im zweiten Abschnitt des Seniorenalters, wenn die körperlichen und psychischen Kräfte spürbar nachlassen.

## Anforderungen im Entwicklungsbereich Qualifizieren

Auch heute ist für schätzungsweise die Hälfte der erwachsenen Bevölkerung, darunter zunehmend mehr Frauen, um das 65. Lebensjahr der Austritt aus dem aktiven Erwerbsleben, die Pensionierung, der Markierungsstein des Übergangs in den »Ruhestand«. Für die übrigen älteren Menschen aber spielt dieses Ereignis noch keine so große Rolle. Einige von ihnen haben sich schon am Ende des traditionellen Erwachsenenalters aus gesundheitlichen oder arbeitsmarktpolitischen Gründen (Frühpensionierung) aus der Berufstätigkeit zurückgezogen, andere gehen auch nach dem 65. Lebensjahr zumindest Teilzeit-Berufstätigkeiten nach.

Zu welchem Zeitpunkt die Pensionierung auch immer eintritt – die Ausgliederung eines Menschen aus dem Berufsleben bedeutet soziologisch einen klaren Rollenverlust, der individuell verarbeitet werden muss und ein neues Konzept des zukünftigen Lebensweges notwendig macht. Die Ausgliederung aus dem sozialen Bezugssystem der Erwerbsarbeit entlastet zwar von den oft schwierigen Bedingungen und stressigen Anforderungen, die mit dem Arbeitsprozess einhergehen können, gleichzeitig geht aber das Gefühl der Anerkennung verloren, das sich daraus ergibt, dass man sich als produktiv, gesellschaftlich nützlich und wertvoll wahrnehmen kann.

Menschen, die aus dem aktiven Erwerbsleben austreten, stehen vor der Aufgabe, sich auch innerlich abzulösen und neue, öffentlich anerkannte Formen der sozialen Aktivität (etwa freiwilliges Engagement im sozialen Sektor) zu suchen. Am erfolgreichsten scheinen diejenigen Menschen in die Altersphase

---

📖 **Weiterführende Literatur**

Backes, G./Clemens, W. ([3]2008): Lebensphase Alter: Eine Einführung in die sozialwissenschaftliche Alternsforschung. Weinheim: Juventa.

---

*Bewältigung des Austritts aus der Erwerbsarbeit*

einmünden zu können, die ihre bisherigen nichtberuflichen Aktivitäten nach der Pensionierung beibehalten und auf ihr individuelles Aktivitätsniveau abstimmen. Hilfreich ist dabei, sich darauf zu besinnen, dass ihnen ein breites Spektrum an sozialen Rollen in Familie, Nachbarschaft und Gemeinde zur Verfügung steht und dass eine Intensivierung dieser Rollen das Ausscheiden aus der Erwerbsrolle ausgleichen kann. Alternativ dazu bieten sich heute aber auch zahlreiche Möglichkeiten, neue berufliche Beschäftigungen zu finden.

### Anforderungen im Entwicklungsbereich Binden

Im Bereich Partnerschaft und Beziehungen unterscheiden sich die Lebensbedingungen der Senioren heute kaum von denen der Erwachsenen. Bei der Mehrheit der Senioren sind die eigenen Kinder aus dem Haus; sie können ihre Partnerschaft mit Freunden und Bekannten frei gestalten und daneben die Beziehungen zu den Familien der Kinder mit eventuellen Enkelkindern pflegen. Im höheren Alter sind viele der Partnerinnen oder Partner bereits verstorben, oft werden neue Partnerschaften geschlossen. Etwa ein Drittel der Senioren ist nach einer ersten (Ehe-)Beziehung eine neue Partnerschaft eingegangen, oft mit neuen Kindern. Insgesamt ergibt sich hieraus ein vielgestaltiges Partnerschafts-, Familien- und Freundschaftsgeflecht.

*Vielgestaltiges Partnerschafts-, Familien- und Freundschaftsgeflecht*

Durch die verlängerte Lebensdauer ergeben sich auch breit gefächerte Generationenbeziehungen. Immer häufiger kommt es vor, dass Kinder ihre Urgroßeltern und diese ihre Urenkelkinder erleben können. Das Beziehungsgeflecht umfasst mithin bis zu vier Generationen, die voneinander abstammen und zur gleichen Zeit leben. Die Generation der Erwachsenen hat dabei durch ihre mittlere Stellung in der familiären Generationenfolge eine »Sandwich-Position« inne, die ihnen einen intensiven Kontakt zu ihren Kindern wie auch zur Eltern- und Großelterngeneration erlaubt.

Die Sandwich-Position kann mit der Verpflichtung einhergehen, gleichzeitig sowohl für die jüngere als auch für die älteste oder sogar die beiden älteren Generationen soziale und psychische Unterstützung leisten zu müssen. Diese Konstellation tritt ein, wenn die eigenen Kinder noch im Kindergarten- oder Schulalter sind und intensive Anleitung brauchen, zugleich aber auch die eigenen Eltern (und möglicherweise Großeltern) pflegebedürftig werden und durchgehende Unterstützung benötigen.

### Aufgaben in den Bereichen Konsumieren und Partizipieren

Insgesamt hat sich die körperliche, psychische und soziale Lebenssituation der alten Menschen stetig verbessert. Die heute Siebzigjährigen weisen im Hinblick auf ihre Gesundheit und Leistungsfähigkeit ein ähnliches Niveau auf wie die vor etwa dreißig Jahren lebenden Sechzigjährigen. Die gute wirtschaftliche Lage hat auch positive Folgen für die selbstverantwortliche Gestaltung des gesamten Freizeitlebens und der Konsumtätigkeiten einschließlich Reisen und ehrenamtlicher Tätigkeiten.

Erst im »späten Seniorenalter«, etwa nach dem 75. bis 80. Lebensjahr, wächst das Risiko gesundheitlicher Störungen und funktioneller Einbußen und zwingt zu Einschränkungen bei vielen Freizeitaktivitäten. In dieser Lebensphase wächst der Bedarf an Hilfe und Pflege. Die sozialen Verluste nehmen durch den Tod von Freunden und Bekannten zu. Da die sozialen Netzwerke innerhalb und außerhalb der Familie auf diese Weise sukzessive kleiner werden, stellt sich mitunter auch das Gefühl sozialer Isolation und Einsamkeit ein.

*Späteres Einsetzen des Bedarfs an Hilfe und Pflege*

Der Prozess des Alterns ist ein komplexes Zusammenspiel zwischen körperlichen und psychischen Merkmalen und den Bedingungen der räumlichen, sozialen und institutionellen Umwelt. Zum normalen biologischen und physiologischen Altern gehört der Verlust der Vitalkapazität des Organismus, der sich in Anpassungsschwierigkeiten und Ausgleichsproblemen einzelner Organe und Funktionssysteme ausdrückt.

Im Seniorenalter sind die Organe nicht mehr so belastungsfähig wie zuvor und haben keine ausreichende Funktionsreserve. Der Blutdruck und die Blutfettwerte steigen, die Muskelfasern und Gefäße werden schwächer, das Skelett verliert an Stabilität, die Augenlinse wird getrübt, das Hörvermögen reduziert. Dieser natürlich angelegte körperliche Alterungsprozess kann durch einen gesundheitsbewussten aktiven Lebensstil (Sport, Bewegung, soziale Aktivitäten, öffentliches Engagement) zwar verlangsamt, aber nicht verhindert werden.

Frauen scheinen im Vergleich zu Männern den Alterungsprozess im Lebenslauf deutlich hinausschieben zu können. Sie haben ein größeres immunologisches Potenzial und leben insgesamt gesünder als Männer. Sie setzen häufiger präventive Strategien ein (etwa gesunde Ernährung, einen festen Tagesrhythmus und wirkungsvolle Entspannung zur Vermeidung der Folgen und Nebenfolgen von chronischen körperlichen Krankheiten), um die Aktivitäten des täglichen Lebens aufrechtzuerhalten und die bestehenden Gesundheitspotenziale zu stärken. Sie fördern hierdurch ihre physische und psychische Funktionstüchtigkeit und haben eine erheblich höhere Lebenserwartung.

**Weiterführende Literatur**

Kruse, A. (2010): Prävention und Gesundheitsförderung im hohen Alter. In: Hurrelmann, K./Klotz, T./Haisch, J. (Hrsg.): Lehrbuch Prävention und Gesundheitsförderung. Bern: Huber, S. 88–99.

Hieraus ergeben sich die unterschiedlichen individuellen Potenziale für soziales Engagement und politische Partizipation im Seniorenalter, deren Spannweite vom konventionellen »Ruhestand« eines sechsundfünfzigjährigen Lehrers nach zwei Herzinfarkten bis hin zur Vollzeitaktivität einer fünfundsiebzigjährigen Unternehmerin reichen kann (Kruse 2010).

*Wachsende soziale Ungleichheit im Alter*

Die Unterschiede nach sozialer Herkunft sind auch im Seniorenalter unverkennbar und nehmen vor allem im hohen Alter deutlich zu. Das spiegelt sich besonders in der gesundheitlichen Bilanz wider. Gelingt es einem alten Menschen, seine körperliche und soziale Widerstandsfähigkeit (»Resilienz«) zu stärken, um die psychische und körperliche Funktionsfähigkeit auf einem guten Niveau zu stabilisieren, können kognitive Leistungsfähigkeit, Wahrnehmung und Gedächtniskapazität lange erhalten bleiben. Am besten schneiden hierbei Senioren in guter wirtschaftlicher Lage und mit einem hohen Bildungsgrad ab.

Bei den sozial benachteiligten Gruppen der Senioren bauen sich die Grundkompetenzen der Lebensführung (Körperpflege, Einkleiden, Einkaufen, Verkehrsmittel benutzen) im hohen Alter deutlich schneller ab als bei den gut situierten. Auch das Ausmaß sozialer Aktivitäten (Besuche machen, Besuche empfangen) und der förderlichen Freizeitbeschäftigungen (Ausflüge, Sport treiben, ehrenamtliche Tätigkeiten ausüben, Theater- und Kinobesuche) unterscheidet sich nach sozialer Herkunft. Die sozioökonomische und die Bildungslage entscheiden ganz offensichtlich auch im hohen Alter darüber, wie reichhaltig die personalen und sozialen Ressourcen sind, die für die Bewältigung der Entwicklungsaufgaben eingesetzt werden können.

### Reflexion/Übungsaufgaben

1. Folgen Sie der Reihe nach jeder der vier Gruppen von Entwicklungsaufgaben über alle Lebensphasen hinweg: Wie verändert sich jeweils die Entwicklungsaufgabe Qualifizieren, Binden, Konsumieren und Partizipieren im Lebenslauf?
2. Welche Gründe sprechen dafür, die Bewältigung der Entwicklungsaufgaben in der Lebensphase Jugend und die damit einhergehende Anforderung, persönliche Individuation und soziale Integration auszugleichen, als besonders schwierig einzustufen?
3. Worin liegen in jeder Lebensphase die spezifischen Schwierigkeiten, die sozial benachteiligte Bevölkerungsgruppen bei der Bewältigung der Entwicklungsaufgaben haben?

## 5.5 Auswirkungen der Alterung der Bevölkerung

Durch die noch immer anhaltende Verlängerung der Lebensdauer wächst der Anteil der älteren Bevölkerung. Diese Bevölkerung besteht aus zahlenmäßig sehr starken Jahrgängen. Durch die seit Mitte der 1960er-Jahre sinkende Zahl der Kindergeburten sind die jüngeren Jahrgänge hingegen erheblich schwächer besetzt. Noch bis 1970 wurden in Deutschland über eine Million Kinder pro Jahr geboren, heute sind es nur noch 650 000.

Durch diese demografische Entwicklung hat sich die um 1900 typische »Alterspyramide« im Bevölkerungsaufbau mit einer sehr breiten Besetzung der jüngeren und einer schmalen der älteren Jahrgänge bis heute stark verändert. Der Bevölkerungsaufbau hat heute eher die Gestalt einer Pappel als die einer Pyramide, denn die junge Generation stellt nicht mehr die größte der drei Bevölkerungsgruppen, sondern die kleinste. Kinder und Jugendliche sind anteilsmäßig die Minderheit unter den drei Generationen, die Altersgruppen der über 45 Jahre alten Erwachsenen und Senioren haben die zahlenmäßige Mehrheit.

Wie Abbildung 5.1 veranschaulicht, hat sich in den letzten sechzig Jahren der Anteil der unter zwanzig Jahre alten Bevölkerungsmitglieder in Deutschland ständig verkleinert, während der Anteil der über sechzig Jahre alten gestiegen ist. Nach den Hochrechnungen des Statistischen Bundesamtes wird diese Entwicklung in den nächsten vierzig Jahren noch an Dynamik gewinnen, sodass für das Jahr 2050 für das Bundesgebiet ein gleich großer Anteil von Senioren (über Sechzigjährige) und Erwachsenen (Zwanzig- bis Sechzigjährige) vorausgesagt werden kann. Der Anteil der jungen Generation (Kinder und Jugendliche) liegt nach dieser Schätzung dann nur noch bei 14 Prozent.

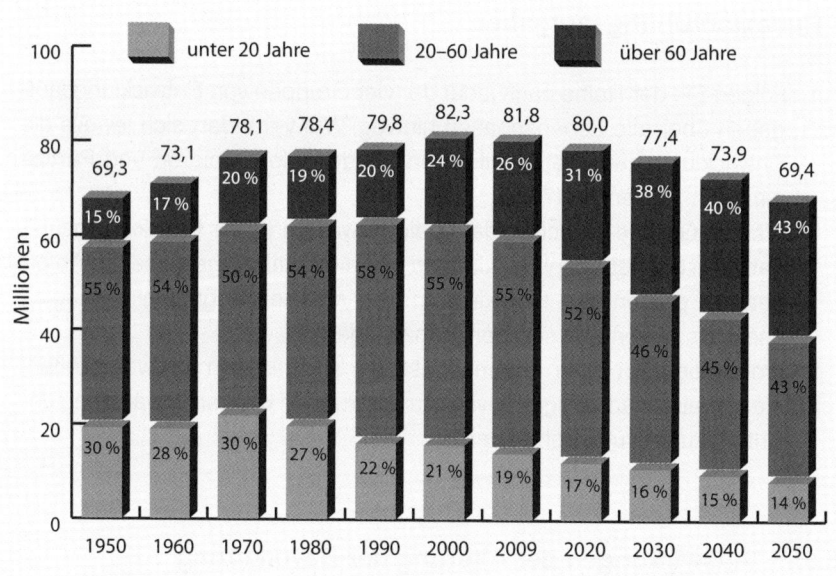

*Abb. 5.1: Zusammensetzung der Bevölkerung in Deutschland nach Altersgruppen (Generationen)*

Durch ihr immer größer werdendes demografisches Gewicht binden die Generationen der Erwachsenen und der Senioren wachsende Anteile von Steuermitteln und Ausgleichszahlungen. Deutschland hat ein gut ausgebautes System von Transferleistungen für Sozialhilfe, Arbeitslosigkeit, Berufsunfähigkeit, Krankheit und Pensionierung, das mit wenigen Ausnahmen vor allem der mittleren und älteren Generation zugutekommt. Vor allem die im internationalen Vergleich recht gute Rentenversicherung steht symbolträchtig für die garantierte Absicherung der Ansprüche auf gesellschaftliche Ressourcen, die nach dem Austritt aus dem aktiven Berufsleben der älteren Generation zugewiesen werden. Bedeutsam ist dabei vor allem, dass ein Rechtsanspruch auf diese Leistungen besteht, der durch eine tarifvertragliche Versicherungskonstruktion weitgehend unabhängig von politischer Einflussnahme ist.

*Unzureichende Absicherung der jungen Generation*

Im Vergleich dazu ist die Absicherung der jüngeren Generation weit weniger zukunftssicher. Die wichtigen Ressourcen für Kinder und Jugendliche, insbesondere die für ihre Erziehung und Bildung, sind von der jeweiligen Wirtschafts- und Finanzlage des Staates abhängig und nicht durch automatische Anpassungs- oder Versicherungsregelungen stabilisiert. Die Wohlfahrtspolitik kann insofern als »konservativ« bezeichnet werden, als sie grundsätzlich auf die Wahrung der Besitzstände derjenigen Bevölkerungsgruppen ausgerichtet ist, die bereits im Berufsleben stehen oder aus ihm wieder ausgetreten sind. Demgegenüber werden die Bevölkerungsgruppen strukturell vernachlässigt, die noch keinen gesellschaftlichen Status erworben haben, und das sind naturgemäß Kinder und Jugendliche. Im internationalen Vergleich fällt jedenfalls auf, dass die Ausgaben für das Bildungssystem ungewöhnlich niedrig und die für das soziale Sicherungssystem ungewöhnlich hoch sind (Hurrelmann/Quenzel/Rathmann 2011).

 **Weiterführende Literatur**

Hurrelmann, K./Quenzel, G./Rathmann, K. (2011): Bildungspolitik als Bestandteil moderner Wohlfahrtspolitik. In: Zeitschrift für Soziologie der Sozialisation und Erziehung 31, S. 313–327.

Auf mittlere Sicht können sich aus diesem Ungleichgewicht der Ressourcenverteilung politische Konflikte zwischen der jüngeren, der mittleren und der älteren Generation ergeben. Die jüngere Generation wird spätestens dann empfindlich auf ihre strukturelle Benachteiligung reagieren, wenn es zu wirtschaftlichen Krisen kommt, die ihr einen Eintritt in den Arbeitsmarkt und damit einen Zugang zu den sozialen Sicherungsleistungen unmöglich machen. Sobald sich Jugendliche ihrer Zukunftsperspektiven ungewiss sind, kommt es schon heute zu politischen Protesten und zu einer spürbaren Distanz gegenüber demokratischen Institutionen wie Parteien und Parlamenten. Bei den sozial benachteiligten Gruppen sind diese Einstellungen bereits seit vielen Jahren zu beobachten (Shell Deutschland 2006, 2010).

Eine ausgewogene Wohlfahrtspolitik mit einer gleichen Gewichtung der Ausgaben für das Bildungs- und das soziale Sicherungssystem zahlt sich auch aus sozialisationstheoretischer Sicht aus. Es ist für ein gesellschaftliches Gemeinwesen von Vorteil, wenn sich Elemente der Sicherung und Kontinuität mit solchen der Innovation und des Wandels der Lebensführung der Gesellschaftsmitglieder mischen. Eine Bevorzugung der Bevölkerungsgruppen, die

*Gleiche Gewichtung von Bindungs- und Sicherungspolitik*

**Weiterführende Literatur**

Liegle, L./Lüscher, K. (2008): Generative Sozialisation. In: Hurrelmann, K./Grundmann, M./Walper, S. (Hrsg.): Handbuch Sozialisationsforschung. Weinheim und Basel: Beltz, S. 141–155.

bereits einen sozialen Status erworben haben, kann zur Stagnation der weiteren sozialen und wirtschaftlichen Entwicklung führen. Es ist in der Regel die jüngere Generation, die gesellschaftliche Entscheidungen stimuliert und vorantreibt, mit denen alte Strukturen aufgebrochen werden, die angesichts der veränderten wirtschaftlichen und gesellschaftlichen Bedingungen nicht mehr angemessen sind. Um ihre Rolle als die vorwärtstreibende Kraft ausüben zu können, benötigt die junge Generation aber starke Sozialisations- und Bildungsinstanzen, die ihre Potenziale in optimaler Weise fördern können. Wenn eine Gesellschaft die entsprechenden Ressourcen hierfür nicht bereitstellt, ist sie langfristig in ihrer Existenz gefährdet (Liegle/Lüscher 2008).

Der älteren Generation kommt die Rolle zu, für Kontinuität in der gesellschaftlichen Entwicklung zu sorgen, indem sie ihre abgesicherten Erfahrungen in die gesellschaftliche Debatte einbringt, um falsche Weichenstellungen zu vermeiden. Die mittlere Generation übernimmt in der Regel eine vermittelnde und gestaltende Rolle, die beide Impulse miteinander verbindet.

Es ist die Aufgabe der Gesellschafts- und Sozialpolitik, die Voraussetzungen für ein solches lebendiges Miteinander der drei Generationen zu schaffen. Sozialisationstheorie und -forschung können, wie die Ausführungen in diesem Kapitel zeigen, dafür wichtige Entscheidungshilfen liefern.

---

**Folgende Fragen können Ihnen helfen, Ihr Verständnis der Ausführungen in diesem Kapitel zu überprüfen:**

1. Wie lassen sich die Entwicklungsaufgaben in den Lebensphasen Kindheit, Jugend, Erwachsener und Senior jeweils bezeichnen und im Einzelnen beschreiben?
2. Welches sind die Ursachen dafür, dass in jeder der Lebensphasen etwa ein Anteil von 20 Prozent in ökonomischer und sozialer Benachteiligung leben muss?
3. Welche sozialpolitischen Risiken ergeben sich durch die Alterung der Bevölkerung für Kinder und Jugendliche?
4. Welche sozialisationstheoretischen Argumente sprechen dafür, eine ausgewogene Wohlfahrtspolitik zu betreiben, die den Ausgaben für das Bildungssystem das gleiche Gewicht wie den Ausgaben für das soziale Sicherungssystem geben?

## Zusammenfassung

In diesem Kapitel wurden die Anforderungen an die produktive Verarbeitung der inneren und der äußeren Realität und die Möglichkeiten der biografischen Gestaltung für die einzelnen Lebensphasen Kindheit, Jugend, Erwachsenenalter und Senior erörtert. Dabei standen die großen Gruppen der Entwicklungsaufgaben (Qualifizieren, Binden, Konsumieren und Partizipieren) im Vordergrund.

Es wurde herausgearbeitet, in welchem der Bereiche die größten Probleme und Herausforderungen in der jeweiligen Lebensphase liegen. Es zeigte sich, wie wichtig in jeder Lebensphase der Einfluss der ökonomischen und sozialen Rahmenbedingungen ist. Sie bestimmen auch in den heutigen individualistisch geprägten Gesellschaften die Spielräume, die sich für die individuelle Lebensgestaltung und die Bewältigung der Entwicklungsaufgaben ergeben. Vor allem die zunehmende ökonomische Ungleichheit, die für hochentwickelte Gesellschaften kennzeichnend ist, beschränkt die personalen und sozialen Ressourcen der benachteiligten Gruppen der Bevölkerung in jeder Lebensphase, was dazu führt, dass sie verhältnismäßig ungünstige Voraussetzungen für die Bewältigung der Entwicklungsaufgaben haben. Dadurch ergeben sich für rund ein Fünftel der Bevölkerung negative Bedingungen für den Sozialisationsprozess, die sich oft schon in der Kindheit einstellen und sich während des gesamten Lebenslaufs weiter verfestigen.

Abschließend wurden die Auswirkungen demografischer Veränderungen auf die Zusammensetzung der Bevölkerung nach Zugehörigkeit zu Lebensphasen und Generationen erörtert. Die Trendanalyse zeigt, dass der Anteil der jungen Bevölkerung seit sechzig Jahren kleiner wird und in Zukunft noch schneller abnehmen wird als bisher. Die sich daraus ergebenden Konsequenzen wurden unter sozialisationstheoretischer Perspektive erörtert. Es wurde für eine ausgewogene Wohlfahrtspolitik plädiert, da es für ein gesellschaftliches Gemeinwesen von Vorteil ist, wenn sich Elemente der Sicherung und Kontinuität mit solchen der Innovation und des Wandels der Lebensführung der Gesellschaftsmitglieder mischen.

 **Weiterführende Literatur**

Liegle, L./Lüscher, K. (2008): Generative Sozialisation. In: Hurrelmann, K./ Grundmann, M./Walper, S. (Hrsg.): Handbuch Sozialisationsforschung. Weinheim und Basel: Beltz, S. 141–155.

# 6.  Sozialisation in Familien

In der siebten These in Kapitel 3 wurde betont, dass eine gelingende Persönlichkeitsentwicklung eine den individuellen Anlagen angemessene soziale und physische Umwelt voraussetzt. Ein wesentlicher Teil der sozialen Umwelt sind die Sozialisationsinstanzen, allen voran die Familien, die nach wie vor die einflussreichste Position einnehmen. In diesem Kapitel wird analysiert, welche Formen und Funktionen die heutigen Familien haben, welche Regeln für die innerfamiliäre Kommunikation gelten, welche Erziehungs- und Umgangsstile vorherrschen und vor welchen Problemen und Herausforderungen die Sozialisationsinstanz Familie heute steht.

## 6.1  Wandel der Funktionen und Formen der Familie

Die Familie ist seit Jahrhunderten die zentrale Instanz der Sozialisation. Als sehr dicht gewobenes soziales System ist sie durch das Zusammenleben von Eltern und Kindern gekennzeichnet. Dadurch gelingt es der Familie, intensiv auf die persönlichen Bedürfnisse der Kinder einzugehen, Impulse für ihre körperliche und psychische Entwicklung und damit die Gestaltung der »inneren Realität« zu geben und die Einflüsse der »äußeren Realität«, der sozialen und physischen Umwelt, zu filtern und zu interpretieren.

Allgemein formuliert ist eine Familie durch das dauerhafte Zusammenleben von Angehörigen mehrerer Generationen gekennzeichnet, die in der Regel voneinander abstammen und in einem Sorge- und/oder Erziehungsverhältnis zueinander stehen. Welche konkrete soziale Form die Familie hat, hängt maßgeblich von den wirtschaftlichen und kulturellen Rahmenbedingungen einer Gesellschaft ab. In den letzten einhundert Jahren hat sich diesbezüglich ein sehr starker Wandel vollzogen.

### Trend von der Groß- zur Kleinfamilie

Ein Hauptmerkmal der gesellschaftlichen Veränderungen seit dem 19. Jahrhundert ist die Aufgliederung eines ursprünglich zusammenhängenden, umfassenden sozialen Systems mit verschiedensten Funktionen in verschiedene neue, funktional spezialisierte Systeme. Bis in das 19. Jahrhundert hinein war die Familie in der Regel ein sehr großes soziales System mit vielen Verwandten und Angehörigen mehrerer verschiedener Generationen. Sie vereinte das tägliche Leben und Arbeiten und auch das Haushalten, Kochen und Essen, Erziehen, Bilden, Pflegen und Versorgen unter einem Dach (Ariès 1975).

Durch die tiefgreifenden Veränderungen gesellschaftlicher Lebensverhältnisse mit der Industrialisierung seit der Mitte des 19. Jahrhunderts haben sich die wirtschaftlichen, kulturellen und sozialen Rahmenbedingungen für die Familie grundlegend gewandelt. Das erwerbstätige Mitglied der Familie, in der Regel der Ehemann und Vater, geht seiner Berufstätigkeit nicht mehr innerhalb, sondern außerhalb der Familie nach. Die Ehefrau und Mutter als Haushälterin und Kindererzieherin findet ebenfalls veränderte Bedingungen vor. Nahrung und Kleidung werden nicht mehr in der Familie, sondern in Lebensmittel- und Textilfabriken produziert, die Bildung und Berufsvorbereitung der Kinder verlagern sich ebenfalls aus der Familie in Schulen und Betriebe. Das Gleiche gilt für das Pflegen und Versorgen und in Ansätzen auch für das Kochen und Essen (Nave-Herz 2004).

Im Verlauf dieser Entwicklung gliedert sich der vormals große Familienverband in mehrere kleine auf, die nicht mehr unter einem Dach, sondern in jeweils eigenen Haushalten leben. Hierdurch wird der Familienverband, der ursprünglich eine »Großfamilie« darstellt, zu einer »Kleinfamilie«. Im engeren Sinne gehören der Familie fortan nur noch Mutter, Vater und Kinder an, und zur wichtigsten und oft einzigen Funktion wird die Sozialisation und Erziehung der Kinder, begleitet von Restbeständen der früheren Funktionen, etwa Haushalten, Essen und Kochen.

Weil sie auf den Kern dessen reduziert ist, was eine Familie ausmacht, wird sie auch als »Kernfamilie« bezeichnet. In Abbildung 6.1 wird diese historische Entwicklung von der Groß- zur Kleinfamilie in idealtypischer Weise veranschaulicht.

**Weiterführende Literatur**
Ariès, P. (1975): Geschichte der Kindheit. München: Hanser.

*Auslagerung von gesellschaftlichen Funktionen aus der Familie*

**Weiterführende Literatur**
Nave-Herz, R. (2004): Ehe- und Familiensoziologie. Weinheim: Juventa.

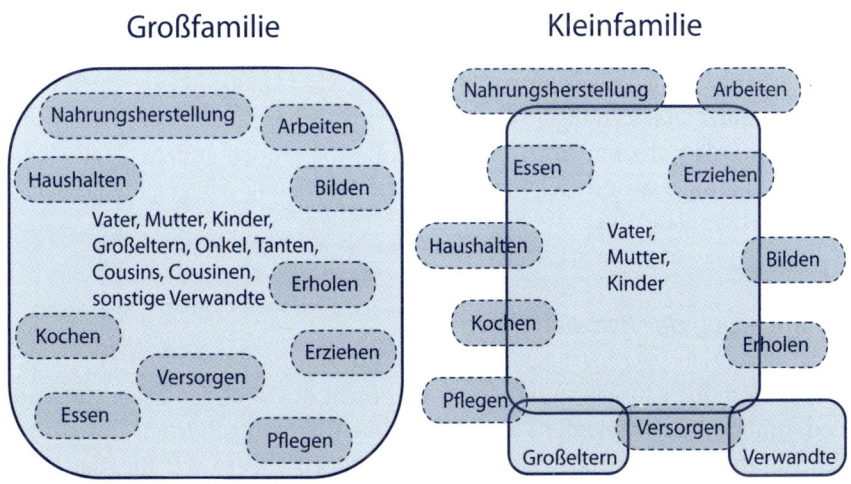

*Abb. 6.1: Der soziale Wandel der Familienformen und -funktionen*

## Die heutigen Funktionen der Kleinfamilie

Wie die Abbildung zeigt, sind die vormals in der Großfamilie verankerten Funktionen des täglichen Lebens von der Nahrungsherstellung und -zubereitung, dem Haushalten, Kochen und Essen über das berufstätige Arbeiten, Produzieren und Dienstleisten bis hin zum Bilden, Erziehen und Pflegen im Laufe der Zeit in andere Bereiche ausgelagert worden. Sie finden sich heute in der Regel in jeweils nur für die spezifische Funktion zugeschnittenen Einzelsystemen: dem Betrieb für das Arbeiten, der Kindertagesstätte und der Schule für das Bilden, dem Supermarkt für den Kauf der fertig hergestellten Nahrungsmittel, der Arztpraxis für das medizinische Versorgen, dem Pflegedienst für das Pflegen und so weiter. Die einzigen sicher verbleibenden Funktionen für die Kleinfamilie sind das Erziehen und Betreuen der Kinder.

Der Wandel der Aufgaben, die das soziale System »Familie« für seine Mitglieder und für die gesamte Gesellschaft erfüllt, ist also sehr weitreichend. Vor und während der Industrialisierung waren Familien ökonomische und praktische Zweckbündnisse, die ihren Mitgliedern alle Lebensfunktionen bis hin zu Sicherheit und Schutz boten. Es war wirtschaftlich hilfreich und fast unabdingbar, Kinder zu haben, denn davon hing die weitere Existenz als Familie ab. Für die Gesellschaft fungierten die Familien als Produktionsgemeinschaften, die für die Versorgung aller ihrer Mitglieder aufkamen und zugleich auch Bildung, Gesundheit und Alterssicherung garantierten.

Im Vergleich dazu sind die Familien heute eine sensible Gemeinschaft, die die emotionalen Bedürfnisse der Zugehörigkeit, Anerkennung und Zuwendung befriedigt. Die Familie ist zu einem System mit sehr starker Personenorientierung und mit großer Privatheit und Intimität geworden. Sie ist heutzutage bei den erwachsenen Partnern ganz überwiegend auf die Erfüllung der Bedürfnisse nach Glück und persönlicher Bestätigung im Sinne von Liebe, Nähe, Emotionalität, Entspannung und Rückzug ausgerichtet, bei den Kindern auf Erziehung und Persönlichkeitsbildung, während spezifischere Aufgaben wie die formale Bildung und die Vorbereitung auf den Beruf aus der Familie ausgelagert sind (Bertram/Ehlert 2011; Schneewind 2008).

Zugespitzt lässt sich sagen: Die Familie ist zu einer reinen Sozialisationsinstanz geworden, die nur noch in wenigen Restbeständen andere gesellschaftliche Funktionen als die der Erziehung und Betreuung des gesellschaftlichen Nachwuchses wahrnimmt.

### Familie als System großer Privatheit und Intimität

 **Weiterführende Literatur**

Bertram, H./Ehlert, N. (Hrsg.) (2011): Familie, Bindungen und Fürsorge. Opladen: Budrich + Budrich.

Schneewind, K. A. (2008): Sozialisation in der Familie. In: Hurrelmann, K./ Grundmann, M./Walper, S. (Hrsg.): Handbuch Sozialisationsforschung. Weinheim und Basel: Beltz, S. 256–272.

## Veränderung der Familienformen

Aus der Familie »ausgewandert« sind aber nicht nur wichtige Lebensfunktionen, sondern auch viele der Personen, die ihr früher angehörten. Das gilt für das Hauspersonal und die beruflich Beschäftigten ebenso wie für die Großeltern und die anderen Verwandten, die jetzt über jeweils eigene Haushalte mit eigenen Wohnungen verfügen. Die Kleinfamilie ist also von verschiedensten sozialen Institutionen und Systemen umgeben, mit denen sie in Beziehung tritt. Sie ist auf diese Kooperation angewiesen, weil sie sonst nicht überlebensfähig wäre.

Die Radikalität dieser historischen Veränderung war lange Zeit nicht vollständig erkennbar, weil sich eine ziemlich stabile Form der Kleinfamilie etablierte, die noch einige der Charakteristika der früheren Großfamilie aufwies. Gemeint ist die von 1900 bis in die 1980er-Jahre hinein dominierende Form der »bürgerlichen Kleinfamilie«, die aus dem verheirateten Elternpaar und in der Regel zwei oder mehr leiblichen Kindern besteht. Sie ist durch eine strenge Arbeitsteilung zwischen dem Ehemann und Vater als »Broterwerber« und der Ehefrau und Mutter als Hausfrau und Kindererzieherin charakterisiert. Sie beruht in der Regel auf einer patriarchalischen und hierarchischen Struktur. Der Vater ist das unbestrittene »Oberhaupt« und hat bei allen Entscheidungen das letzte Wort; die Kinder haben ihm und (als seiner Stellvertreterin in Erziehungsfragen) der Mutter zu gehorchen. Die bürgerliche Kleinfamilie hält intensiven Kontakt zur Generation der Großeltern und ist auch um intensive Beziehungen zu den Verwandten bemüht.

Diese Form der Kleinfamilie korrespondierte mit dem standardisierten Lebenslauf der 1950er-Jahre und dem Muster der »Normal-Biografie«, das zu dieser Zeit, wie in Kapitel 4 dargestellt, als selbstverständlich galt. Bis heute wird die bürgerliche Kleinfamilie dieses Zuschnitts in großen Teilen der Bevölkerung als die »natürliche« und ideale soziale Form von Familie angesehen.

### Die wachsende Vielfalt von Familienformen

Durch die Veränderungen der gesellschaftlichen Lebensverhältnisse seit den 1950er-Jahren haben sich aber die wirtschaftlichen, kulturellen und sozialen Rahmenbedingungen für die Familie erneut grundlegend gewandelt. Betroffen ist davon insbesondere die traditionelle bürgerliche Kleinfamilie, die mehr und mehr ihre dominierende und Orientierung gebende Funktion verliert. Dadurch wird vielen Menschen der Wandel von der funktionsreichen Großfamilie des vorigen Jahrhunderts zur funktionsarmen Kleinfamilie der Gegenwart erst richtig bewusst (Ecarius 2002).

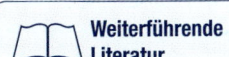

**Weiterführende Literatur**

Ecarius, J. (2002): Familienerziehung im historischen Wandel. Opladen: Leske + Budrich.

Die wichtigste Veränderung ist im Erwerbssektor zu sehen. Aus verschiedenen Gründen sind es nicht mehr nur die (Ehe-)Männer, die berufstätig sind, sondern auch ihre Frauen. Auch als Mütter gehen sie immer häufiger und intensiver einer außerhäuslichen Erwerbstätigkeit nach, die zuvor ihren Männern vorbehalten war. Heute ist es fast schon die Regel, dass beide Eltern berufstätig sind, wenn der Arbeitsmarkt ihnen die Chance dazu gibt. Nur durch die Berufstätigkeit beider Eltern lässt sich oft die ökonomische Basis der

Familie sicherstellen. Damit entfällt einer der zentralen Parameter der traditionellen bürgerlichen Kleinfamilie.

Die Mütter wählen den Weg in die Berufstätigkeit auch, um selbstständig und unabhängig zu sein und eine soziale Rolle außerhalb der Familie zu übernehmen. Die »Oberhaupt«-Rolle des Ehemanns und Vaters ist dadurch geschwächt oder sogar verloren gegangen. Aus diesem Grund haben sich neben der traditionellen immer mehr »moderne« bürgerliche Kleinfamilien gebildet, die aus einem verheirateten Paar und Kind(ern) bestehen, aber nicht die Arbeitsteilung der traditionellen Familienform übernehmen. Diese modernen bürgerlichen Kleinfamilien sind mit heute etwa 35 Prozent aller Familien schon häufiger anzutreffen als die traditionelle bürgerliche Kleinfamilie mit etwa 30 Prozent.

*Zunehmende Berufs-*
*tätigkeit von Müttern*

Eine weitere Familienform entsteht dadurch, dass das Eingehen einer Ehe heute nicht mehr mit der Gründung einer Familie gleichzusetzen ist. Etwa die Hälfte aller Ehepaare entscheidet sich aus wirtschaftlichen und/oder lebensplanerischen Gründen gegen Kinder. Sie geht die Ehe deshalb ein, weil sie gesellschaftliche und finanzielle Vorteile verspricht. Andererseits gibt es viele Paare mit Kindern, die nicht verheiratet sind. Sie wollen ihre Beziehung nach eigenen Regeln und Vereinbarungen frei gestalten und auf die staatliche Sanktionierung und rechtliche Registrierung ihrer Lebensgemeinschaft verzichten. Nichteheliche Lebensgemeinschaften mit und ohne Kinder sind weit verbreitet und bilden mit einem Anteil, der auf fast zehn Prozent anzusetzen ist, eine nicht mehr zu übersehende Familienform.

*Entflechtung von*
*Ehe und Familie*

Viele Eltern, gleich ob verheiratet oder nicht, trennen sich oder lassen sich scheiden. Dadurch gibt es viele Familien, in denen nur ein Elternteil für die Erziehung und Sozialisation verantwortlich ist (»Alleinerziehende«). Der Anteil von Ein-Eltern-Familien liegt bei etwa 15 Prozent aller Familien.

Oft gehen Mütter und Väter nach einer Trennung aber auch neue Beziehungen ein, wodurch sogenannte »Patchwork-Familien« entstehen, in denen Eltern und Kinder in der Regel zwar eine soziale, aber teilweise keine biologische Beziehung zueinander haben. Auch der Anteil dieser Familien ist in den letzten Jahrzehnten immer stärker angewachsen und liegt bereits bei über fünf Prozent aller Familien.

Schließlich entscheiden sich heute auch gleichgeschlechtliche (homosexuelle schwule und lesbische) Paare auf dem Weg über Adoptionen oder Samenspenden immer häufiger für Kinder, sodass die Eltern in diesen Familien nicht wie in der bürgerlichen Kleinfamilie zwei unterschiedlichen Geschlechtern angehören. Der Anteil dieser Familienform ist aber noch sehr gering und dürfte bei einem Prozent liegen.

Angesichts dieser Veränderungen verliert nach der in früheren Zeiten dominierenden Großfamilie, die heute allenfalls noch fünf Prozent der Familien stellt, nun auch die noch in den 1980er-Jahren am stärksten verbreitete Form der traditionellen bürgerlichen Kernfamilie allmählich ihre Vorherrschaft. In den hochentwickelten Gesellschaften entsteht eine breite Vielfalt verschiedener Ausprägungen und Formen von Familien – von der Ein-Eltern-Familie über die Familie mit zwei berufstätigen Eltern bis hin zur Familie mit homosexuellen Eltern (Abbildung 6.2).

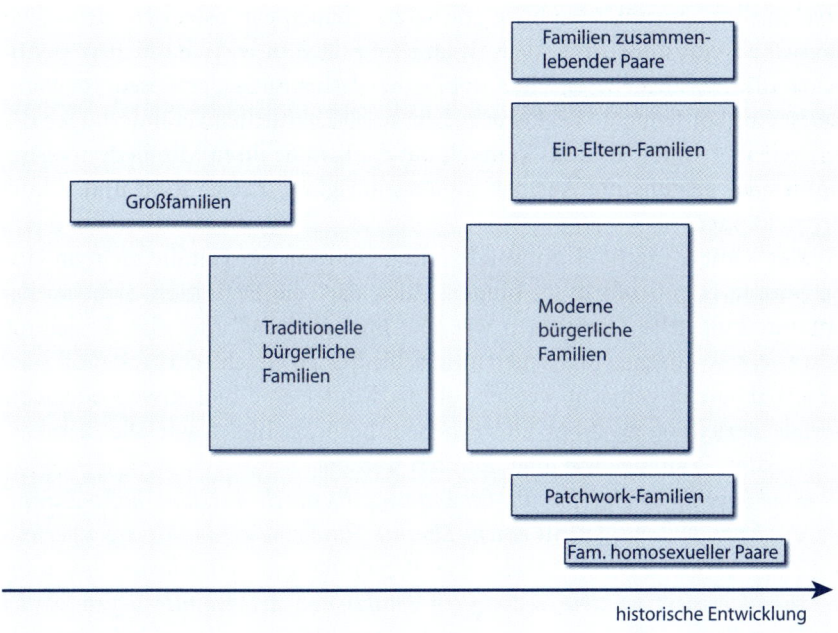

*Abb. 6.2: Die Koexistenz verschiedener Familienformen*

### Reflexion/Übungsaufgaben

1. Welchen Wandel hat die Familie in den letzten 150 Jahren durchlaufen, und wie hat sich dieser in den äußeren Formen des Familienlebens niedergeschlagen?
2. Welche sozialen Funktionen hatte die früher vorherrschende Großfamilie?
3. Welche Funktionen erfüllt die Familie heute, und zwar unabhängig von ihrer jeweiligen äußeren Form?

## 6.2    Sozialisation und Erziehung in den Familien

Trotz der Auffächerung in verschiedene soziale Formen wird die Institution »Familie« von der großen Mehrheit der Bevölkerung als eine Einheit wahrgenommen. Sie gilt als die wichtigste private Institution der Lebensführung und wird in allen Generationen hoch geschätzt. Schauen wir historisch zurück, hat sie sich als eine außerordentlich flexible und auch in wirtschaftlichen, politischen und sozialen Krisenzeiten stabile soziale Institution erwiesen. Ihr Wandel ist eine konsequente Reaktion auf die gesellschaftlichen Veränderungen der letzten Jahrzehnte. Trotz des Wandels hat die Familie ihren Mitgliedern bisher immer das gewünschte Ausmaß an Zugehörigkeit, Zuwendung und Schutz geben können.

*Definition von Familie*    Der Wandel macht es notwendig, die Definition der Familie nicht an eine bestimmte Familienform zu binden. Auch darf die Definition nicht an bestimmte kulturelle Traditionen wie eine Ehebeziehung oder eine Beziehung von zwei erwachsenen Menschen unterschiedlichen Geschlechts geknüpft oder davon abhängig gemacht werden, ob die Kinder eine biologische oder eine soziale Beziehung zu ihren Eltern haben. Berücksichtigen wir alle diese Aspekte, kann »Familie« wie folgt definiert werden:

*Eine Familie ist eine private Lebensform, die durch das dauerhafte Zusammenleben von mindestens einem Elternteil und einem Kind in enger persönlicher Verbundenheit, solidarischer Beziehung und verlässlicher Betreuung charakterisiert ist. Die wichtigsten Funktionen der Familie liegen in der Herstellung einer dauerhaften Beziehung von Menschen verschiedener Generationen, die füreinander einstehen, der Erziehung und Sozialisation der Kinder und der gegenseitigen Berücksichtigung der Bedürfnisse aller ihrer Mitglieder.*

### Die Familie als Beziehungssystem

Die Familie bietet als Sozialisationsinstanz den Kindern deshalb wertvolle Rahmenbedingungen und Erfahrungen, weil sie trotz ihrer geringen Größe eine reiche Vielfalt von sozialen und emotionalen Interaktionen ermöglicht. Sie besteht in idealtypischer Betrachtung aus vier sozialen Rollen: Mutter, Vater, Tochter und Sohn. Diese vier Rollen unterscheiden sich bezüglich zweier Dimensionen, nämlich der Geschlechterdimension (Mutter und Tochter gehören dem weiblichen, Vater und Sohn dem männlichen Geschlecht an) und der Generationendimension (Mutter und Vater gehören der älteren, Tochter und Sohn der jüngeren Generation an).

Die Beziehungen innerhalb der Kernfamilie bauen damit zum Ersten auf der Unterschiedlichkeit der Geschlechter auf. Vater und Sohn bilden ein System männlicher, Mutter und Tochter ein System weiblicher Rollen. Über diese

Beziehungen lassen sich geschlechtsspezifische Interessen innerhalb der Familien artikulieren und durchsetzen.

Zum Zweiten sind Beziehungsdynamiken auf der Generationenebene zu beobachten. Mutter und Vater bilden das »Elternsystem«, in dem es um die Durchsetzung ihrer Bedürfnisse nach einer persönlich-intimen Beziehung und ihres Interesses an sozialen Umgangsformen und Regeln im Erziehungsprozess geht. Tochter und Sohn bilden das »Kindersystem«, über das sie Einfluss auf die Umgangsformen und Regeln des Familienlebens nehmen können (Büchner/Brake 2006).

Schließlich sind die Konstellationen Mutter/Sohn und Vater/Tochter zu erwähnen. Hierbei handelt es sich um Beziehungsformen, bei denen sich die Geschlechterebene wie auch die Generationenebene überschneiden. Für die Einübung von Geschlechterrollen bieten solche Konstellationen viele Möglichkeiten, indem von der Tochter spielerisch die Rolle der Frau gegenüber dem Vater oder vom Sohn spielerisch die Rolle des Mannes gegenüber der Mutter eingenommen wird. In Abbildung 6.3 sind die sozialen Basisrollen und -beziehungen anschaulich dargestellt.

**Weiterführende Literatur**

Büchner, P./Brake, A. (Hrsg.) (2006): Bildungsort Familie. Wiesbaden: VS Verlag für Sozialwissenschaften.

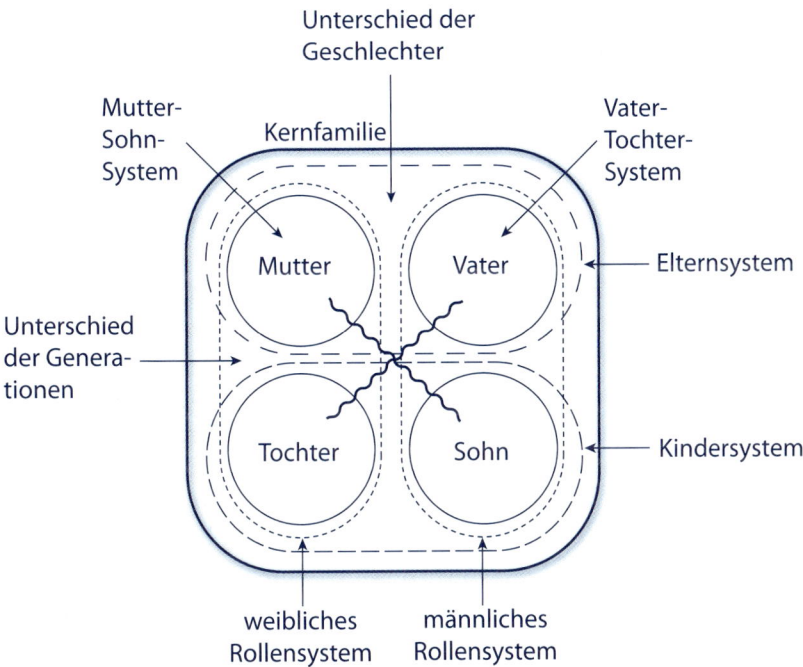

Abb. 6.3: Die sozialen Basisrollen und -beziehungen in der Kernfamilie

*Der Wandel der innerfamiliären sozialen Rollen*

In den traditionell ausgerichteten bürgerlichen Kleinfamilien, die bis in die 1980er-Jahre hinein zahlenmäßig vorherrschten, hatte jede der vier sozialen Familienrollen eine festgelegte Ausrichtung innerhalb und außerhalb der Systemgrenzen. Wie schon erwähnt, war die Rolle der Mutter durch die Verantwortung für die Gesamtheit der innerfamiliären Beziehungen einschließlich der Haushaltsführung und der Erziehung der Kinder charakterisiert, während die Erwerbstätigkeit und damit die Verantwortung für die wirtschaftliche und finanzielle Sicherheit der Familie und die Sicherung des sozialen Status allein dem Vater oblag.

Diese Rollenmuster wurden bewusst an die Kinder weitergegeben. Die Tochter wurde also auf die spätere Rolle als Hausfrau, der Sohn auf die des Broterwerbers der Familie vorbereitet. Damit gingen feste Erwartungen an das soziale Verhalten und die Bildungslaufbahn einher.

*Wachsender Gestaltungsspielraum für Geschlechtsrollen*

Heute ist, wie schon erwähnt, in der Mehrzahl der Familien, die sich nicht mehr am Modell der traditionellen bürgerlichen Kleinfamilie ausrichten, die Arbeitsteilung zwischen Müttern und Vätern aufgelockert oder ganz aufgehoben. Die Geschlechtsrollen können freier und vielfältiger ausgestaltet werden als in der traditionellen bürgerlichen Kleinfamilie. Auch die Generationenbeziehungen haben sich gelockert, weil Kindern bei der Gestaltung ihres täglichen Lebens viel mehr Rechte und Freiheiten eingeräumt werden als noch vor dreißig Jahren.

*Anforderungen an die Rollengestaltung*

Dieser Gewinn an Gestaltungsspielraum für die Geschlechts- und Generationenrollen verschafft vielfältige Verhaltensoptionen, kann aber auch zu Verunsicherungen führen. Analog zur Erweiterung der Optionen, die sich durch die Abkehr von der Normal- und die Hinwendung zur Wahl-Biografie bei der Gestaltung des Lebenslaufs ergibt und die in Kapitel 4 angesprochene Notwendigkeit zum »Biografie-Management« begründet, kommt es auch im Familienleben zunehmend auf die Kapazität des Beziehungs-Selbstmanagements an. Je stärker eine Familienform von dem viele Generationen lang vorherrschenden Modell der traditionellen bürgerlichen Familie abweicht, desto höher sind die Anforderungen an eine kreative und flexible Gestaltung der sozialen Rollen und ihrer Beziehungsdynamik.

Besonders deutlich wird das in den Ein-Eltern-Familien. Dort ist in der Mehrzahl der Fälle die Rolle Vater und bei einem Fünftel der Familien die Rolle Mutter nicht besetzt. Damit fehlt vielen Kindern ein konkretes soziales Vorbild für die Identifizierung mit der Geschlechtsrolle. Die Beziehung des einen Elternteils zum Kind ist außerdem oft besonders eng, kann aber durch allzu viele

Anforderungen und Erwartungen überlastet sein. Für die Kinder ist unter diesen Umständen das Beziehungs-Selbstmanagement mit einer Berücksichtigung der dem Alter angemessenen und den individuellen Wünschen entsprechenden Geschlechts- und Generationenrolle sehr schwierig. Ein besonderes Problem liegt auch darin, dass der alleinerziehende Elternteil nur unter großen Schwierigkeiten einer Berufstätigkeit nachgehen kann, damit von vielen Kontaktmöglichkeiten abgeschnitten und zusätzlich meist auch finanziell eingeengt ist.

In der Sozialform der Patchwork-Familien sind die Anforderungen an das Rollen- und Beziehungsmanagement ebenfalls besonders hoch. Es kann zu Loyalitätskonflikten kommen, weil die Kinder sich einer jeweils neuartigen Elternkoalition gegenübersehen, die zu den biologischen und den sozialen Kindern unterschiedliche Bindungen aufbaut. Auch in Familien mit homosexuellen Eltern können ähnliche Anforderungen an das Beziehungs-Management auftreten.

### Veränderung der Rollen von Vätern und Müttern

In immer mehr Familien wandelt sich die traditionelle patriarchalische, durch die Dominanz des Mannes gekennzeichnete, in eine parentale Beziehungsstruktur, die gleichberechtigte Elternrollen definiert. Hierdurch entstehen neuartige Impulse für den kindlichen Sozialisationsprozess. Für Väter ergeben sich durch ein Engagement im Erziehungsprozess neue Erlebensqualitäten und die Erfahrung, über einen längeren Zeitraum zuverlässig für das Wohlergehen von Kindern sorgen zu können. Sie werden dadurch zunehmend stärker als Ratgeber, Vertrauensperson, Unterstützer, Konfliktlöser und zuverlässiger Partner geschätzt (Hill/Kopp 2004).

**Weiterführende Literatur**

Hill, P./Kopp, J. (2004): Familiensoziologie. Wiesbaden: VS Verlag für Sozialwissenschaften.

Um sich ausprägen zu können, ist diese »neue Väterlichkeit« allerdings auf eine enge Partnerschaft von Mann und Frau angewiesen, in der die Aufgaben von Haushalt, Erziehung und der Pflege von Außenkontakten gut abgestimmt werden. Unterschiedliche soziale und emotionale Anforderungen von Müttern und Vätern gegenüber den Kindern sind aber für deren Persönlichkeitsentwicklung von Vorteil, weil sie die Vielfalt der Anregungen erhöhen.

Eine lebendige und impulsreiche Vater-Mutter-Kind-Triade ist für die Persönlichkeitsentwicklung der Kinder jedenfalls in der Regel positiv. Kinder können sich in einer Dreierkonstellation je nach ihrem Entwicklungsstand aktiv diejenigen Anregungen holen, die für ihre Persönlichkeit besonders hilfreich sind. Kinder, die in Familien mit nur einem alleinerziehenden Elternteil aufwachsen, haben in dieser Hinsicht einen strukturellen Nachteil, der nur durch viele intensive Außenkontakte zu anderen Familien und zu öffentlichen Erziehungseinrichtungen ausgeglichen werden kann.

*Die Bedeutung der Vater-Mutter-Kind-Triade*

Spiegelbildlich profiliert sich durch die Aufnahme einer Berufstätigkeit auch die Rolle der Mutter. Sie transportiert jetzt ebenso wie der Vater die nicht familiäre Außenwelt in das Binnensystem der Familie und hat nicht mehr nur die Rolle der emotionalen Betreuerin und Erzieherin inne. In den Kontakten mit beiden Eltern erlernt ein Kind die Kompetenz, mit anderen Menschen umzugehen und die soziale Umwelt zu erkunden. Die Eltern wirken hierbei als Übungspartner und Mentoren und bilden eine emotionale Brücke in die soziale Umwelt außerhalb der Familie. Durch die veränderten Rollen von Müttern und Vätern kann diese Aufgabe flexibler als in der traditionellen bürgerlichen Kleinfamilie ausgeübt werden.

Mit der Zunahme der Berufstätigkeit beider Eltern wächst die Bedeutung der außerfamiliären Erziehungseinrichtungen. Auch wenn ein Kind im Vorschul- und Grundschulalter viele Stunden am Tag in einer Einrichtung außerhalb der Familie verbringt, spielt sich ein erheblicher Teil des täglichen Lebens weiter im sozialen Beziehungssystem der Familie ab. Mutter und Vater übernehmen außerdem die Aufgabe, das Kind auf die vorschulischen und schulischen Erziehungseinrichtungen vorzubereiten, und sie helfen ihrem Kind, die dort gewonnenen Erfahrungen und Erlebnisse einordnen und bewerten zu können.

Welche Form die Familie auch hat – sie dient immer als eine Art sozialer Filter für die Verarbeitung von Umwelteinflüssen. Die Impulse aus Kindergarten, Freundesgruppe und Medien dringen in die Familie ein, aber sie werden hier verarbeitet und interpretiert. Die Art und Weise, wie die Umwelt wahrgenommen wird, korrespondiert dabei eng mit der Struktur und dem Inhalt der familiären Beziehungen. So gesehen lässt sich die These vertreten, dass ein Kind im Kindergarten- und Grundschulalter die soziale Welt durch die Augen des »Systems Familie« wahrnimmt und diese Sichtweise auch nutzt, um alle anderen sozialen Umwelteinflüsse aufzunehmen und zu strukturieren.

### Reflexion/Übungsaufgaben

1. Welche Definition von Familie berücksichtigt ihre heutigen Formen und Funktionen am besten?
2. Wie haben sich die sozialen Basisrollen – Mutter, Vater, Sohn und Tochter – in den letzten 100 Jahren verändert?
3. Worin liegt der besondere Wert für die Persönlichkeitsentwicklung der Kinder, der sich aus dem Beziehungs- und Rollensystem der Familie ergibt?
4. Warum sind die Anforderungen an das Beziehungs- und Rollenmanagement in Ein-Eltern- und Patchwork-Familien und Familien homosexueller Paare besonders hoch?

## 6.3    Unterschiedliche Erziehungsstile in Familien

Die Persönlichkeitsentwicklung des Kindes wird in der Familie sowohl durch die bewussten und gezielten Erziehungsstile der Eltern als auch durch ihr gesamtes Verhalten geprägt, also ihre Einstellungen und Gesten, die sich aus dem familiären Zusammenleben und aus ihren beruflichen, freundschaftlichen und nachbarschaftlichen Kontakten ergeben.

Erziehung kann als ein Versuch der Beeinflussung (Intervention) verstanden werden, durch den eine Verbesserung und Vervollkommnung der Persönlichkeit des Kindes erreicht werden sollen. Erziehung zielt mithin auf wünschens- und erstrebenswerte Verhaltensweisen, Fähigkeiten, Einstellungen und Persönlichkeitseigenschaften, die für ein Kind als wertvoll angesehen werden.

Die meisten Eltern halten Ehrlichkeit, Selbstständigkeit und Selbstvertrauen, Verantwortungsbewusstsein, Hilfsbereitschaft und Leistungsfähigkeit für besonders wichtig. Über die letzten fünfzig Jahre hinweg hat dabei das Ziel der Vermittlung von Selbstständigkeit und Selbstvertrauen deutlich an Gewicht gewonnen, während die früher hoch bewerteten Vorstellungen von Ordnung und Unterordnung (Konformität) heutzutage von den meisten Eltern weniger gewichtet werden. Hierin spiegelt sich der allgemeine Wertewandel in den westlichen Gesellschaften wider.

Die Erziehungsziele der Eltern drücken ihre Vorstellungen über die Persönlichkeitsmerkmale, Fähigkeiten und Einstellungen des Kindes aus, zu deren Verwirklichung ihr Erziehungsverhalten beitragen soll. Die Ausprägungen des Erziehungsverhaltens der Eltern lassen sich zu bestimmten Gruppen zusammenfassen, die als »Erziehungsstile« bezeichnet werden können (Fuhrer 2007).

Unter Erziehungsstilen werden die beobachtbaren und verhältnismäßig überdauernden tatsächlichen Praktiken der Eltern im Umgang mit ihren Kindern verstanden. In das Verhalten geht ein Erziehungswissen ein, nämlich Informationen und Kenntnisse über die Entwicklung der kindlichen Persönlichkeit sowie die Möglichkeiten und Grenzen der Beeinflussung von Einstellungen und Verhaltensweisen des Kindes durch eigene Aktivitäten.

### *Der Gegensatz von autoritärem und permissivem Erziehungsstil*

In den 1960er- und 1970er-Jahren gab es über die Angemessenheit von elterlichen Erziehungsstilen intensive wissenschaftliche und öffentliche Diskussionen. Dabei wurden als Extrempositionen der stark an der Autorität von Eltern orientierte »autoritäre« und der stark an den Bedürfnissen des Kindes orientierte »permissive« Erziehungsstil unterschieden.

Die Anhänger des permissiven Stils plädierten dafür, elterliche Eingriffe in die Persönlichkeitsentwicklung von Kindern zu unterlassen, um der Gefahr zu entgehen, hierbei dirigistisch und autoritär zu sein und den Eigenwillen des

Kindes zu unterdrücken. Dagegen sprachen sich die Anhänger des autoritären Erziehungsstils dafür aus, mit der natürlichen Autorität der Mutter- und Vaterrolle aktiv und gezielt in die Persönlichkeitsentwicklung von Kindern einzugreifen, um ihnen hierdurch klare Orientierungen und Wertvorstellungen zu vermitteln und sie auf die gesellschaftlichen Anforderungen vorzubereiten.

Die Vertreter der permissiven Position vermeiden meist den Begriff »Erziehung« und halten ihn von seiner Wortbedeutung her für hierarchieorientiert. Die Vertreter der autoritären Position sprechen sich demgegenüber entschieden für eine Beibehaltung dieses Begriffs aus und halten eine Machtausübung der Eltern gegenüber den Kindern für unvermeidlich und sinnvoll. Die beiden Erziehungsstile drücken entgegengesetzte Strategien elterlicher Einflussnahme aus.

Bei permissiv orientierten Eltern herrscht Unsicherheit über die Angemessenheit des Ausübens von Autorität. Sie fragen sich, ob sie in einer demokratischen und offenen Gesellschaft das Recht haben, steuernden und disziplinierenden Einfluss auf die Persönlichkeitsentwicklung ihres Kindes auszuüben. Sie befürchten, dass ihre – selbstverständlich überlegene – Position in autoritäre Verhaltensweisen umschlagen könne, die von den Kindern konformes Verhalten, Unterwerfung, übermäßige Kontrolle der eigenen Gefühle und Intoleranz verlange.

Autoritär orientierte Eltern bewegt die Sorge, bei einem Eingehen auf die Bedürfnisse des Kindes zu weit zu gehen und dem Kind damit die Möglichkeit zu nehmen, Enttäuschungen auszuhalten und an der eigenen Persönlichkeit zu arbeiten, um das eigene Verhalten an die real existierenden sozialen Umweltbedingungen anzupassen.

### Typisierung von Erziehungsstilen

Analytisch lassen sich Erziehungsstile danach unterscheiden, wie stark die individuellen Bedürfnisse des Kindes berücksichtigt werden und wie stark die Autorität von Mutter und Vater in die Beziehung eingebracht wird. Entlang dieser beiden Dimensionen können Erziehungsstile nach dem Grad der Ausübung elterlicher Autorität und der Berücksichtigung kindlicher Bedürfnisse unterschieden werden.

*Kombination von elterlicher Autorität und kindlichen Bedürfnissen*

Der autoritäre und der permissive Stil sind zwei von insgesamt vier möglichen »extremen« Erziehungsstilen, die sich aus der Kombination von jeweils besonders starken oder schwachen Autoritäts- und Bedürfnisausprägungen ergeben. Wie in Abbildung 6.4 veranschaulicht, können zusätzlich noch ein überbehütender und ein vernachlässigender Stil identifiziert werden. Beim überbehütenden Stil ist sowohl die Autoritäts- als auch die Bedürfnisorientierung extrem stark, beim vernachlässigenden sind beide Orientierungen extrem schwach ausgeprägt.

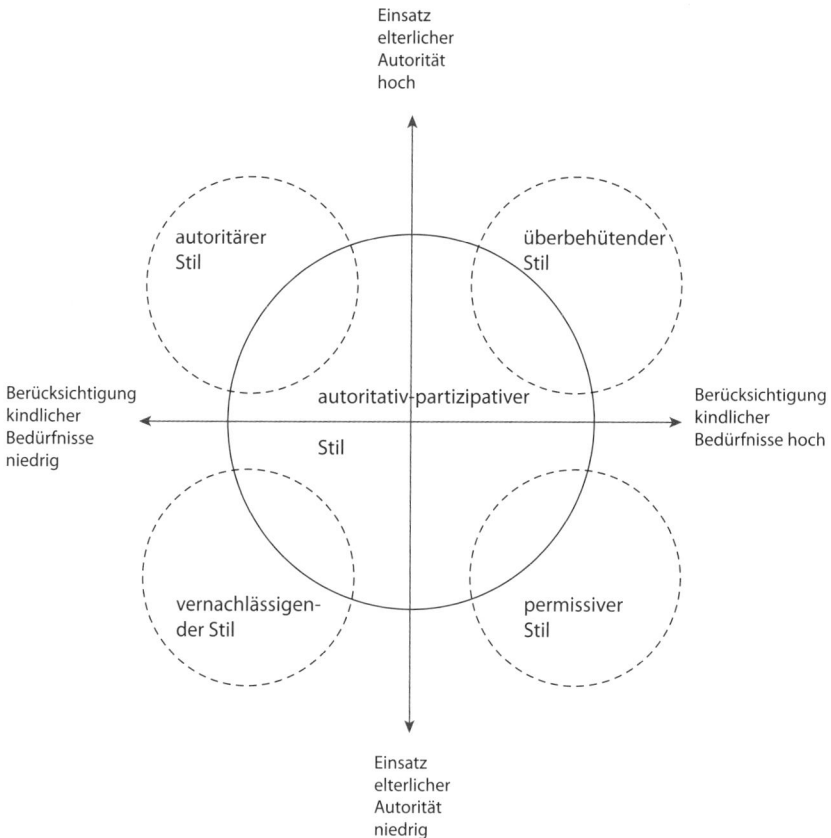

*Abb. 6.4: Typisierung unterschiedlicher Erziehungsstile*

## Die Effekte der verschiedenen Erziehungsstile

Aus den Erkenntnissen über die Effekte der verschiedenen Erziehungsstile lässt sich schließen, dass alle extremen Ausprägungen – also der autoritäre, der permissive, der überbehütende wie auch der vernachlässigende Stil – nicht zu den von den Eltern gewünschten Zielen der Selbstständigkeit, sozialen Verantwortlichkeit und Leistungsfähigkeit ihrer Kinder führen:

- Der *autoritäre Erziehungsstil* setzt sich über die Bedürfnisse der Kinder hinweg. Damit erzeugen Eltern oft aggressive und gewalttätige Verhaltensweisen bei den Kindern. Auf körperliche Züchtigung, die zum typischen Verhalten der Eltern gehört, reagieren Kinder mit Widerstand und Trotz, Rebellion und Ungehorsam, Regelbruch und Wutanfällen, andere mit Meiden des Kontaktes zu den Eltern, Abbruch der Schule, Drogenkonsum, wieder andere mit überangepasstem und unterwürfigem Verhalten. Selbstständigkeit und soziale Verantwortung werden wenig gefördert, Leistungsstärke selten.

- Der *permissive Stil* hat den Nachteil, dass keine klaren Regeln für den Umgang zwischen Eltern und Kindern existieren. Ein Zusammenleben ohne eine Setzung von Normen führt zu Irritationen und Verwirrungen der Kinder. Regellosigkeit wird von ihnen oft als Lieblosigkeit und Mangel an Aufmerksamkeit und Zuwendung empfunden. In der Folge kann es zu aggressivem Verhalten der Kinder kommen, mit dem sie Zuwendung und Aufmerksamkeit herausfordern wollen. Statt sozialer Verantwortung kann Selbstbezug, statt Leistung Opportunismus gefördert werden. Die Entwicklung der Selbstständigkeit ist nicht gesichert. In sozialisationstheoretischer Perspektive ist aus diesen Gründen weder der autoritäre noch der permissive Erziehungsstil wünschenswert.

- Der *vernachlässigende Stil* potenziert die schon beim permissiven Stil erwähnten Probleme, weil die geringe Ausübung von elterlicher Autorität mit wenig Aufmerksamkeit und Zuwendung und minimaler Berücksichtigung der kindlichen Bedürfnisse gekoppelt ist. Dieser Stil kann erhebliche negative Effekte nach sich ziehen, weil Kinder sich nicht nur alleingelassen, sondern sogar missachtet fühlen.

- Umgekehrt gilt für den *überbehütenden Stil*, dass durch die Kombination von stark akzentuierter elterlicher Autorität und starker Berücksichtigung der kindlichen Bedürfnisse eine Entfaltung der Persönlichkeit und eine selbstständige Entwicklung von Verhaltensweisen erschwert werden. Auch diese beiden Stile sind deshalb in sozialisationstheoretischer Perspektive nicht wünschenswert.

### Der Vorteil des autoritativ-partizipativen Stils

**Weiterführende Literatur**

Hurrelmann, K./Unverzagt, G. (2000): Kinder stark machen für das Leben. Freiburg i. Br.: Herder.

Die Konsequenz ist eindeutig: Die extremen Ausprägungen der elterlichen Autorität und der Berücksichtigung der kindlichen Bedürfnisse sollten durch einen moderaten und nachvollziehbaren Gebrauch von persönlicher, immer wieder neu zu rechtfertigender Autorität von Eltern und eine sensible, aber nicht übertriebene Berücksichtigung der Bedürfnisse des Kindes ersetzt werden (Hurrelmann/Unverzagt 2000).

Ein solcher ausgewogener Erziehungsstil ist in Abbildung 6.4 durch den mittleren Kreis abgebildet. Dieser Stil ist »autoritativ«, weil die Autorität der Eltern zurückhaltend und umsichtig eingesetzt wird, und er ist »partizipativ«, weil auf die Bedürfnisse des Kindes im Sinne einer Mitgestaltung der gemeinsamen Beziehung eingegangen wird. Er betont die partnerschaftliche und kooperative Komponente des Erziehungsprozesses. Im Unterschied zum permissiven Erziehungsstil sollen nicht die Kinder die Spielregeln der Erziehung festlegen, sondern die Eltern sollen diese mit ihnen abstimmen und aushandeln.

Im Unterschied zum autoritären Stil sollen nicht die Erwachsenen die Beziehung dominieren, sondern sie sollen sich mit ihren Kindern über ihre Erziehungsziele austauschen, ihre Bedürfnisse anzeigen und dann über das Vorgehen abstimmen.

Der autoritativ-partizipative Stil berücksichtigt, dass Erziehung ohne eine gute Beziehung zwischen Eltern und Kindern nicht möglich ist. Jede Beziehung ist eine Interaktion, die auf Gegenseitigkeit beruht, auch wenn die Alters- und Kompetenzunterschiede groß sind. Erziehung wird als die gemeinsame Absprache und das Aushandeln von Umgangsformen und -regeln mit Begründung und Erläuterung gestaltet, angepasst an die jeweilige Entwicklungsstufe der Kinder. Auf diese Weise erreichen die Eltern am ehesten die von ihnen angestrebten Ziele der Selbstständigkeit, Leistungsfähigkeit und sozialen Verantwortlichkeit ihrer Kinder. Sie unterstützen die Kinder beim Aufbau ihrer Kompetenzen für die Bewältigung der Entwicklungsaufgaben, für das Ausgleichen von Individuation und Integration und das Entfalten der Ich-Identität.

*Erziehung als gemeinsame Absprache und Aushandeln*

### Die Kombination von Anerkennung, Anregung und Anleitung

Will man den wissenschaftlichen Begriff des autoritativ-partizipativen Erziehungsstils pädagogisch veranschaulichen, kann auf das Bild eines Zieldreiecks der Erziehung mit den drei Polen der Anerkennung, Anregung und Anleitung eines Kindes zurückgegriffen werden:

- Am Pol »Anerkennung« kommt es darauf an, dem Kind Wärme, liebevolle emotionale Zuwendung und Akzeptanz zuteilwerden zu lassen. Ungünstig ist es, wenn die emotionale Zuwendung zu stark oder zu schwach ausgeprägt ist, also eine gefühlsmäßige Überwärmung oder Unterkühlung der Beziehung eintritt. Kühle und zurückweisende gefühlsmäßige Einstellungen von Eltern und Erziehern können zu Störungen des Selbstwertgefühls führen, weil Kinder sich abgelehnt fühlen. Eine von zu großer Enge geprägte emotionale Atmosphäre kann problematisch sein, weil Kinder sich von der Liebe und der Zuwendung der Eltern erdrückt fühlen und sich nicht selbstständig entfalten können.
- Am Pol »Anregung« geht es darum, Kindern positive Rückmeldungen zu ihrem erreichten Entwicklungsstand im sozialen und Leistungsbereich zu geben, zugleich aber auch wohldosierte Herausforderungen für eine Weiterentwicklung und Verbesserung zu vermitteln. Problematisch ist, wenn die Erwartungen an die Weiterentwicklung zu hoch oder zu niedrig sind. Bei zu niedriger Stimulation erhält das Kind zu wenige Anstöße für eine höhere Motivation und fühlt sich nicht genügend ernst genommen. Bei einer zu starken Stimulation kann es zu Belastungen und Überforderungen kommen, die im Endeffekt auch die Leistungsfähigkeit des Kindes negativ beeinflussen.

- Am Pol »Anleitung« besteht die Aufgabe darin, ein dem Alter und der jeweiligen Entwicklung angemessenes sowie der Persönlichkeit des Kindes gerecht werdendes Ausmaß an klaren Vereinbarungen und Umgangsformen festzulegen. Die erwarteten Umgangsformen dürfen von den Erwachsenen nicht autoritär gesetzt werden, ihre Bedeutung muss zugleich aber immer wieder hervorgehoben werden. Günstig für die Entwicklung von Kindern ist ein gut dosiertes Ausmaß an mit den Kindern gemeinsam abgestimmten Regeln mit klar festgelegten Sanktionen, die bei Regelbruch sofort eingesetzt werden.

In Abbildung 6.5 ist dieses »Zieldreieck der Erziehung«, das die Kernidee des autoritativ-partizipativen Stils pragmatisch umsetzt, anschaulich dargestellt.

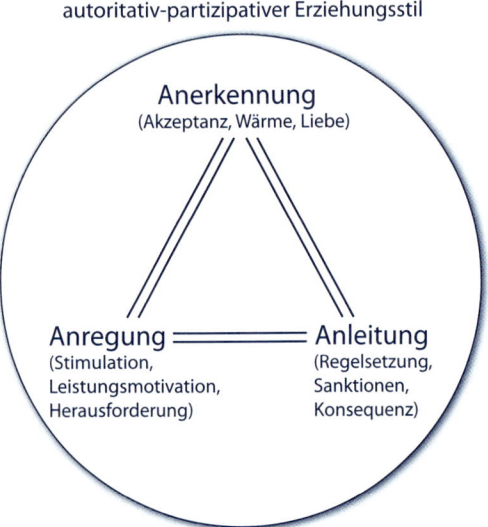

*Abb. 6.5: Das Zieldreieck der Erziehung*

Die drei Pole des Erziehungsdreiecks müssen jeweils gut aufeinander abgestimmt sein, um die Persönlichkeitsentwicklung eines Kindes zu stärken. So kann etwa ein Mangel an Anerkennung nicht durch ein Mehr an Anleitung oder Anregung ausgeglichen werden. Eine solche Kompensation lässt vielmehr eine inkonsistente und das Kind irritierende Beziehungsdynamik entstehen. Ähnliches gilt für andere »Unwuchten« im Zieldreieck. Die Impulse an allen drei Polen müssen jeweils für sich in einer guten Dosierung gegeben werden, und zugleich kommt es auf den ausgewogenen Dreiklang der Pole an.

## Liebevolle Konsequenz als geeigneter Erziehungsstil

Wird das Zieldreieck der Erziehung umgesetzt, ergibt sich der Erziehungsstil der »liebevollen Konsequenz« (Hurrelmann/Timm 2011, S. 45). Liebevoll ist er, weil das Kind als eigenständige Persönlichkeit anerkannt und wertgeschätzt wird und weil die Interessen und Bedürfnisse des Kindes aufgenommen und weiterentwickelt werden. Konsequenz zeigt er, weil Mutter und/oder Vater sich ihrer verantwortlichen Rolle bewusst sind und sich mit ihrer Autorität für das Einhalten der vereinbarten Regeln (einschließlich der Sanktionierung des Verhaltens bei Regelverletzung) einsetzen.

**Weiterführende Literatur**

Hurrelmann, K./Timm, A. (2011): Kinder, Bildung, Zukunft. Stuttgart: Klett.

Wichtig für den Aufbau der Beziehung sind aufseiten der Eltern der (positiv gefärbte) Ausdruck von persönlichen Empfindungen, Gefühlen und Erfahrungen, das Vorleben von Verhaltensweisen (Vorbildverhalten) bei der Bewältigung der Entwicklungsaufgaben und die zuverlässige Einhaltung von gemeinsamen Vereinbarungen. Liebevolle Konsequenz ist durch Offenheit und Aufrichtigkeit, gegenseitiges Vertrauen und Achtung, aber auch eine deutliche Berücksichtigung von Bedürfnissen und Interessen beider beteiligter Parteien gekennzeichnet. Der Erwachsene ist in dieser Beziehung der ältere und lebenserfahrenere Partner, der natürlicherweise viel von seinen eigenen Vorstellungen und Wünschen in die erzieherische Beziehung einfließen lässt.

Auf unerwünschtes Verhalten des Kindes wird durch die sofortige und nachdrückliche Mitteilung reagiert, dass eine Vereinbarung oder eine Regel gebrochen wurde. So können Gewissen und innere Kontrolle des Kindes entwickelt werden, die zu Selbstdisziplin und Selbstständigkeit führen. Das Kind entwickelt eigene Maßstäbe für das Verhalten und baut eine Kompetenz für die Selbststeuerung auf. Eltern sind daher nicht auf ständige Außenkorrekturen des Verhaltens des Kindes angewiesen. Durch die dem Kind vermittelte Achtung und die Rücksichtnahme auf seine Bedürfnisse wird auch seine Selbstachtung gefördert, die Voraussetzung für den Aufbau des Selbstwertgefühls, also der positiven Wertschätzung der eigenen Person, ist.

*Forderung von Selbstständigkeit und Selbstachtung*

## Bedarf an Elterntraining

Viele Eltern sind heutzutage durch diese hohen Ansprüche an das Erziehungsverhalten überfordert. Aufgrund der offenen und fragilen Lebensbedingungen, denen sie sich gegenüber sehen, sind sie bereits hinsichtlich ihres persönlichen Biografie-Managements stark gefordert. Es fällt ihnen dementsprechend sehr schwer, zusätzlich auch noch die komplex gewordene Erziehungs- und Beziehungsarbeit zu bewältigen, die sich aus dem Kontakt zu ihren Kindern ergibt.

Diese Eltern benötigen Hilfe und Unterstützung bei der Erziehung ihrer Kinder. Denkbar ist ein systematisches Elterntraining, das die Eltern dahin gehend schult, die Bedürfnisse des Kindes zu erkennen, angemessen auf sie zu reagieren und zugleich solche Anregungen und Anleitungen zu geben, die der jeweiligen Entwicklung des Kindes gerecht werden. Es kann sich an alle Eltern richten, sollte aber unbedingt so ausgerichtet sein, dass es die sozial benachteiligten Mütter und Väter mit erreicht.

Ein pädagogisch gut abgestimmtes Elterntraining kann dazu beitragen, Mütter und Väter darin zu sensibilisieren, die Perspektive des Kindes zu erschließen und den Kindern die Artikulation eigener Bedürfnisse und Interessen zu ermöglichen. Auch die Vorbereitung der Kinder auf Kindergarten und Grundschule und die ständige Begleitung ihrer Sozialisation in diesen Einrichtungen gehören dazu. Schließlich kann auch die Unterstützung der Eltern bei der Bewältigung ihrer eigenen Entwicklungsaufgaben als Erwachsener wichtig sein. Dazu gehören der Austausch mit anderen Eltern und die Vergewisserung darüber, welche eigenen Bedürfnisse und Interessen man berechtigterweise als Mutter oder als Vater hat.

*Symbolischer Abschluss mit einem Elternführerschein*

Ein professionell angeleitetes Training der Eltern ist besonders effektiv, wenn es bereits unmittelbar vor und nach der Geburt des Kindes begonnen und danach regelmäßig fortgesetzt wird. Besonders bieten sich dafür die Übergänge in Kinderkrippe und Kindertagesstätte sowie die in die Grundschule und die weiterführende Schule an. Das Elterntraining sollte eng mit den jeweiligen Erziehungs- und Bildungsinstitutionen verbunden sein, etwa in Form von Elternabenden zusammen mit dem professionellen Erzieherpersonal beim Eintritt eines Kindes in den Kindergarten. Um die gesellschaftliche Bedeutung eines Elterntrainings zu unterstreichen, könnte es mit einem symbolischen »Elternführerschein« abgeschlossen werden (Hurrelmann/Timm 2011, S. 40).

---

### Reflexion/Übungsaufgaben

1. Welche vier extremen Ausprägungen der Kombination von elterlicher Autorität und Berücksichtigung kindlicher Bedürfnisse lassen sich unterscheiden?
2. Wie lassen sich die hieraus entstehenden Erziehungsstile bezeichnen?
3. Welche Effekte auf die Persönlichkeitsentwicklung der Kinder haben die vier unterschiedlichen Erziehungsstile?
4. Worin liegen die Vorteile des autoritativ-partizipativen Erziehungsstils für die Persönlichkeitsentwicklung der Kinder?
5. Worin bestehen die Grundzüge einer Erziehung mit liebevoller Konsequenz?
6. Welche Argumente sprechen für ein angeleitetes Elterntraining und die Vergabe eines symbolischen Elternführerscheins?

## 6.4    Probleme des heutigen Familienlebens

Für viele Paare ist die Entscheidung zur Familiengründung, also das Votum für oder gegen ein Kind, sehr kompliziert geworden. Es handelt sich um eine ihrem Naturell nach höchst private und persönliche Entscheidung, die in eine intime Paar- und Liebesbeziehung eingebettet ist. Da bei dieser Entscheidung aber die sozialen, kulturellen und ökonomischen Rahmenbedingungen mitbedacht sein müssen, kann sie trotz ihres privaten Ausgangscharakters gesellschaftlich beeinflusst werden.

Das lässt sich daran ablesen, dass sich die Zahl der Familiengründungen in den einzelnen hochentwickelten Ländern teilweise stark unterscheidet. Deutschland ist ein extremes Beispiel für ein hochentwickeltes und wohlhabendes Land, in dem die Geburtenziffern, also die durchschnittliche Kinderzahl pro Frau, in den letzten fünfzig Jahren kontinuierlich zurückgegangen ist. Im Jahr 1960 lag diese Ziffer noch bei 2,4 Kindern pro Frau, ist bis heute aber auf unter 1,4 Kinder zurückgegangen.

Deutschland gehört damit heute zu denjenigen Staaten, die weltweit die geringsten Geburtenziffern aufweisen und deren Bevölkerung deshalb bereits deutlich zu schrumpfen beginnt. Ein Rückgang der Bevölkerung ließe sich nur vermeiden, wenn die Geburtenquote um den Wert von 2,0 Kindern je Frau läge, weil sich damit ein Paar biologisch reproduzieren würde. Diesen Wert erreichen heute die USA, Frankreich, Großbritannien, die Niederlande und die skandinavischen Länder.

### Das Absinken der Geburtenziffern

Die schwachen Geburtenziffern in Deutschland führen dazu, dass Familien mit Kindern, die 1960 noch etwa die Hälfte aller Haushalte in Deutschland stellten, heute in der Minderheit sind. Etwa in einem Drittel aller Haushalte leben heute noch Familien, mit weiter schrumpfender Tendenz. Die kinderlosen Haushalte sind in Deutschland inzwischen eindeutig in der Mehrheit, und ihre Zahl wächst ständig weiter an.

Vieles deutet darauf hin, dass die genannten Länder besser als Deutschland dastehen, weil sie seit Jahrzehnten eine Politik betreiben, die unterschiedliche Familienformen bewusst fördert und insbesondere die Berufstätigkeit der Mütter gezielt unterstützt. Es scheint die Vereinbarkeit von Familie und Beruf und die Unterstützung der elterlichen Erziehung der Kinder durch öffentliche Einrichtungen zu sein, die Paaren die Entscheidung für eine Familiengründung erleichtert.

*Problem der Vereinbarkeit von Familie und Beruf*

In den hochentwickelten Gesellschaften tritt die Entscheidung für ein Kind immer häufiger in Konkurrenz zu anderen Lebenszielen von Menschen in Paarbeziehungen. Ursache hierfür sind die veränderten ökonomischen, kultu-

rellen und biografischen Bedingungen. So verlängern sich, wie in Kapitel 4 erläutert wurde, die Bildungs- und Ausbildungszeiten von Männern und Frauen.
Wichtige biografische Entscheidungen, unter ihnen auch die Entscheidung für
oder gegen Kinder, verlagern sich hierdurch im Lebenslauf. Beide Partner war-
ten heute meist bis zum Ende der Ausbildung und zum Beginn der ersten Be-
rufsphase ab, also bis zu einem Zeitpunkt, zu dem ihnen die Ausgangssituation
für die Entscheidung für ein Kind als optimal erscheint.

Durch das Aufschieben werden die Anforderungen an die Entscheidung
komplexer, weil in dieser »Hauptverkehrszeit« biografischer Vorgänge (»rush
hour of life«) sehr viele Weichenstellungen zu beachten sind. Frauen sind heute
ganz überwiegend berufstätig, wenn sie vor der Entscheidung für oder gegen
ein Kind stehen. Sie müssen sich fragen, welche Konsequenzen sich aus einer
positiven Entscheidung ergeben, und zwar sowohl im Hinblick auf ihre weitere
berufliche Laufbahn und ihre finanzielle Absicherung als auch auf das weitere
Bestehen der Paarbeziehung. Das Ergebnis ist in vielen Fällen der Verzicht auf
ein Kind.

Diesen Tendenzen muss politisch gegengesteuert werden. Eine Maßnahme
wurde bereits besprochen: die gezielte Förderung der Vereinbarkeit von Familie und Beruf sowohl für Mütter als auch für Väter. Wenn Paaren hier konkrete
Hilfestellungen angeboten werden, erleichtert das ihre Entscheidung erheblich.

### Die gestiegenen Kosten von Kindern

**Weiterführende
Literatur**

Kaufmann, F.-X. (1995):
Zukunft der Familie im
vereinten Deutschland.
München: Beck.

*Finanzielle Nachteile
durch eigene Kinder*

Die Entscheidung für ein Kind ist unter anderem auch mit finanziellen Risiken
für ein Paar verbunden. Wer ein Kind hat, muss im Vergleich zu Nichtfamilien
erhebliche zusätzliche Belastungen in Form von Betreuungs-, Ernährungs-
und Versorgungskosten von Kindern in Kauf nehmen, die sich bis zum Abschluss der Ausbildung auf 200 000 Euro oder mehr belaufen können. Auch
deshalb zögern viele Paare, sich für ein Kind zu entscheiden (Kaufmann 1995).

Weil ökonomische Vorteile (Geschäftsübernahme, Altersversorgung) bei
der Entscheidung für ein Kind heute weitgehend bedeutungslos geworden
sind, wird von Paaren geprüft, wie groß die emotionale Befriedigung, die le-
bensperspektivische Sinnerfüllung, der Grad der Selbstverwirklichung und das
gesteigerte Erleben der eigenen Verantwortung durch ein Kind sind. Positiven
Entscheidungen liegen deshalb meist psychische und biografische und nicht
ökonomische Motive zugrunde. Mütter und Väter versprechen sich von einem
Kind einen Gewinn für ihre eigene Persönlichkeitsentwicklung und emotionale Befriedigung. Es ist ihnen aber bewusst, dass sich hieraus finanzielle Nachteile ergeben können.

Anders als vor der Industrialisierung tragen Kinder heutzutage nicht mehr
zur Optimierung des materiellen Wohlbefindens ihrer Eltern bei, sondern
belasten die Haushaltskasse. Auch wirken sie nicht mehr bei der Absicherung

gegen Risiken des Lebens der Eltern mit. Nur noch in seltenen Fällen arbeiten sie als Produktionskräfte in der Landwirtschaft und helfen in Familienbetrieben des Handwerks mit. Auch ihre Mithilfe bei der Haushaltsführung und der Versorgung von jüngeren Kindern ist die Ausnahme. Bei der Absicherung gegen Krankheit, Katastrophen, Arbeitslosigkeit und Verdienstausfall wegen Pensionierung haben sie ebenfalls keine maßgebliche Funktion.

Es ist deshalb nicht verwunderlich, dass Familien heute zu den Haushalten zählen, die stärker von ökonomischen Engpässen betroffen sind als andere. Wer Kinder hat, ist statistisch stärker von relativer Armut bedroht als Kinderlose. In der »World-Vision-Kinderstudie« von 2010 geben 13 Prozent der Eltern eine unbefriedigende wirtschaftliche Situation ihres Haushalts an. Dieser Wert deckt sich mit den objektiven Zahlen der Armutserfassung des Statistischen Bundesamtes. Die »World-Vision«-Studie zeigt, dass zu diesen 13 Prozent von Eltern, die ihre Situation subjektiv als wirtschaftlich außerordentlich schwierig einschätzen, noch einmal etwa zwölf Prozent hinzukommen, die sich im Vergleich zu den anderen Eltern in einer sehr ungünstigen wirtschaftlichen, bildungsmäßigen und kulturellen Lebenssituation befinden (World Vision Deutschland 2010, S. 74).

Im internationalen Vergleich zeigt sich, dass die Länder den besten Finanzausgleich zwischen Haushalten mit und ohne Kindern herstellen können, die beiden Eltern – oder im Fall der Ein-Eltern-Familien dem einen Elternteil – eine Berufstätigkeit mit eigenem Einkommen ermöglichen. Die Politik Deutschlands, durch Steuervorteile und Kindergeldzahlungen die finanziellen Nachteile von Familienhaushalten zu kompensieren, ist hingegen nur mäßig erfolgreich.

**Weiterführende Literatur**

World Vision Deutschland (2010): Kinder in Deutschland. Konzeption und Koordination: K. Hurrelmann, S. Andresen und Infratest Sozialforschung. Frankfurt a.M.: Fischer.

## Die Bildungsbenachteiligung durch Armut

Die wirtschaftliche Benachteiligung führt zu einer Einschränkung des Lebensstandards, aber sie hat auch Auswirkungen auf die Erziehungs- und Beziehungsqualität in den Familien. Arme Eltern, die durch lang anhaltende Arbeitslosigkeit den in ihrem sozialen Umfeld üblichen durchschnittlichen Lebensstandard nicht aufrechterhalten können, sind durch ihre starken Belastungen auch pädagogisch verunsichert. Sie ziehen sich und ihre Familie oft auch sozial zurück und rutschen dadurch in eine soziale Isolation. Die Anregungen aus Nachbarschaft und öffentlichem Raum werden auf diese Weise immer geringer, und darunter leidet auch die emotionale und soziale Entwicklung der Kinder (Walper 2008).

**Weiterführende Literatur**

Walper, S. (2008): Sozialisation und Armut. In: Hurrelmann, K./Grundmann, M./Walper, S. (Hrsg.): Handbuch Sozialisationsforschung. Weinheim und Basel: Beltz, S. 203–215.

Alle diese Prozesse führen zu einer Bildungsbenachteiligung der Kinder. Wie die »World-Vision-Kinderstudie« dokumentiert, streben nur rund 20 Prozent der Kinder aus relativ armen Elternhäusern das Abitur als Schulabschluss an, während der Anteil bei Kindern aus besonders wohlhabenden Schichten bei über 80 Prozent liegt (World Vision Deutschland 2010, S. 162).

Wie sehr die Eltern selbst verunsichert sind, lässt sich an anderen Befunden der Studie ablesen. So kontrolliert nur die Hälfte der Eltern aus den unteren Schichten regelmäßig die Hausaufgaben ihrer Kinder, während es bei den oberen Schichten fast alle tun. Bei den benachteiligten Kindern verändert sich hierdurch die Einstellung zur Schule: Sie wird zunehmend negativ oder zumindest distanziert, und entsprechend wird auch die Bereitschaft geringer, sich auf Anforderungen und Impulse einzulassen, die von den Lehrkräften ausgehen (World Vision Deutschland 2010, S. 178).

*Bedarf an Unterstützung durch öffentliche Erziehungseinrichtungen*

Gerade die relativ armen Elternhäuser bräuchten unter diesen Umständen eine nachhaltige Unterstützung durch öffentliche Erziehungseinrichtungen. Doch im Vergleich zu anderen Ländern besteht bei uns ein viel zu geringes Angebot an Kinderkrippen, Horten, Kindertagesstätten, Kindergärten und Schulen mit Nachmittagsunterricht (»Ganztagsschulen«). Erst seit 2000 wird der Ausbau solcher Angebote in allen Bundesländern offiziell befürwortet.

Benachteiligt sind die Kinder aus relativ armen Familien auch durch die meist kinderunfreundliche Gestaltung ihrer sozialen Umwelt, besonders die schlechten Wohn- und Spielbedingungen für kleine und die unzureichenden Freizeitangebote für größere Kinder. Die Bedürfnisse und Wünsche dieser Kinder werden in ihrem Umfeld kaum beachtet.

### Die Gefahr der sozialen Isolierung

Von Benachteiligung und relativer Armut können Familien aller Familienformen betroffen sein. Anteilsmäßig häufiger, als es ihrer durchschnittlichen Verbreitung entspricht, sind unter ihnen allerdings Familien von Alleinerziehenden und solche mit einem Zuwanderungshintergrund vertreten. In diesen Familien fällt es den Eltern aus strukturellen Gründen besonders schwer, berufstätig zu sein und den nötigen finanziellen Lebensunterhalt zu verdienen. Bei den Ein-Eltern-Familien ist die Vereinbarkeit von Beruf und Kindererziehung besonders schwierig, bei den Familien mit Zuwanderungshintergrund sind vor allem diejenigen betroffen, in denen die Eltern nur einen geringen Bildungsgrad und wenige berufliche Qualifikationen mitbringen.

Reichen die Unterstützungsleistungen der familiären Netzwerke nicht aus, dann müssen professionell geleitete soziale Einrichtungen der Gemeinde an ihre Stelle treten. In Deutschland existiert zwar ein breites Angebot an Beratung und Hilfe für Familien in Krisenlagen, aber die sozialen und psychischen Barrieren beim Aufsuchen von Beratungsstellen sind gerade bei bedürftigen Eltern und den betroffenen Kindern und Jugendlichen sehr hoch. Bei Trennung und Scheidung der Eltern, bei organisatorischen und finanziellen Schwierigkeiten und Spannungen, aber auch bei Erziehungsproblemen mit den Kindern und – in wachsendem Ausmaß – Überforderung durch die Betreuung älterer Familienangehöriger fehlt es deshalb oft an geeigneter Hilfe.

**Folgende Fragen können Ihnen helfen, Ihr Verständnis der Ausführungen in diesem Kapitel zu überprüfen:**

1. Wie lässt sich erklären, dass die Familie trotz erheblicher Veränderungen in Formen und Funktionen über verschiedene historische Epochen hinweg ihre vorherrschende Stellung als private Institution der Lebensführung behauptet hat?
2. Worin liegt die besondere Bedeutung der Familie für die Sozialisation und Erziehung der Kinder?
3. Warum empfinden die meisten Eltern die Erziehung ihrer Kinder und das Finden eines angemessenen Erziehungsstils heute als schwieriger als in früheren gesellschaftlichen Epochen?
4. Worin liegen die Ursachen für die relativ niedrigen Geburtenziffern?
5. Welche Hilfen und Unterstützungen für Familien erweisen sich als besonders effektiv, um die Sozialisations- und Erziehungsfunktion der Familie zu stärken?

## Zusammenfassung

In diesem Kapitel wurden die Funktionen der Sozialisations- und Erziehungsinstanz »Familie« erörtert. Sie bildet nach wie vor den wichtigsten Kontext für die Persönlichkeitsentwicklung der Kinder.

Die Analyse zeigte, wie stark sich die sozialen Funktionen der Familie im Laufe der letzten einhundert Jahre verändert haben. Familien sind kleine und spezialisierte soziale Systeme geworden, die neben der Sicherung der Beziehung des Elternpaares fast nur noch die Aufgabe der Erziehung und Betreuung der Kinder haben. Alle weiteren gesellschaftlichen Funktionen, etwa die der Arbeit, des Haushaltens und der Bildung ebenso wie die der Pflege und Versorgung, sind aus der Familie in spezialisierte Systeme ausgelagert worden. Parallel zu dieser Entwicklung haben sich.

Die Beziehungsdynamiken innerhalb des Familiensystems wurden ausführlich analysiert. Die Basisrollen Mutter, Vater, Sohn und Tochter wurden als vielgestaltige und wirkungsvolle Plattform für die Sozialisations- und Erziehungsfunktionen der Familie identifiziert. Es wurde herausgearbeitet, dass die Anforderungen an die elterliche Erziehung heute äußerst anspruchsvoll sind und viele Eltern Schwierigkeiten haben, den angemessenen Erziehungsstil für den Umgang mit ihren Kindern zu finden. Als idealer Erziehungsstil wurde die »liebevolle Konsequenz« identifiziert, die eine ausgewogene Kombination aus der Berücksichtigung der Bedürfnisse der Kinder und der Ausübung der Autorität der Eltern darstellt.

# 7.    Sozialisation im Bildungssystem

Während in der Sozialisationsinstanz Familie Mütter und Väter als »Laienerzieher« tätig sind, arbeiten im Bildungssystem Pädagoginnen und Pädagogen, die sich professionell der Erziehung und Bildung widmen. Da es sich bei den Einrichtungen des Bildungssystems aber um »sekundäre« Sozialisationsinstanzen handelt, sind die Pädagoginnen und Pädagogen auf die Vorarbeit der Elternhäuser als »primären« Instanzen angewiesen. Viele der Grundstrukturen der Persönlichkeit der Kinder sind bereits geprägt, sodass sie hieran anknüpfen und hierauf aufbauen müssen.

In diesem Kapitel wird in einem ersten Schritt das Kooperationsverhältnis von primären und sekundären Sozialisationsinstanzen, also von Familie und Bildungssystem, erörtert. Anschließend werden Funktionen und Formen der schulischen, hochschulischen und berufsbildenden Einrichtungen im Bildungssystem analysiert. Im dritten Abschnitt geht es um die über alle Lebensphasen hinweg erfolgende Begleitung des Sozialisationsprozesses durch ein Bildungssystem, das »lebenslanges Lernen« und ein hohes Ausmaß an eigentätigem Bildungsmanagement ermöglicht.

## 7.1    Die Kooperation von Familie und Bildungssystem

Wie in Kapitel 6 dargestellt wurde, haben sich neben vielen anderen sozialen Funktionen auch die der Erziehung und Bildung in den letzten Jahrzehnten Schritt für Schritt aus den Familien ausgelagert und sind in spezialisierte Institutionen übergegangen. Auf diese Weise ist ein ausdifferenziertes Erziehungs- und Bildungssystem entstanden, das sich seit der Industrialisierung und besonders stark seit der Einführung der allgemeinen Schulpflicht um 1900 zeitlich und sozial immer weiter ausgedehnt hat. Heute begleitet es ein Gesellschaftsmitglied während der gesamten Zeit in den Lebensphasen Kindheit und Jugend und spielt mit Einrichtungen der Berufs- und Weiterbildung zunehmend auch im Erwachsenen- und Seniorenalter eine wichtige Rolle (Rauschenbach 2009).

**Weiterführende Literatur**

Rauschenbach, T. (2009): Zukunftschance Bildung. Familie, Jugendhilfe und Schule in neuer Allianz. Weinheim: Juventa.

## Die Vielfalt der Teilsysteme für Erziehung und Bildung

Im Zuge dieser Entwicklung hat sich das Erziehungs- und Bildungssystem selbst auch immer weiter spezialisiert. Aus den ursprünglich kleinen und überschaubaren, mit einer breiten Palette von Erziehungs- und Bildungsaufgaben beauftragten »Volksschulen« sind heute hochprofessionelle Institutionen geworden, die vom Kleinkindalter an bis in das Erwachsenenalter hinein spezielle Angebote für Erziehung, Bildung, Weiterbildung und Fortbildung machen. Sie unterscheiden sich vor allem danach, welche Altersgruppe von Kindern, Jugendlichen und Erwachsenen sie ansprechen und als Mitglieder einbeziehen. Es lassen sich die folgenden Teilsysteme identifizieren:

- Erziehungseinrichtungen für Kinder im Vorschulalter: Kinderkrippen, Kindergärten, Kindertagesstätten, Kinderhorte, Heime, Kinderfreizeiteinrichtungen
- Schulen für die sechs bis sechzehn Jahre alten Kinder und Jugendlichen: Grundschulen für die sechs bis zehn Jahre alten Kinder, danach weiterführende Schulen bis zum qualifizierten mittleren Schulabschluss nach neun oder zehn Schuljahren
- Oberstufen des Schulsystems mit der Qualifizierung zum Abitur als Hochschulzugangsberechtigung, in der Regel für die etwa siebzehn- bis neunzehnjährigen Jugendlichen
- Berufsbildung: Berufsschulen in Kombination mit betrieblicher Ausbildung (Duales System) sowie Vollzeitberufsschulen für die etwa Zwanzig- bis Dreiundzwanzigjährigen
- Hochschulen: Duale Hochschulen, Fachhochschulen und Universitäten für die etwa Zwanzig- bis Siebenundzwanzigjährigen
- Fort- und Weiterbildungseinrichtungen: Volkshochschulen, berufliche Bildungsstätten und Berufsakademien für alle Altersgruppen, vor allem die im Erwachsenen- und Seniorenalter

Diese Einrichtungen haben in den letzten Jahrzehnten Schritt für Schritt immer mehr Komponenten der Erziehung und Bildung von Kindern und Jugendlichen aus dem Verantwortungsbereich der Familie übernommen und – in Reaktion auf die steigenden Qualifikationsanforderungen auch im Erwachsenenalter – einen ständig größer werdenden Anteil der gesamten Bevölkerung in sich aufgenommen.

*Globaler Trend zur gesellschaftlich geplanten und organisierten Erziehung*

Dieser Trend ist universal und global. Alle hochentwickelten Gesellschaften gehen mit ihm den Weg von einer »naturwüchsigen«, von nahen Angehörigen und Blutsverwandten (neben anderen Alltagsaktivitäten) durchgeführten, zur gesellschaftlich geplanten und organisierten Erziehung durch professionell geschulte Fachleute in speziell hierfür eingerichteten Institutionen. Allerdings lassen sich von Land zu Land unterschiedliche Umsetzungen und Zeitpläne beobachten.

## Die unterschiedliche Gewichtung der Teilsysteme

Die Pädagoginnen und Pädagogen erhalten für ihre Arbeit in den Erziehungs- und Bildungseinrichtungen eine spezielle Ausbildung. Deutschland gehört zu den Ländern, die einen besonders großen Unterschied zwischen den Ausbildungen für die verschiedenen Teilsysteme machen: Eine Erzieherin in einer Kinderkrippe hat die kürzeste und einfachste, ein Hochschullehrer in der Universität die längste und komplexeste Ausbildung. Entsprechend differieren auch die Bezahlung und das berufliche Prestige, also die Anerkennung des Berufes in der Öffentlichkeit.

Damit wird ein klares gesellschaftspolitisches Signal gesetzt: Je älter die Klientel der Bildungseinrichtungen, desto anspruchsvoller ist die Ausbildung und desto höher ist auch die Bezahlung der Pädagoginnen und Pädagogen. Die für die gesamte Persönlichkeitsentwicklung grundlegende Erziehungs- und Bildungsarbeit am Beginn des Lebenslaufs wird also schlecht bezahlt und gesellschaftlich wenig geschätzt. Diese Arbeit wird von dem formal am geringsten qualifizierten professionellen Personal ausgeübt.

Diese Weichenstellung vernachlässigt die fundamentale Erkenntnis der Sozialisationsforschung, dass die grundlegende Kompetenz zur Bewältigung der Entwicklungsaufgaben in der Kindheit ausgebildet wird und alle weiteren Ausprägungen der Persönlichkeit auf diesem ersten Schritt aufbauen. Die meisten europäischen Länder gehen hier andere Wege als Deutschland. In ihnen besuchen viel mehr Kinder vorschulische Einrichtungen. Außerdem halten sich die Kinder in diesen Einrichtungen deutlich länger auf als bei uns, meist über den gesamten Tag hinweg. Dahinter steht zum einen die pragmatische Erkenntnis, dass viele Eltern mit der alleinigen Erziehung ihrer Kinder überfordert sind, zum anderen aber auch der politische Grundsatz, jedem Kind die Möglichkeit einer persönlichen Entwicklung auch unabhängig von der Erziehung im Elternhaus einzuräumen. Auf diese Weise soll die Abhängigkeit der Leistungsentwicklung eines Kindes von seiner sozialen Herkunft minimiert werden, um gleiche Bürgerrechte für alle Gesellschaftsmitglieder zu sichern.

**Die dominante Rolle der Familie in Deutschland**

In Deutschland wird traditionell die Familie als Zentrum des »natürlichen« sozialen Netzwerkes von Kindern angesehen, das so weit wie möglich vor jedem staatlichen Eingriff, auch dem des Erziehungs- und Bildungssystems, zu verschonen ist. Damit wird der Familie und nicht dem Staat die oberste Verantwortung für die Persönlichkeitsentwicklung eines Kindes gegeben. Im Grundgesetz der Bundesrepublik Deutschland wird ausdrücklich festgelegt, dass die Pflege und Erziehung der Kinder das »natürliche Recht« der Eltern seien. Eine solche Verfassungsregel dürfte weltweit einmalig sein.

Die Konsequenz aus diesen Festlegungen ist, dass der Bildungspolitik im Vergleich zur Familien- und sozialen Sicherungspolitik (Absicherung gegen Krankheit, Arbeitslosigkeit und Berufsunfähigkeit sowie Sicherung der Pensionen) ein untergeordneter Stellenwert zugesprochen wird (Hurrelmann/Quenzel/Rathmann 2011).

**Weiterführende Literatur**

Hurrelmann, K./Quenzel, G./Rathmann, K. (2011): Bildungspolitik als Bestandteil moderner Wohlfahrtspolitik. In: Zeitschrift für Soziologie der Sozialisation und Erziehung 31, S. 313–327.

### Die Verbindung von Familien- und Bildungspolitik

In Europa können wir drei Traditionen der Verbindung von Familien- und Bildungspolitik unterscheiden, die von jeweils unterschiedlichen Modellen der »Wohlfahrt« für die Bevölkerung ausgehen:

- Die skandinavische Tradition ist darauf ausgerichtet, gleich stark in die individuelle Bildung jedes einzelnen Gesellschaftsmitglieds und in dessen Absicherung gegen Risiken im Lebensverlauf zu investieren. Diese Tradition eröffnet jeder Bürgerin und jedem Bürger unabhängig von der Herkunftsfamilie einen Spielraum für die Entfaltung eigener beruflicher Möglichkeiten, also für den »Statuserwerb«. Gleichzeitig gewährt sie ein hohes Niveau garantierter Lebensqualität, also eine »Statussicherung«, für alle diejenigen, die bereits ihre Ausbildung beendet und einen Status, vor allem einen beruflichen, innehaben. Schweden ist ein Beispiel dafür.

- Die marktorientierte angelsächsische Tradition verfolgt einen stimulierenden Förderansatz und ist von ihrer Grundphilosophie her ebenfalls geneigt, intensiv in die Bildung des einzelnen Gesellschaftsmitglieds zu investieren, damit es sich einen starken Status und eine gute Position am Arbeitsmarkt aufbauen kann. Die Chancengleichheit von Kindern aller Herkunftsgruppen wird stark betont. Im weiteren Lebenslauf jedoch werden den Bürgern zur Statussicherung nur wenige soziale Transferleistungen zugestanden. Das gilt auch für die Familien. Der Staat sichert ihnen zwar eine gute Ausgangsposition zu, den weiteren Lebensweg sollen sie aber im Wettbewerb mit anderen am Markt selbst gestalten. Großbritannien ist maßgeblich von dieser Tradition geprägt.

- Das deutsche Modell der Wohlfahrtspolitik unterscheidet sich von diesen Ansätzen. Es spricht der sozialen Sicherung die eindeutig größte Bedeutung zu, und diese Sicherung wird überwiegend über die Familie vorgenommen, indem der »Broterwerber«, meist der berufstätige Vater, der Empfänger von Versorgungsleistungen für alle Familienmitglieder ist. Der öffentlichen Bildungspolitik kommt in dieser Tradition eine eher geringere Rolle zu. Die zugrunde liegende Wohlfahrtsvorstellung ist, dass die Förderung des Statuserwerbs über Bildung in den ersten Lebensjahren des Kindes eindeutig die Sache der Familien sei. Erst ab dem sechsten Lebensjahr werden Eltern hierbei von (Halbtags-)Schulen unterstützt. Den Familien wird zugetraut, am besten über das Wohl ihrer Mitglieder bestimmen zu können.

### Die unterschiedliche Betonung der öffentlichen Bildung

Die Unterschiede dieser drei gesellschaftspolitischen Modelle sind deutlich. In Deutschland als Prototyp eines »konservativen« Wohlfahrtsstaates sind die Investitionen in die öffentliche Bildung vergleichsweise niedrig, weil die ganze Aufmerksamkeit des Staates darauf gerichtet ist, die Familien als »Keimzellen« des sozialen Lebens zu stärken. Den Familien wird so viel Verantwortung für das Wohlbefinden ihrer Mitglieder wie möglich überlassen. Damit verbunden ist die Absicht, das jeweilige Niveau der Lebensqualität der Bürgerinnen und Bürger zu sichern, das sie im Laufe ihres Lebens erworben haben. Entsprechend investieren Länder wie Deutschland traditionell erheblich mehr in die soziale Sicherung und die Familienförderung als in die Bildung.

**Deutschland als Prototyp eines konservativen Wohlfahrtsstaates**

Das ist der Hintergrund dafür, dass in Deutschland vor allem im Vorschulbereich die Rolle der öffentlichen Bildung schwach ausgeprägt ist. Im Vergleich zu den anderen Ländern ist dadurch der Einfluss des Elternhauses auf die gesamte Persönlichkeitsentwicklung der Kinder sehr groß. Entsprechend bestehen große Unterschiede zwischen den Familien, wenn es um die Förderung der Kinder und ihre Vorbereitung auf die Schule geht.

Die Kinder in Deutschland sind sozusagen »auf Gedeih und Verderb« auf ihre Eltern angewiesen. Sind die Eltern erziehungskompetent, dann stimulieren sie ihr Kind und machen es fit für die Schule. Sind die Eltern in dieser Hinsicht nicht kompetent, dann ist die Wahrscheinlichkeit groß, dass ihr Kind einen schlechten Schulstart haben wird.

### Konsequenzen für die Bildungsbilanz

Im internationalen Vergleich sind die Erfolge des deutschen Bildungssystems nicht so gut, wie sie für ein rohstoffarmes und exportorientiertes Land wie Deutschland eigentlich sein sollten. Eine empirisch gut abgesicherte Möglichkeit, die Bildungsbilanzen unterschiedlicher Länder zu vergleichen, bieten die Schulleistungsstudien des »Programme for International Student Assessment« (PISA). Die Organisation für wirtschaftliche Zusammenarbeit und Entwicklung (OECD) führt mit PISA detaillierte Analysen der Kompetenz fünfzehnjähriger Schülerinnen und Schüler durch und misst den Einfluss des sozioökonomischen Status auf ihren Bildungserfolg. Damit lässt sich das Leistungsniveau der Schülerschaft ebenso wie die Leistungsungleichheit nach sozialer Herkunft feststellen (Deutsches PISA-Konsortium 2002).

**Weiterführende Literatur**

Deutsches PISA-Konsortium (Hrsg.) (2002): PISA 2000. Opladen: Leske + Budrich.

In diesen internationalen Vergleichsstudien schneiden die skandinavischen Länder beim Mittelwert der Leistungen fast durchgängig am besten ab, zugleich ist hier der Einfluss der sozialen Herkunft auf die Schülerleistungen am geringsten. Die ausgewogene Familien- und Bildungspolitik dieser Länder führt dazu, dass sie im Vergleich das höchste Leistungsniveau der Schülerschaft und zugleich die geringste Leistungsungleichheit nach familiärem Hintergrund der Schülerinnen und Schüler erreichen. Großbritannien als marktwirtschaftlich geprägtes Land schneidet im Vergleich schlechter ab, weil nach der Förderung gleicher Startbedingungen die weitere Absicherung der Berufslaufbahnen ausbleibt.

Für Deutschland ist die Bilanz gespalten. Wir stehen beim durchschnittlichen Leistungsniveau in Naturwissenschaften und Mathematik recht gut und in Lesen und Schreiben durchschnittlich da, aber wir weisen die im Vergleich aller Länder höchste Quote an Leistungsungleichheit nach sozialer Herkunft der Schülerschaft auf. In kaum einem anderen hochentwickelten Land sind die Leistungsunterschiede der Jugendlichen so stark von ihrer sozialen Herkunft, also den Erziehungsimpulsen des Elternhauses, abhängig. Diese Unterschiede ziehen sich durch das gesamte Bildungssystem und sind bis in die Hochschulbildung hinein zu identifizieren.

## Kombination aus familiärer und öffentlicher Erziehung

Aus diesen Ergebnissen, die durch zahlreiche andere Untersuchungen bestätigt werden, lässt sich eindeutig ablesen, dass sich das Fehlen eines frühen und zeitlich ausgedehnten Besuchs von Erziehungs- und Bildungseinrichtungen ungünstig auf die Leistungsfähigkeit der Kinder und Jugendlichen auswirkt. Die wichtigste Schlussfolgerung hieraus ist es, auch in Deutschland die Eltern darin zu unterstützen, schon im Vorschulalter ihrer Kinder eine Kooperation mit den öffentlichen Erziehungs- und Bildungsinstitutionen im Sinne einer Erziehungspartnerschaft einzugehen. Umgekehrt sollte das Fachpersonal, also die Erzieherinnen und Erzieher und die Pädagoginnen und Pädagogen in den Einrichtungen, so geschult werden, dass es sensibel auf die Wünsche und Bedürfnisse der Eltern eingehen und sie an der Konzeption von pädagogischen Programmen beteiligen kann (Fried/Roux 2006).

**Weiterführende Literatur**

Fried, L./Roux, S. (Hrsg.) (2006): Pädagogik der frühen Kindheit. Weinheim und Basel: Beltz.

*Förderung der Eltern bei der Bildung ihrer Kinder*

Für die Bildungsbilanz der Kinder zahlt es sich aus, Eltern bei der Förderung der Bildung ihrer Kinder nicht alleinzulassen, sondern sie öffentlich zu unterstützen. Dazu gehören ausreichende und qualitätsvolle Angebote von Kinderkrippen, Kindertagesstätten und Kindergärten mit einem gut strukturierten und rhythmisierten Ganztagsbetrieb. Erfahren die Eltern hierdurch Entlastung, können sie sich viel besser auf ihre eigenen Fähigkeiten der persönlichen und emotionalen Stärkung der Kinder konzentrieren. Sie erleben die öffentlichen Einrichtungen als unterstützende Miterzieher, als Verbündete bei der Sicherung des Wohls der Kinder. In Abbildung 7.1 sind diese Zusammenhänge anschaulich dargestellt.

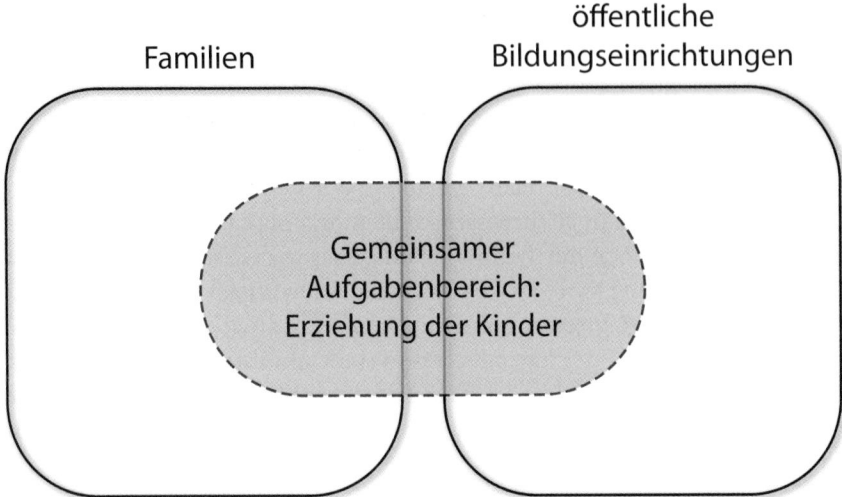

Familien

öffentliche Bildungseinrichtungen

Gemeinsamer Aufgabenbereich: Erziehung der Kinder

*Abb. 7.1: Die gemeinsame Verantwortung von Familien und öffentlichen Bildungsein-richtungen*

Pädagogisch gut konzipierte Kindergärten mit professionell ausgebildeten Fachkräften erweisen sich nicht nur als wertvolle und notwendige Ergänzung der familiären Erziehung, sondern als Sozialisationsinstanzen, die Kinder bei der Erschließung der gesamten sozialen und physischen Umwelt unterstützen und damit auch Kompetenzen für die schulische Bildung fördern. Sie können zudem bei der sozialen Integration von Nachbarschaften eine wichtige Rolle spielen, indem sie Kontakte zwischen den Kindern aus Zuwanderer- und einheimischen Familien und ihren Eltern stiften, die Eltern aus eigener Initiative nicht herstellen könnten.

*Vorteile der Kooperation von Familie und Kindergarten*

Für die sehr kleinen Familien, insbesondere die Ein-Eltern- und die Ein-Kind-Familien, können im Kindergarten durch soziale Gruppenarbeit Lernfelder für Solidarität und soziale Verantwortung eröffnet werden, die inhaltlich wichtige Ergänzungen zur Familienerziehung darstellen. Kinder können sich als Teil einer altersgruppenübergreifenden Gemeinschaft erleben und aktive Rollen in der Gestaltung ihres Wohnumfeldes übernehmen.

Diese Entwicklung kann dadurch unterstützt werden, dass familienbezogene Beratung, psychologische Hilfe und medizinische Betreuung in den Kindergarten integriert werden. Hierdurch können Kindergärten für die Familien mit Vorschulkindern zu Nachbarschaftszentren werden, über die viele Kontakte und Informationen laufen. Ein gemeindeorientierter Kindergarten ermöglicht es Kindern, sich die Kompetenz anzueignen, erste Schritte in den öffentlichen Raum zu machen und mit der Erweiterung ihres sozialen Aktionsradius Kontakte zu erschließen, die über die in der Familie hinausgehen.

Wenn Eltern bei uns laut Grundgesetz eine Schlüsselrolle für die Förderung der Kinder eingeräumt bekommen, dann müssen sie auch in die Lage versetzt werden, sie kompetent auszufüllen. Das spricht für systematische Elterntrainings, wie sie in Kapitel 6 schon erwähnt wurden. Sie sollten dort stattfinden, wo sich die Eltern mit ihren Kindern aufhalten. In jeder Kinderkrippe, jeder Kindertagesstätte, bei jeder Tagesmutter und später jeder Grundschule oder weiterführenden Schule sollte es eine Selbstverständlichkeit sein, nach der Aufnahme des Kindes an einigen Elternabenden oder einem Elternwochenende teilzunehmen, um sich mit der Bildungsinstitution über das künftige Erziehungsverhalten abzustimmen.

> ### Reflexion/Übungsaufgaben
>
> 1. Welche Teilbereiche des Bildungssystems lassen sich unterscheiden, und welche unterschiedlichen Funktionen erfüllen sie?
> 2. In welchem Verhältnis stehen familiäre und öffentliche Erziehung in Deutschland im Vergleich zu anderen Ländern?
> 3. Wie lässt sich der in Deutschland relativ enge Zusammenhang zwischen schulischen Leistungserfolgen der Kinder und ihrer familiären Herkunft erklären?
> 4. Welche Vorteile ergeben sich aus einer engen Verzahnung der familiären mit der öffentlichen Erziehung gleich von Geburt der Kinder an?

## 7.2    Die Schule als Sozialisationsinstanz

Nach Abschluss des Kindergartens beginnt für alle Kinder in allen hochentwickelten Gesellschaften der gesetzlich verpflichtende Schulbesuch. Der Kindergarten hat die Aufgabe, den Sozialisationsprozess der ersten fünf bis sechs Lebensjahre zusammen mit den Eltern zu gestalten und die Kinder auf den Übergang in die Schule vorzubereiten. Mit der Schule beginnt dann die »Ernstsituation« der Bildungsqualifizierung. Der Übergang von der »Erziehungsinstitution« Kindergarten in die »Bildungsinstitution« Schule ist aus diesem Grund in den meisten Gesellschaften ein Wechsel zwischen zwei sozialen Welten, die sich in ihren Umgangsformen und Arbeitsweisen deutlich unterscheiden (Hurrelmann 1975).

**Weiterführende Literatur**

Hurrelmann, K. (1975): Erziehungssystem und Gesellschaft. Reinbek: Rowohlt.

## Rollenbeziehungen in der Schule

Im Kindergarten steht die Förderung der motorischen, sinnlichen und sozialen Kompetenzen eines Kindes im Vordergrund, in der Schule geht es um die Vermittlung von Wissen und kognitiven Fertigkeiten. Der Besuch des Kindergartens ist zwar in fast allen Industrieländern heute zur Regel geworden, aber er ist freiwillig. Der Besuch der Schule hingegen ist in fast allen Ländern, so auch in Deutschland, rechtlich verpflichtend und kann gegenüber Eltern und Kindern im Extremfall mit Polizeigewalt durchgesetzt werden. Damit soll gesichert werden, dass allen Kindern die Wertorientierungen und Verhaltensmuster vermittelt werden, die im öffentlichen Bereich von Arbeit, Behörden, Konsum- und Freizeitinstitutionen vorherrschen. In der Wahrnehmung von Eltern und Kindern kommt der Schule damit ein viel größeres Gewicht als den Vorschuleinrichtungen zu.

Die schulischen Bildungseinrichtungen sind im Unterschied zur Familie als formale gesellschaftliche Organisationen verfasst, die bei der Ausübung ihrer Funktionen öffentlich kontrolliert werden. Die zentralen sozialen Rollen sind die der professionell geschulten und mit der Leitung des Bildungsprozesses verantwortlich vertrauten Pädagogen und die der Schülerin und des Schülers. Im Unterschied zur Familie steht der professionelle Pädagoge in der Regel einer sehr großen Gruppe von Schülerinnen und Schülern gegenüber und kann nur in Ansätzen eine persönliche und emotionale Beziehung zu jedem Einzelnen von ihnen aufbauen. Umgekehrt haben auch die Schülerinnen und Schüler ihren Lehrkräften gegenüber einen im Vergleich zur Familie sachlichen und nur in Ansätzen persönlichen und emotionalen Kontakt.

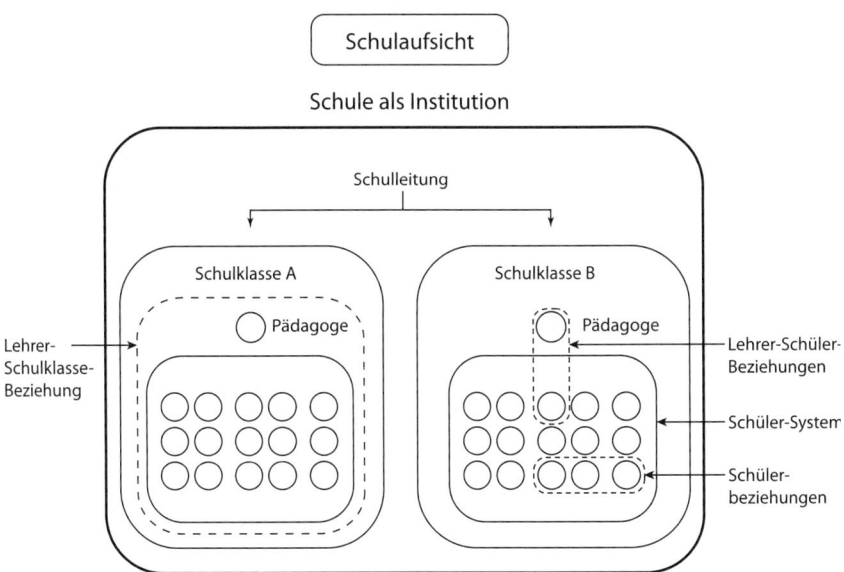

*Abb. 7.2: Rollenbeziehungen im Bildungssystem Schule*

In Abbildung 7.2 sind die sozialen Rollenbeziehungen in der Schule idealtypisch veranschaulicht. Die Schule hat als organisiertes Bildungssystem eine Schulaufsicht, die staatliche Vorgaben umsetzt. Diese werden von der Schulleitung aufgenommen, die für die Steuerung aller Abläufe innerhalb der Schule zuständig ist. Die eigentliche Bildungsarbeit erfolgt in den Schulklassen, in denen jeweils ein professioneller Pädagoge (Lehrerin/Lehrer) einer größeren Gruppe von Schülerinnen und Schülern zugeordnet ist. Der Pädagoge ist von den Vorgaben der Schulleitung abhängig und richtet sein Handeln an Lehrplänen und Leistungstests aus, die feste Lernziele und oft auch spezielle Arbeitsformen zum Erreichen der Lernziele vorgeben.

Die Lehrkraft baut zur Gesamtgruppe der Schülerinnen und Schüler ebenso eine Beziehung auf wie zu jedem einzelnen Schüler. Die Schüler bilden als Kollektiv ein soziales Untersystem (»Schülersystem«), in dem viele Kommunikationen und Interaktionen ablaufen, und sie sind auch in kleineren Netzwerken miteinander verbunden, die freundschaftlichen Charakter haben können (»Schülerbeziehungen«).

## Die vier Ebenen der Sozialisation in der Schule

Insgesamt ergibt sich hieraus ein vielschichtiges Geflecht von Beziehungen und Einflussnahmen. Die Schule übt ihre Bildungs- und Sozialisationsfunktion auf vier verschiedenen Ebenen aus:

1. direkter Person-zu-Person-Beziehung zwischen einzelnem Lehrer und einzelnem Schüler: Jeder Pädagoge interagiert mit den Kindern und Jugendlichen der jeweiligen Schulklasse, um das Wissen, die Einstellungen und die Verhaltensdispositionen der Schülerinnen und Schüler zu beeinflussen. Seine Arbeit an der Persönlichkeit von Kindern und Jugendlichen zielt darauf, deren fachliche und soziale Kompetenzen zu fördern.
2. Beziehung zwischen dem Lehrer und dem gesamten Kollektiv der Schülerinnen und Schüler: Der Pädagoge muss immer die Interessen und Bedürfnisse der gesamten Gruppe berücksichtigen, wenn er seine gestaltende Rolle beibehalten will. Daraus ergeben sich Grenzen für die Intensität der persönlichen Beziehung zum einzelnen Schüler und somit auch für die persönliche Förderung der Leistungen des einzelnen Schülers.
3. Schülerschaft untereinander: Die Sozialisation in einer Schule ist nicht nur durch die jeweiligen persönlichen Eigenschaften und Verhaltensweisen der Pädagoginnen und Pädagogen, sondern auch durch die übrigen Mitglieder der Schülerschaft beeinflusst. Das Kollektiv der Schülerschaft übt Sozialisationsfunktionen aus. Der Anpassungsdruck der Mitschülerinnen und Mitschüler kann in manchen Phasen des Schullebens mehr Einfluss ausüben, als es die von den Pädagoginnen und Pädagogen ausgehenden Impulse vermögen.

4. Organisationsstruktur: Die Bildungseinrichtung Schule ist eine große und komplexe Organisation mit formal festgelegten Zuständigkeiten und Verantwortlichkeiten. Diese Organisationsstruktur wirkt auf die Verhaltensweisen aller Menschen ein, die sich in der Schule aufhalten. Sie schafft bestimmte Verhaltensspielräume für die Pädagoginnen und Pädagogen und ebenso für die Schülerinnen und Schüler und legt damit Einstellungen und Normen fest, die sich in Spannung oder sogar Widerspruch zu denen befinden können, die vom Pädagogen in der direkten Beziehung angestrebt werden. Man kann diesen Sachverhalt auf die Formel bringen: Die Schule als Institution erzieht.

Auf diesen vier Ebenen übt die Schule als Bildungsinstitution ihre Sozialisationsfunktionen aus. Durch den spezifischen Zuschnitt ihrer Beziehungs- und Organisationsstruktur kann die Schule ihre Sozialisationsfunktionen wahrnehmen (Fend 2008):

**Weiterführende Literatur**

Fend, H. (2008): Neue Theorie der Schule. Wiesbaden: VS Verlag für Sozialwissenschaften.

- die Einführung in die vorherrschenden gesellschaftlichen Werte der Leistungsorientierung,
- die Vorbereitung und Vorsortierung (Selektion) der Schülerinnen und Schüler für spätere gesellschaftliche Positionen,
- die Vermittlung der in der Gesellschaft vorherrschenden sozialen Umgangsformen und schließlich
- die Aneignung von Kompetenzen der Wissenserschließung und -verwendung.

### Die Funktion der Leistungsorientierung

Die erste Funktion der Einführung in die vorherrschenden gesellschaftlichen Werte der Leistungsorientierung wäre der Sozialisationsinstanz Familie nicht möglich, weil sie zu sehr auf harmonischen und gefühlsmäßigen persönlichen Beziehungen aufbaut. In der Schule aber sind die Beziehungen rollenbetonter und distanzierter. Hier werden vom ersten Tag an Leistungen unter Wettbewerbsbedingungen gefordert und mit Zensuren und Zeugnissen sowie permanentem Loben und Tadeln bewertet und eingestuft. Auf diese Weise wird den Kindern vermittelt, wie man in einer Gruppe einen sozialen Status erwirbt und verteidigt. Sie lernen zugleich nachzuvollziehen, dass allein die individuelle Leistung nach vorab definierten Kriterien der Ausgangspunkt für den Erwerb eines Status ist, und werden darin eingeübt, einen gerechten Wettbewerb durchzuhalten und die Ergebnisse als legitim hinzunehmen.

*Vermittlung des Wertes der Chancengleichheit*

Damit wird über die schulische Sozialisation der gesellschaftliche Wert der »Chancengleichheit« vermittelt. Da formal alle Kinder die gleiche Ausgangssituation haben, werden hiermit zugleich die ungleichen Leistungsergebnisse legitimiert, besonders bei denjenigen, die schlecht abgeschnitten haben und deshalb zu den Verlierern im Wettbewerb gehören.

### Die Funktion der Selektion

Hieraus ergibt sich die zweite Sozialisationsfunktion, die Vorbereitung und Vorsortierung (Selektion) der Schülerinnen und Schüler für spätere gesellschaftliche Positionen. Die Schule vergibt Zeugnisse und Abschlusszertifikate, die Zugangsvoraussetzungen für nachfolgende Ausbildungseinrichtungen und spätere Berufspositionen sind. Durch diese Vorgehensweise bildet sie über die Rollenstrukturen und Verhaltensanforderungen bestimmte Persönlichkeitsmerkmale der Schülerinnen und Schüler heraus und klassifiziert diese Merkmale zugleich nach Kriterien der Wettbewerbsgesellschaft als mehr oder weniger wertvoll für künftige berufliche Karrieren.

*Schulausbildung als Voraussetzung für einen Berufsstatus*

Die schulische Leistungsfähigkeit ist in den hochentwickelten Ländern zur strukturell wichtigsten Basis für das berufliche Fortkommen geworden. Das gilt besonders stark in solchen Gesellschaften, die wie Deutschland von einem formalen Laufbahnprinzip, also von klaren Berechtigungen für den Eintritt in bestimmte Berufslaufbahnen ausgehen. Eine gute Schulausbildung mit einem hochwertigen Abschluss ist eine notwendige, aber noch keine hinreichende Voraussetzung für einen sicheren und hohen Berufsstatus. Weil immer mehr Angehörige eines Jahrgangs hohe Abschlüsse erwerben, kommt der Qualität der sich anschließenden beruflichen und/oder hochschulischen Ausbildung eine zunehmend wichtige Rolle im Statuswettbewerb zu.

### Die Funktion der Vermittlung von sozialen Umgangsformen

Schulen übernehmen drittens die Sozialisationsfunktion der Vermittlung der in der Gesellschaft vorherrschenden sozialen Umgangsformen. Als gesellschaftlich autorisierte Bildungseinrichtungen sind sie bemüht, durch geplante und gesteuerte Impulse ihres professionellen Personals die Persönlichkeitsentwicklung ihrer »Klienten«, der Schülerinnen und Schüler, gezielt zu beeinflussen. Die pädagogischen Fachkräfte und ihre Klienten sind Inhaber sich ergänzender sozialer Rollen, sie verrichten mithin gemeinsam eine inhaltliche pädagogische und eine kommunikative Beziehungsarbeit, die auf die Förderung einer selbstständigen und leistungsfähigen Schülerpersönlichkeit zielt. Man kann bildhaft von einer »sozialisatorischen Ko-Produktion« sprechen.

Schulen stellen einen gesellschaftlichen Mikrokosmos dar, der einige der wesentlichen Komponenten der Makrogesellschaft repräsentiert. Sie sind in diesem Sinne Bestandteil der äußeren Realität. Sie erziehen und bilden die Klientel der Schülerinnen und Schüler nicht nur in ihrer Eigenschaft als sozialer

Arbeits- und Erfahrungsraum, sondern auch als gesellschaftlich organisierte Bildungsinstanz.

Der Organisationszweck der Bildungseinrichtung Schule besteht darin, die produktive Auseinandersetzung der Kinder und Jugendlichen mit ihrer inneren und äußeren Realität zu stimulieren und ihnen dadurch die Aneignung von Körper und Psyche ebenso wie von sozialer und räumlicher Umwelt zu ermöglichen. Die Schule bietet Orientierungen und Verarbeitungsvorschläge für die Auseinandersetzung mit der inneren und der äußeren Realität an. Sie vermittelt Informationen und Wissen zur Bewältigung der Entwicklungsaufgaben.

*Schule der Gesellschaft im Kleinen*

Diese vermittelnden und aufschließenden Funktionen kann die Schule jeweils nur im Rahmen der gegebenen rechtlichen, organisatorischen, personellen und räumlichen Bedingungen erfüllen. Im Idealfall dient sie als »Gesellschaft im Kleinen«, in der die Schülerinnen und Schüler durch ihr selbstverständliches tägliches Handeln erlernen und erfahren, wer sie selbst sind, welche Kompetenzen sie haben, welche ihnen fehlen und wie sie mit diesen Ressourcen ihrer sozialen Umwelt gegenübertreten können.

Schülerinnen und Schüler bauen sich in der Schule ihre eigene soziale Kontaktwelt mit festen Ritualen und Bedeutungen auf, die sie vor den Lehrern abzuschirmen versuchen. Entsprechend üben die Kontakte der Schülerinnen und Schüler untereinander eine starke Sozialisationswirkung aus und können die von den Lehrern gesetzten Impulse je nach Ausrichtung verstärken oder konterkarieren.

### Die Funktion der Vermittlung von Wissen und Fertigkeiten

Schließlich lässt sich die Sozialisationsfunktion der Wissens- und Kompetenzvermittlung identifizieren. Die Vermittlung von Fertigkeiten zur Analyse fachlicher Zusammenhänge ist dabei nicht nur von den konkreten Inhalten abhängig, sondern auch von der Art und Weise der Vermittlung und Präsentation dieser Inhalte durch die Lehrkräfte. Im Unterricht eignet sich eine Schülerin oder ein Schüler nicht nur Wissensbestände und Methoden an, sondern lernt zugleich, wie man sich mit den Anweisungen und Eigenarten von Lehrerinnen oder Lehrern arrangieren kann, dass die zu erbringenden Leistungen innerhalb von bestimmten Zeitabschnitten erledigt sein müssen und wie durch Allianzen mit anderen Schülerinnen und Schülern die Kriterien für die Leistungsbeurteilung durch den Lehrer beeinflusst werden können.

*Unterstützung für selbstorganisierte Lernprozesse*

Die fachliche und pädagogische Ausbildung der Lehrerinnen und Lehrer spielt eine große Rolle für ihre Kompetenz bei der Gestaltung der Lehrer-Schüler-Interaktion und der Vermittlung von Lern- und Unterrichtsinhalten. Das gilt besonders in den heutigen Zeiten, in denen schnell und einfach auf interaktive Informations- und Kommunikationsmedien zugegriffen werden kann.

Die ideale Rolle der Lehrkräfte ist in dieser Hinsicht die von Moderatorinnen und Moderatoren für selbst organisierte Lernprozesse der Schülerinnen und Schüler. Je mehr Bildungs-Selbstmanagement die Schülerinnen und Schüler betreiben können, desto besser fällt ihre Lernbilanz aus.

Das Konzept des in Kapitel 6 erörterten Zieldreiecks der Erziehung lässt sich in Ansätzen auch auf die Schule übertragen, denn auch das Handeln von Lehrerinnen und Lehrern ist im Idealfall durch die ausgewogene Kombination von Anerkennung, Anregung und Anleitung gekennzeichnet. Autoritäre, permissive, vernachlässigende oder überbehütende Erziehungsstile sind auch in den organisierten Bildungseinrichtungen nicht zielführend.

---

### Reflexion/Übungsaufgaben

1. Worin liegen die Sozialisationsfunktionen der Schule im Unterschied zur Familie und zum Kindergarten?
2. Durch welche Rollen- und Organisationsmerkmale erfüllt die Schule ihre Sozialisationsfunktionen?
3. Welches sind die vier wichtigsten Sozialisationsfunktionen der Schule, und wie unterscheiden sie sich voneinander?

---

## 7.3 Sozialisation in Hochschule und Beruf

Die Leistungen des Bildungssystems liegen darin, die Persönlichkeitsentwicklung aller Gesellschaftsmitglieder so zu beeinflussen, dass möglichst hohe Bildungsergebnisse und Leistungen erzielt werden. Hieraus ergibt sich nicht nur ein individueller Gewinn für jede Schülerin und jeden Schüler als Gesellschaftsmitglied, sondern auch ein kollektiver Gewinn für die gesamte Gesellschaft. Aus diesem Grund wird der Trend zu immer längeren und anspruchsvolleren Bildungsgängen auch nach Abschluss der Schule anhalten. Damit wird die Bedeutung des Hochschulbereichs im Bildungssystem weiter anwachsen.

### Individueller und gesellschaftlicher Nutzen von Bildung

Bildung kann als Grundlage für den materiellen Wohlstand und die wirtschaftliche und politische Funktionsfähigkeit einer Gesellschaft angesehen werden. Ohne ein leistungsfähiges Erziehungs- und Bildungssystem, das Wissen und Kompetenzen vermittelt und die für das Fortbestehen von Wirtschaft und Gesellschaft bedeutsamen Informationen und Wissensbestände auswählt, sind komplexe Informations- und Wissensgesellschaften nicht handlungsfähig. Angesichts der riesigen Fülle von Informationen kommt dem Bildungssystem

**Weiterführende Literatur**

Quenzel, G./Hurrelmann, K. (Hrsg.) (2010a): Geschlecht und Schulerfolg: Ein soziales Stratifikationsmuster kehrt sich um. In: Kölner Zeitschrift für Soziologie und Sozialpsychologie 62, S. 61–91.

dabei immer mehr die Aufgabe der Strukturierung und Gewichtung von Informationen nach ihrem Wissensgehalt und ihrer Bedeutung für die Entwicklung der Persönlichkeit zu.

Je qualitätsreicher die Bildungsprozesse sind, desto mehr wächst die Kompetenz eines Menschen, das eigene Leben selbst organisiert zu gestalten und sich im sozialen Netzwerk erfolgreich und aussichtsreich zu positionieren. Damit sind die Voraussetzungen für die Übernahme einer guten beruflichen und ökonomischen Position gegeben. Auch die Lebensqualität und das gesundheitliche Wohlbefinden werden positiv beeinflusst. Je höher der Bildungsgrad ist, desto niedriger ist im Verlauf des Lebens die Belastung mit psychischen und körperlichen Krankheiten (Quenzel/Hurrelmann 2010a).

***Bildung als Voraussetzung für eine autonome Lebensführung***

Ein hoher Bildungsgrad stabilisiert individuell das Selbstvertrauen und ist eine Basis für die sozialen Fähigkeiten, in der Familie, im sozialen Netzwerk und im öffentlichen Leben integrativ und produktiv tätig zu sein. Er erhöht die Chancen, die eigene Persönlichkeit weiterzuentwickeln, an kulturellen Ereignissen teilzuhaben und politisch zu partizipieren. In einer Gesellschaft mit funktionaler Differenzierung ist eine bewusste, autonome und selbstdisziplinierte Lebensführung mit gleichzeitiger Kompetenz zur sozialen Integration wichtig. Für diese Form der Lebensführung ist eine gute Bildung eine wichtige Voraussetzung.

Schließlich sind auch die materiellen Vorteile eines hohen Bildungsgrades nicht zu übersehen. Nach wie vor erreichen Menschen mit einem höheren schulischen Qualifikationsniveau höhere Einkommen im Berufssektor. Insofern kommt dem Bildungssystem auch die Funktion zu, den späteren sozialen Status eines Gesellschaftsmitglieds maßgeblich vorzubestimmen.

### Sozialisation in der Hochschule

**Weiterführende Literatur**

OECD (2010): Education at a Glance. Paris: OECD.

Angesichts dieser Tendenzen ist in allen hochentwickelten Gesellschaften ein Trend zur Hochqualifizierung zu erkennen, der sich insbesondere in dem wachsenden Anteil von Studierenden im Hochschulsystem ausdrückt. Deutschland ist im internationalen Vergleich noch verhältnismäßig zurückhaltend mit dem Angebot von Studienplätzen an Hochschulen und nimmt knapp 40 Prozent eines Altersjahrgangs in dieses tertiäre, akademische System des Bildungssektors auf. Angelsächsische Länder wie die USA und Australien, aber auch die skandinavischen Länder kennen weit höhere Quoten, die im Durchschnitt um die 70 Prozent liegen (OECD 2010, S. 56).

Der wesentliche Grund hierfür ist die im internationalen Vergleich starke Stellung des beruflichen Ausbildungssystems in Deutschland, das von vielen Jugendlichen nach Abschluss der Schulzeit aufgesucht wird. In ihm wird eine eng aufeinander abgestimmte Kombination von praktischer und theoretischer Kompetenzbildung betrieben und darauf geachtet, dass die Auszubildenden direkte berufliche Erfahrungen gewinnen können. Im Unterschied dazu sind die meisten Bildungsimpulse der Hochschulen systematischer theoretischer Natur und orientieren sich an der Logik wissenschaftlicher Forschung.

Die formalen Rahmenbedingungen für die Sozialisation in Hochschulen sind mit denen in Schulen vergleichbar: Effekte für die Persönlichkeitsentwicklung entstehen durch die direkte Interaktion mit dem professionellen Ausbildungspersonal, parallel dazu aber auch durch die institutionellen und räumlichen Gegebenheiten einschließlich der nicht geplanten und curricular fixierten Impulse, die von den Mitauszubildenden gesetzt werden. Zwischen verschiedenen Hochschulen und ihren jeweiligen Fachbereichen bestehen entsprechend deutliche Unterschiede in der Ausprägung von Lernanforderungen, Partizipations- und Kommunikationsstilen, Arbeitsformen, überfachlicher Orientierung und Praxisbezügen. Entsprechend prägen sich Einstellungen und Lebensstile, Routinen in der Entwicklung von Problemwahrnehmungen, Lösungsperspektiven und Arbeitstechniken aus, die zum Beispiel Kunststudierende von Maschinenbaustudierenden nachhaltig unterscheiden.

Wegen der anwachsenden Bedeutung von systematischer Reflexion und komplexer Kombination im beruflichen Alltagsleben und der gleichzeitigen Zunahme von Kommunikations- und Moderationskompetenzen gewinnt in den letzten Jahren die theoretische, eng an wissenschaftlichem Arbeiten ausgerichtete akademische Komponente der Hochschulausbildung im tertiären Sektor des Bildungssystems immer mehr an Gewicht. Um den Berufsbezug dennoch sicherzustellen, werden bestimmte Komponenten der beruflichen Ausbildung als Studienleistungen im akademischen Betrieb anerkannt. Außerdem werden zunehmend Studienangebote unterbreitet, die praktische Trainingseinheiten in die wissenschaftliche Schulung einbeziehen. In Deutschland gehören die Dualen Hochschulen dazu, die ein Studium mit der praktischen beruflichen Ausbildung verbinden.

*Wachsende Bedeutung akademischer Ausbildung*

## Sozialisation in Arbeit und Beruf

Mit dem Eintritt in den Beruf ergeben sich Veränderungen von Handlungskompetenzen und Selbstdefinitionen. Im Rahmen der betrieblichen Arbeit werden unter Ergebnisdruck neue Einschätzungen der weiteren beruflichen Entwicklungsmöglichkeiten und Karriereperspektiven aufgebaut. Die während der Ausbildung entwickelten Vorstellungen müssen nun auf die vorgefundenen Bedingungen abgestellt werden, was häufig zu schmerzlichen Korrekturen führt. Dies kann in einen Prozess der »Abkühlung« hochfliegender Karrierepläne oder alternativ in ein »Aufschaukeln« von Ehrgeiz und Motivation münden (Heinz 1991).

Nicht nur dieser Laufbahneffekt mit seinem biografischen Stellenwert macht die Bedeutung der beruflichen Sozialisation aus, sondern auch der

 **Weiterführende Literatur**

Heinz, W. R. (1991): Berufliche und betriebliche Sozialisation. In: Hurrelmann, K./Ulich, D. (Hrsg.): Neues Handbuch der Sozialisationsforschung. Weinheim und Basel: Beltz, S. 397–416.

strukturierende Effekt der Art der Arbeitstätigkeit nach Selbstständigkeitsgrad, Typ der Beschaffenheit der Arbeit und Einbindung in eine Betriebshierarchie. Das »Betriebsklima« mit seiner spezifischen technisch-organisatorischen und kommunikativen Strukturierung bildet über die gesamte Zeit der Erwerbstätigkeit hinweg ein nachhaltig wirkendes Sozialisationsmilieu, einen zentralen Bereich der äußeren Realität, mit vielen persönlichen Kontakten zu Berufskolleginnen und -kollegen und Abstimmungen von Werten und Lebensansprüchen.

Arbeitsbedingungen üben einen starken Einfluss auf die Persönlichkeitsmerkmale und die Lebensplanung aus. Die physischen Arbeitsbedingungen, die Möglichkeiten des Einsatzes der eigenen Fähigkeiten, der Rhythmus der Arbeitstätigkeiten und ihr Abwechslungsgehalt, das Tempo und die Intensität der Arbeitsabläufe, die sozialen Bedingungen und interaktiven Beziehungen, das Prestige und die Beförderungsmöglichkeiten, der Bezahlungsmodus und das Gesamteinkommen erweisen sich als ausschlaggebende Faktoren.

### Die berufliche Entwicklung zum Arbeitskraft-Unternehmer

Im Zuge der Einführung von modernen Informations- und Kommunikationstechniken in den Arbeitsalltag verschieben sich die beruflichen Anforderungen immer mehr in Richtung eines individualisierten Qualifikationsprofils von Erwerbstätigen, verbunden mit der Notwendigkeit einer permanenten Anpassung an veränderte Arbeitsbedingungen. Das setzt die Bereitschaft zur Selbstkontrolle der eigenen Arbeitsleistung voraus.

Allmählich bildet sich hierdurch ein neuer Idealtypus der Erwerbstätigkeit heraus, der dadurch gekennzeichnet ist, dass Berufstätige nicht mehr in erster Linie ihr Arbeitsvermögen im Rahmen von vorstrukturierten Arbeitsplätzen anbieten (»verkaufen«), sondern vorwiegend als Auftragnehmer für im Einzelnen vereinbarte Arbeitsleistungen handeln. Die »Arbeitskraft-Unternehmer«, wie sie genannt werden können (Pongratz/Voß 2003), müssen in der Lage sein, den täglichen Arbeitsablauf selbstständig zu planen und zu strukturieren. Das gilt für die zeitliche Ebene ebenso wie für die räumliche, wobei in beiden Fällen ein hohes Ausmaß an Flexibilität charakteristisch ist. An welchem Ort und zu welcher Zeit die vereinbarte Arbeitsleistung erbracht wird, das liegt in Zeiten der Erreichbarkeit über Mobiltelefone und E-Mails im Verantwortungsbereich des Arbeitenden.

Ein solches Anforderungsprofil verlangt eine ausgeprägte Fähigkeit zur Selbstmotivation und die Bereitschaft zur fachlichen Flexibilität, verbunden mit einer hohen Sensibilität für sich abzeichnende Veränderungen im Arbeitsablauf. Arbeitskraft-Unternehmer werden gewissermaßen zu aktiven Maklern der eigenen Fähigkeiten und individuellen Qualifikationen. Die eigene Arbeitskraft wird permanent am wirtschaftlichen Nutzen und am spezifischen

**Weiterführende Literatur**

Pongratz, H. J./Voß, G. G. (2003): Arbeitskraft-Unternehmer. Berlin: Edition Sigma.

*Wachsende Bedeutung von Selbstmotivation und fachlicher Flexibilität*

Bedarf des Unternehmens orientiert, wobei die persönliche Bewertung des Nutzens stark einfließt.

Typischerweise hat der Arbeitskraft-Unternehmer gegenüber dem klassischen Typus des abhängig Erwerbstätigen viel größere zeitliche und räumliche Freiräume und verfügt über ein deutlich höheres Ausmaß an Autonomie in der Gestaltung seiner Arbeitsabläufe. Er sieht sich allerdings durch die starke Selbstdisziplinierung einem hohen Leistungsdruck ausgesetzt und ist gezwungen, die Fähigkeit des selbst organisierten Arbeitens und Lernens in den Vordergrund seines Lebens zu rücken.

### Vom Arbeitskraft- zum Lernkraft-Unternehmer

Analog zu den Veränderungen am Arbeitsmarkt zeichnet sich auf allen Stufen des Bildungssystems eine Verstärkung der Eigenorganisation bei der Bildung ab. Dem Arbeitskraft-Unternehmer entspricht der »Lernkraft-Unternehmer«, der mit einer hohen Bereitschaft zur Selbstkontrolle der eigenen Lernleistung zu einem Makler der eigenen Fähigkeiten und Kompetenzen wird und die eigene Lebensführung konsequent auf den Erfolg im Bildungsprozess ausrichtet. Der Lernkraft-Unternehmer wird zum zukünftigen Prototyp des Lerners, gewissermaßen zu einem »Bildungsmanager in eigener Verantwortung«.

Um dieser Entwicklung gerecht zu werden, steht jedes Gesellschaftsmitglied – vom Kindergarten an über die Schule bis hin zur Weiterbildung – vor der Herausforderung, eine individuelle Bildungsbiografie zu komponieren. Es geht um ein »lebenslanges Lernen«, das in idealer Weise dem Konzept von Sozialisation als einer aktiven und produktiven Verarbeitung der inneren und der äußeren Realität während der gesamten Lebensspanne entspricht.

*Herausforderung, eine individuelle Bildungsbiografie zu komponieren*

Wie in Kapitel 3 erörtert wurde, unterstreichen sowohl die sozialwissenschaftliche als auch die biomedizinische und die Hirnforschung die über alle Lebensphasen hinweg anhaltende Umstrukturierung von Fähigkeiten und Handlungskompetenzen sowie Wahrnehmungs- und Reaktionsstrukturen eines Menschen, die durch entsprechend günstige Umweltimpulse gefördert werden kann. Entsprechend wichtig für eine optimale Entfaltung von sozialen und kognitiven Kompetenzen ist ein Arrangement von stimulierenden Lernimpulsen, die intensive Anleitung geben, zugleich aber genügend Freiräume für die selbstgesteuerte Weiterentwicklung von Fähigkeiten und Kompetenzen gestatten.

### Reformbedarf in den einzelnen Bildungsbereichen

Lebenslanges Lernen in Selbstverantwortung setzt ein Bildungssystem voraus, das von der Elementar- und Grundbildung bis zur Weiterbildung aufeinander abgestimmt ist. Um die Voraussetzungen für eine selbstständige Gestaltung des

Bildungsprozesses herzustellen und es jedem Menschen zu ermöglichen, sein Biografie-Management durch ein Bildungsmanagement zu ergänzen, sind in den nächsten Jahren die folgenden Veränderungen im Bildungssystem vorzunehmen:

- Im vorschulischen Bereich sollte, wie bereits erörtert, dem internationalen Vorbild entsprechend ein flächendeckendes Netz von Einrichtungen zur Ergänzung der Familienerziehung und zur Vorbereitung auf die Grundschule aufgebaut werden. Das Fachpersonal in den Kinderkrippen, Kindertagesstätten und Kindergärten sollte eine akademische Ausbildung absolviert haben, um den hohen Anforderungen an die in den ersten Lebensphasen zu setzenden Lernimpulse gerecht zu werden.

- Die Verzahnung der Elementar- mit den Grundschuleinrichtungen sollte verbessert werden, um einen in sich stimmigen und harmonisch aufeinander aufbauenden Bildungsprozess in den ersten zehn Lebensjahren zu ermöglichen. Die individuelle Förderung von kognitiven und sozialen Kompetenzen auf der Basis genauer Ausgangsdiagnosen sollte zur Regel werden. Um die Förderung benachteiligter Kinder zu verbessern, ist ein verbindlicher Ganztagsbetrieb anzustreben.

- Im weiterführenden Schulbereich der Sekundarstufe I und der Sekundarstufe II ist die Flexibilisierung von Lernangeboten zu beschleunigen. Durch die bereits eingeleitete zeitliche Ausweitung des Schulangebotes in den Nachmittag hinein (»Ganztagsschulen«) bieten sich Kooperationen mit außerschulischen Anbietern von Bildungsprogrammen an. Weiterhin ist es empfehlenswert, die Lernprozesse multimedial anzureichern, um alle Impulse auszuschöpfen. Wichtig werden auch eine Reformierung der völlig zersplitterten Organisationsstruktur des Sekundarschulsystems in Deutschland und eine schrittweise Integration der Bildungsgänge sein. Die Hauptschule sollte endgültig aufgelöst werden, sodass in der Sekundarstufe eine übersichtliche »Zweigliedrigkeit« des Schulsystems erreicht wird. Schließlich gilt es, der einzelnen Schule eine organisatorische Selbstständigkeit einzuräumen, damit sie sich flexibel auf die Interessen und Bedürfnisse der Eltern und der Schülerschaft einstellen kann.

- Im Berufsbildungs- und Hochschulsystem geht es ebenfalls darum, flexibel auf die Nachfrage von Studierenden und die Bedarfe des beruflichen Bereichs einzugehen. Die heutige Unterteilung in praxisbezogene Fachhochschulen und wissenschaftsbezogene Universitäten ist dafür nicht günstig. Vielmehr sollte nach internationalem Vorbild eine differenzierte und flexible Hochschulstruktur mit enger Beziehung zum Berufsbereich und zur Weiterbildung entwickelt und der Stellenwert von selbstgesteuerten Bildungsprogrammen (auch über interaktive Fernstudiengänge) erhöht werden. Die Zweigliedrigkeit des Angebotes aus der Sekundarstufe sollte auf lange Sicht durch die Dualität von stärker praxis- und berufsbezogenen und stärker forschungsorientierten Studien- und Ausbildungsgängen fortgesetzt werden.

- Die wissenschaftliche Weiterbildung sollte mit den Hochschulangeboten verzahnt werden. In den nächsten Jahren wird es selbstverständlich sein, berufliche Tätigkeiten und wissenschaftliche Weiterbildung miteinander zu verbinden. Das spricht dafür, alle Bereiche des Bildungssystems so aufeinander abzustimmen, dass sie ein einheitliches Ganzes ergeben. Um das Angebot des Gesamtsystems erschließen zu können, sind die Angebote der systematischen Bildungsberatung und das personenbezogene Bildungs-Coaching auszubauen.

---

**Folgende Fragen können Ihnen helfen, Ihr Verständnis der Ausführungen in diesem Kapitel zu überprüfen:**

1. Worin liegen die Sozialisationsfunktionen der einzelnen Teilbereiche des Bildungssystems?
2. Worin liegt der individuelle und worin der kollektive Nutzen einer guten Bildung und Ausbildung?
3. Welche Strukturen des Bildungssystems haben sich als besonders erfolgreich erwiesen, um ein hohes Bildungsniveau der Bevölkerung und gleichzeitig eine relativ geringe Abhängigkeit des Bildungsniveaus eines Menschen von seiner familiären sozialen Herkunft sicherzustellen?
4. Welche sozialisationspolitischen Reformen sind einzuleiten, damit die Erziehungs- und Sozialisationseffekte von Vorschule, Schule, Hochschule, Berufsausbildung und beruflicher Weiterbildung effektiv auf die heutigen Lebens- und Berufsanforderungen vorbereiten können?

---

## Zusammenfassung

In diesem Kapitel wurden die Sozialisationsfunktionen der Einrichtungen des Bildungssystems analysiert. Es wurde herausgearbeitet, wie wichtig in der Kindheit eine enge Kooperation zwischen Elternhaus und öffentlichen Einrichtungen wie Kindertagesstätten und Kindergärten ist.

Die Analyse zeigte, dass diejenigen Länder in ihren Bildungsbilanzen am besten abschneiden, die schon im frühen Kindesalter mit der individuellen Leistungs- und Entwicklungsförderung beginnen und diese Förderung über möglichst lange Zeit auch im Jugendalter aufrechterhalten. Dadurch können hohe durchschnittliche Bildungsleistungen der Schülerinnen und Schüler erzielt werden, ohne dass die Bildungsungleichheit, also die Kluft zwischen den Leistungen der Schülerinnen und Schüler aus privilegierten und denen aus benachteiligten Elternhäusern, zu groß wird. Die Analyse zeigt, dass Deutschland in Bezug auf den Abbau von Bildungsungleichheit international einen großen Nachholbedarf hat.

Die Sozialisationsfunktionen von Schulen und Hochschulen wurden detailliert erörtert. Die Schulen erfüllen vor allem die Sozialisationsfunktionen der Vermittlung von Leistungs- und Wettbewerbsregeln, der Selektion des gesellschaftlichen Nachwuchses für spätere berufliche Positionen, der Einübung von sozialen Umgangsformen in großen sozialen Gruppen und der Aneignung von Kompetenzen der Wissenserschließung und -verwendung. Hochschulen setzen diese Arbeit auf einem höheren Niveau von Abstraktion und Komplexität fort. Sie übernehmen auf diese Weise immer größere Anteile der Berufsausbildung und reagieren damit auf die Steigerung der Qualifikationsanforderungen im Berufsbereich.

Abschließend wurde auf die Tendenzen aufmerksam gemacht, die sich aus dem wachsenden Bedarf an hohen und immer wieder neu aufzufrischenden Qualifikationen im Berufsbereich ergeben. Ganz im Sinne des »Biografie-Managements«, das in Kapitel 4 angesprochen wurde, lässt sich eine Entwicklung hin zum »Bildungsmanagement« beobachten, weil jedes Gesellschaftsmitglied als »Lernkraft-Unternehmer« die Verantwortung für seine eigene Bildung übernehmen muss, um den flexiblen Berufsanforderungen gewachsen zu sein. Daraus ergeben sich Reformanforderungen für alle Teilbereiche des Bildungssystems, die skizziert werden.

# 8.   Sozialisation in der alltäglichen Lebenswelt

Nachdem in den beiden vorangegangenen Kapiteln Familien und Bildungsinstitutionen als die primären und sekundären Sozialisationsinstanzen analysiert wurden, richtet dieses Kapitel den Blick auf solche sozialen Systeme, die nicht ausdrücklich mit dem Ziel der Beeinflussung der Persönlichkeitsentwicklung ihrer Mitglieder etabliert wurden, aber dennoch von großer Relevanz für die Sozialisation sind. Es handelt sich hierbei um Einrichtungen der alltäglichen Lebenswelt, die als »tertiäre Sozialisationsinstanzen« fungieren.

## 8.1   Das Spektrum der tertiären Sozialisationsinstanzen

Die in Kapitel 5 analysierten Familien sind die »primären Sozialisationsinstanzen«, weil sie die Grundstrukturen der Persönlichkeit eines Menschen prägen und ihn beim Aufbau der Muster für die Verarbeitung der inneren und der äußeren Realität unterstützen. Die in Kapitel 6 thematisierten öffentlichen Erziehungs- und Bildungseinrichtungen sind »sekundäre Sozialisationsinstanzen«, weil sie auf der Sozialisations- und Erziehungsarbeit der Familien aufbauend auf systematische Weise die für das gesellschaftliche und berufliche Leben wichtigen Sozial- und Leistungskompetenzen vermitteln.

Neben den primären und sekundären Sozialisationsinstanzen existiert ein breites Spektrum von sozialen Systemen, deren wesentliche gesellschaftliche Funktion nicht in Sozialisation, Erziehung, Bildung und Qualifizierung besteht, sondern in der Erfüllung anderer gesellschaftlicher Aufgaben. Dazu gehören die Institutionen und Organisationen für Arbeit und Beruf, Religionsausübung und Wertorientierung, Politik, Medien, Unterhaltung und Regeneration, Konsum, Sozialkontakt und Kommunikation. Diesen sozialen Systemen ist eigen, dass sie Menschen über einen langen Zeitraum an sich binden und in ihre Strukturen einbeziehen. Deshalb üben sie einen erheblichen Einfluss auf die Persönlichkeitsentwicklung ihrer Mitglieder oder Nutzer aus, obwohl sie in der Regel nicht zum Zweck der Persönlichkeitsentwicklung entstanden sind. Es handelt sich um Instanzen der sozialisationsrelevanten Lebenswelt, die auch als »tertiäre Sozialisationsinstanzen« bezeichnet werden können.

In Abbildung 8.1 sind diese sozialen Systeme dargestellt. Der Vollständigkeit halber wurden neben der beruflichen Erwerbsarbeit, dem Freundes- und Bekanntenkreis, dem Konsum- und Freizeitsektor, den Medien, den Institutionen von Religion und Wertorientierung und dem politischen System auch die Partnerschaft und die sozialräumliche Umwelt aufgenommen. Ihr Einfluss auf die Persönlichkeitsentwicklung kann gar nicht hoch genug eingeschätzt werden. Umso überraschender ist es, wie häufig sie in der Sozialisationsliteratur ausgeklammert werden. Sie sind ganz eindeutig zur alltäglichen »Lebenswelt« eines Menschen zu zählen und üben jeweils auf andere Weise einen erheblichen Einfluss auf die Persönlichkeitsentwicklung aus

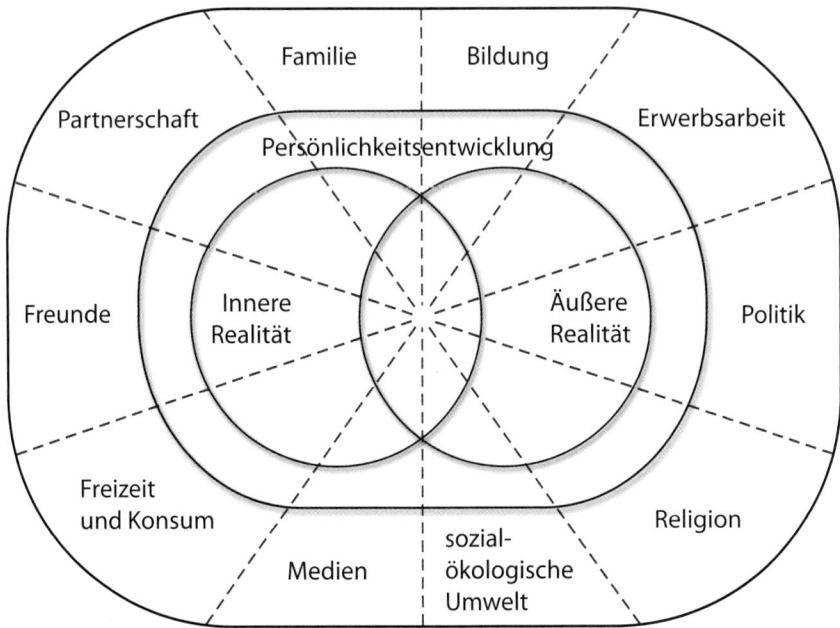

*Abb. 8.1: Das Spektrum der tertiären Sozialisationsinstanzen*

Die Abbildung soll auch verdeutlichen, wie eng die primären und sekundären Sozialisationsinstanzen mit den tertiären der sozialisationsrelevanten Lebenswelt verflochten sind. Die berufliche Erwerbsarbeit von Eltern, die Massenmedien und die sozialräumliche Umwelt wirken, um ein Beispiel zu nennen, direkt und indirekt auf Familien und Bildungseinrichtungen ein und stellen für diese einen gesellschaftlichen Kontext dar. Die Sozialisationseinflüsse sind deshalb auch im Einzelnen oft gar nicht voneinander zu unterscheiden.

## 8.2  Einflüsse der tertiären Sozialisationsinstanzen

Alle in Abbildung 8.1 aufgeführten sozialen Systeme der sozialisationsrelevanten Lebenswelt wirken auf die Persönlichkeitsentwicklung ein und spielen eine wichtige Rolle für die Bewältigung der Entwicklungsaufgaben. Einige dieser Einflüsse sollen im Folgenden beispielhaft analysiert werden.

### Der Einfluss der Partnerschaft

Die Partnerschaft, das enge Zusammenleben zweier Menschen über einen längeren Zeitraum hinweg, prägt die Persönlichkeit beider an der Beziehung Beteiligter. Durch das enge Zusammenleben entsteht ein gleichartiger oder sogar identischer Tagesrhythmus. Daraus ergibt sich in der Regel eine Angleichung der Geschmacks- und Kleidungspräferenzen ebenso wie der Ernährungs- und Bewegungsmuster. Es kommt zu einem intensiven Austausch von Auffassungen und Einstellungen, einer Annäherung oder sogar Übereinstimmung von Lebensstil und Werthaltungen, religiösen und politischen Positionen und Freizeit- und Konsumgewohnheiten. Da die Partnerbeziehung – unabhängig davon, ob sie gleich- oder gemischtgeschlechtlich ist – eine erotische und sexuelle Basis hat, sind alle diese Einflüsse auf die Persönlichkeitsentwicklung von großem Gewicht.

Die Partnerschaft kann in eine Familie integriert sein; Familien entstehen in der Regel aus dem intimen Zusammenleben von zwei Menschen in einer Liebesbeziehung. Sobald Kinder geboren werden, verändert die Partnerschaft der Eltern ihren Charakter, bleibt aber – wie in Kapitel 6 dargestellt – als relativ autonomes Untersystem im Gesamtsystem der Familie bestehen. Vor der Familiengründung und nach dem Auszug der Kinder aus der Familie ist diese Partnerschaft ein soziales System, das keine Erziehungs- und Bildungsaufgaben erfüllt, sondern der Lebensgestaltung zu zweit dient. In allen Fällen ist die Partnerschaft ein sozialisationsrelevantes System, das starken Einfluss auf die Persönlichkeitsentwicklung nimmt.

### Der Einfluss der beruflichen Erwerbsarbeit

Die berufliche Erwerbsarbeit sichert die ökonomische Existenz eines erwachsenen Gesellschaftsmitglieds und nimmt deshalb in der Lebensgestaltung einen herausragenden Stellenwert ein. Durch die inhaltliche Beschaffenheit der Arbeit, ihren zeitlichen Rhythmus und ihre soziale Einbindung werden viele Aspekte der Persönlichkeitsentwicklung beeinflusst. Das gilt in Zeiten der Verfügbarkeit elektronischer Informations- und Kommunikationsmedien oft deshalb besonders stark, weil sich nur schwer zeitliche und inhaltliche Grenzen zwischen Berufs- und anderen Lebenstätigkeiten ziehen lassen. Die berufliche Arbeit kann auf diese Weise zur absolut dominanten Beschäftigung über weite Strecken des Lebenslaufs hinweg werden und Einstellungen und Handlungen des Alltags prägen, die eigentlich anderen sozialen Regeln folgen (»déformation professionelle«).

Ähnlich wie bei den organisierten Bildungseinrichtungen lassen sich bei der beruflichen Erwerbsarbeit Sozialisationseffekte auf mehreren Ebenen ausmachen: der direkten Person-zu-Person-Beziehung, den kollektiven Kontakten zwischen den Arbeitnehmern als Team, den Beziehungen zwischen Vorgesetzten und Arbeitnehmern und indirekt über die Organisationsstruktur. Immer bedeutsamer wird aber angesichts von unsicheren Arbeitsverhältnissen und sich schnell wandelnder Berufsanforderungen die Orientierung an selbstständigen Tätigkeiten und die Umstellung auf die Haltung eines »Arbeitskraft-Unternehmers«, wie in Kapitel 7 bereits erörtert. Hierdurch kann es zu einer besonders intensiven Identifizierung mit den Arbeitsinhalten und einer ängstlichen Fixierung auf die Sicherung der beruflichen Existenz kommen, was die Einflüsse auf die Persönlichkeitsentwicklung verstärkt.

### Der Einfluss der Freundesgruppe

**Weiterführende Literatur**

Albisser, S./Buschor, C. B. (Hrsg.) (2011): Sozialisation und Entwicklungsaufgaben Heranwachsender. Baltmannsweiler: Schneider Verlag Hohengehren.

Vom Kindes- und Jugendalter an führen Freundes- und Gleichaltrigengruppen Menschen mit ähnlichen Bedürfnissen und Orientierungen zusammen und erfüllen ihr Verlangen nach Gemeinschaft und Beteiligung. Diese Gruppen begleiten die Emanzipation von den Eltern, ergänzen die Impulse der Schule und bereiten auf soziale Anforderungen in der Freizeit- und Konsumwelt vor.

In der Freundesgruppe ist ein Austausch von Sichtweisen und Gefühlen unter Personen gleichen Rangs und mit vergleichbarem Erfahrungshorizont möglich. Es geht um Sorgen und Probleme, die mit der Bewältigung der Entwicklungsaufgaben zusammenhängen. Freundesgruppen bemühen sich um Verständnis und Solidarität und unterstützen sich gegenseitig darin, ihre soziale Lebenswelt zu gestalten. Aufgrund ihrer Vertraulichkeit können sie auch Themen aus dem emotionalen und sexuellen Bereich aufgreifen, die in der familiären oder partnerschaftlichen Kommunikation meist ausgespart bleiben. Freundesgruppen sind daher für die Vermittlung von Hilfe und Unterstützung unverzichtbar (Albisser/Buschor 2011).

*Mischung aus Solidarität und Vertraulichkeit*

Die Bedeutung von Freundeskreisen für die Persönlichkeitsentwicklung wird durch die seit etwa 2000 etablierten virtuellen sozialen Netzwerke vom Typus »Facebook« verstärkt. Diese Netzwerke ermöglichen eine freie Gestaltung von Beziehungen und Kontakten unterschiedlichster Form und Dichte, die so im direkten persönlichen Austausch von Angesicht zu Angesicht gar nicht möglich wären. Durch die weltweite Vernetzung werden traditionelle soziale Beschränkungen aufgehoben. Die Netzwerke eröffnen Kommunikationsmöglichkeiten, mit denen räumliche Entfernungen überbrückt und Unterschiede der sozialen Herkunft, des biologischen Alters und der Sprache überwunden werden können.

Hierdurch ergeben sich bisher ungeahnte soziale Kontaktreichweiten und -formen, die eine Bereicherung der Persönlichkeitsentwicklung darstellen und viele Anregungen für eine Erweiterung der Ich-Identität bereithalten. Die problematische Seite dieser Entwicklung ist, dass sich viele Menschen dem Druck ausgesetzt sehen, ein möglichst breites und großes Netzwerk von vielfältigsten Kontakten zu entwickeln und aufrechtzuerhalten, das den eigenen Bedürfnissen nicht notwendigerweise entspricht. Wer sich in den Netzwerken mit innerer Unsicherheit und ungefestigter Ich-Identität bewegt, kann in kritische Kommunikationssituationen und Bindungen hineingezogen werden. Dazu gehören die Ausgrenzung und Abwertung von teilnehmenden Personen bis hin zu aggressiven Beleidigungen und Angriffen (»Mobbing«), die Anbahnung von Geschäftskontakten, bei denen der Partner in betrügerischer Absicht falsche Personenangaben macht, und der Missbrauch des Netzwerks für erotische und sexuelle Kontakte. Es ist offensichtlich, dass sich hieraus Gefahren für die weitere Persönlichkeitsentwicklung ergeben können.

### Der Einfluss des Freizeit- und Konsumsektors

Die souveräne Nutzung von Konsum-, Medien- und Freizeitangeboten gehört zu einer der zentralen Entwicklungsaufgaben in jeder Lebensphase. Weil die Entwicklungsaufgaben in den Bereichen »Qualifizieren« und »Binden« als anforderungsreich und belastend empfunden werden, entsteht eine große Nachfrage nach Unterhaltung, Ablenkung und Regeneration. Das hat dazu geführt, dass derartige Angebote von vielen verschiedenen Anbietern vorgehalten, mit immer größerer Raffinesse beworben und zunehmend auch kommerzialisiert werden. Dadurch wird das Angebot unterbreitet, Entspannung und Fitness, Muße und Genuss »einkaufen« zu können, ohne aktiv darauf hinarbeiten zu müssen.

Diese Haltung geht damit einher, Imagepflege zu betreiben und ein bestimmtes Bild der eigenen Persönlichkeit und der Ich-Identität zu entwerfen. Konsumgüter haben damit für die Entwicklung des Selbstbildes enorm an Bedeutung gewonnen. Mithilfe eines Produkts suchen Menschen Zugang zu einem Lebensstil oder einem Status, den sie für sich erstreben.

Die Hersteller von Konsumartikeln – vom Kleidungsstück über das Auto bis zur Wohnungsausstattung – machen sich diese Einstellungen zunutze und bemühen sich durch Design und Werbung, »Markenartikel« zu etablieren, zu denen ihre Kunden eine enge Bindung aufbauen können. Ihr Angebot besteht darin, den Markenartikel demonstrativ als eine Art »zweite Haut« nutzen und damit die Identität eines Menschen mit einem begehrenswerten Lebensstil annehmen zu können. Dieser Mechanismus des »Einkaufens einer Identität« ist in konsumorientierten Gesellschaften vor allem für Menschen verlockend, die Probleme bei der Entwicklung der Ich-Identität haben und sich selbst und die soziale Umwelt von diesen Problemen ablenken möchten (Unverzagt/Hurrelmann 2001).

*Die Verlockung, eine Identität einzukaufen*

**Weiterführende Literatur**

Unverzagt, G./Hurrelmann, K. (2001): Konsumkinder. Freiburg: Herder.

*Der Einfluss der Medien*

Über Massenmedien wie Radio, Fernsehen und Internet ist heute eine informationelle Teilhabe an praktisch jedem Lebensbereich möglich. Vor allem die interaktiven Medien (»Internetmedien«) setzen dafür aber auch eine hohe Kompetenz der Nutzung voraus. Die unerschöpfliche Fülle der angebotenen Informationen verlangt nach Kriterien der richtigen Decodierung, Auswahl und Bewertung der Inhalte für die eigenen Bedürfnisse. Dazu muss der Nutzer in der Lage sein, die Botschaften der Texte und Bilder und ihre Bedeutung zu erkennen und in den eigenen Kenntnis- und Erfahrungshorizont zu übertragen. Bei der Suche nach Informationen müssen Relevanz und Glaubwürdigkeit der Inhalte eingeschätzt werden können, wenn man als Nutzer nicht verzerrten oder falschen Aussagen von durch kommerzielle, politische oder religiöse Absichten geleiteten Anbietern aufsitzen will.

In sozialisationstheoretischer Perspektive ist eine den eigenen Bedürfnissen entsprechende Nutzung das entscheidende Kriterium dafür, ob Medien einen positiven Einfluss auf die Persönlichkeitsentwicklung, also vor allem auf die Bewältigung der Entwicklungsaufgaben, die Verbindung von Individuation und Integration und die Festigung der Ich-Identität, ausüben oder nicht. Auch für die gesellschaftliche Handlungsfähigkeit wird Medienkompetenz zu einer immer wichtigeren Größe, weil sie für Bildungsleistungen und berufliche Tätigkeiten und zunehmend auch für Konsum- und Politikaktivitäten immer selbstverständlicher vorausgesetzt wird.

**Orientierungspunkte für Selbstinszenierung und Identitätsdefinition**

Die Medien bieten vielfältige Orientierungspunkte für die Selbstinszenierung und Identitätsdefinition an, denn sie ermöglichen die Produktion eigener Inhalte. Eigene künstlerische Werke, Artikel in elektronischen Lexika und Beiträge zu Produkten und Dienstleistungen können einem beliebig großen Kreis von Interessenten angeboten werden. Die Voraussetzung für diese kreative und selbsttätige Nutzung ist, dass der Nutzer über eine breite Mischung aus Medienwissen, -gestaltung und -reflexion verfügt. Wird ein Nutzer hingegen durch die überwältigende Fülle und Dynamik der medialen Formen und Botschaften in eine passive Konsumentenrolle gedrängt, kann es zu einer »Instrumentalisierung« seiner Bedürfnisse und Interessen kommen. Das Ergebnis können gestörte, unausgewogene Persönlichkeits- und Identitätsstrukturen sein (Lukesch 2008).

Weil Medien für die Persönlichkeitsentwicklung so bedeutsam sind und jedem Nutzer die Chance bieten, zu einem selbstständigen »Produzenten seiner eigenen Entwicklung« zu werden, sollte aus diesen Überlegungen heraus die Kompetenz zum souveränen Umgang mit ihnen in der primären und sekundären Sozialisation in Familien und Bildungseinrichtungen eine wichtige Rolle spielen.

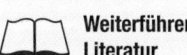 **Weiterführende Literatur**

Lukesch, H. (2008): Sozialisation durch Massenmedien. In: Hurrelmann, K./ Grundmann, M./ Walper, S. (Hrsg.): Handbuch Sozialisationsforschung. Weinheim und Basel: Beltz, S. 384–395.

## Der Einfluss von Religions- und Wertsystemen

Religion spielt im Leben der meisten Menschen in hochentwickelten Gesellschaften eine immer geringer werdende Rolle. Zwar gehören in Deutschland gut 60 Prozent der Bevölkerung einer der beiden christlichen Kirchen und etwa zehn Prozent anderen Religionen an, aber nur etwa die Hälfte von ihnen ist religiös in dem Sinne, dass sie an einen persönlichen Gott glauben. Diese Einstellung ist in der Bevölkerung inzwischen deutlich in der Minderheit.

Die Mehrheit stellt sich Sinngebungs- und Wertemuster nach persönlichen Vorstellungen zusammen oder ist areligiös. Die Religionsgemeinschaften erreichen mit dem eigentlichen Kern ihrer inhaltlichen Botschaft nur noch kleine Teile der Bevölkerung. Bei der Mehrheit herrscht religiöse Unsicherheit, Gleichgültigkeit oder ein unpersönliches Gottes- oder Glaubensverständnis vor. Allerdings wächst die Gruppe der Menschen an, die sich als Atheisten bezeichnen.

Dennoch werden Kirchen und Religionsgemeinschaften von der großen Mehrheit der Bevölkerung als gesellschaftliche Instanzen der Wertsetzung grundsätzlich akzeptiert, um wichtige persönliche und biografische Lebensschritte und Krisen einordnen und begleiten zu können. Ihre konkrete Bedeutung für die Gestaltung des täglichen Lebens, die Auseinandersetzung mit Alltagskonflikten, die Bewältigung der anstehenden Entwicklungsaufgaben oder den Aufbau einer Ich-Identität ist aber begrenzt (Shell Deutschland 2006, S. 207).

Die vorherrschende Wertorientierung ist die einer pragmatischen Ausrichtung auf die im Alltag zu bewältigenden Herausforderungen. Auffällig ist eine Synthese von »alten« und »neuen« Werten: Fleiß und Ehrgeiz, Macht und Einfluss sowie Sicherheit erleben als materialistische Werte eine Renaissance, sie werden mit den postmaterialistischen Selbstverwirklichungswerten Kreativität, Unabhängigkeit, Lebensgenuss und Lebensstandard kombiniert. Wie die Shell-Jugendstudien zeigen, ist sich die Mehrheit der jungen Leute angesichts von globalen wirtschaftlichen Krisen bewusst, dass die Sicherung der materiellen Basis im Vordergrund ihrer Lebensführung zu stehen hat. Sie sind entsprechend aufstiegsorientiert und zielen selbstbewusst und mitunter durchaus eigennützig auf die Umsetzung eigener Interessen. Durchaus verbreitet ist aber gleichzeitig die Bereitschaft für ein soziales Engagement.

Erfahrungsgemäß verbreiten sich diese Wertmuster der jungen Generation nach einiger Zeit in der gesamten Bevölkerung. Demnach herrscht eine pragmatische und konstruktive Lebenshaltung vor, die von hoher Leistungsmotivation und dem Ehrgeiz geprägt ist, Chancen der persönlichen Entfaltung beherzt zu ergreifen und die eigene Unabhängigkeit und Freiheit zu wahren. Zugleich herrschen eine große Sehnsucht nach Absicherung der Lebensexistenz, Wahrung der Umweltressourcen, Zugehörigkeit zu sozialen Netzwerken und Eingliederung in harmonische Beziehungen. Kirchen und Religionsgemein-

**Weiterführende Literatur**

Shell Deutschland (Hrsg.) (2006): Jugend 2006. Konzeption und Koordination: K. Hurrelmann, M. Albert und Infratest Sozialforschung. Frankfurt a.M.: Fischer.

*Pragmatismus als vorherrschende Wertorientierung*

schaften werden in diesem Zusammenhang von der Mehrheit der Bevölkerung als ein Wertsetzungsangebot unter anderen empfunden. Wer hierauf nicht zurückgreift, »bastelt« sich selbst sein subjektives Modell der Sinngebung des Lebens zusammen.

### Der Einfluss des politischen Systems

**Weiterführende Literatur**

Rippl, S. (2008): Politische Sozialisation. In: Hurrelmann, K./Grundmann, M./Walper, S. (Hrsg.): Handbuch Sozialisationsforschung. Weinheim und Basel: Beltz, S. 443–456.

*Zurückhaltung gegenüber dem politischen Apparat*

Hochentwickelte Gesellschaften sind überwiegend demokratisch verfasst. Demokratie als Staats- und Gesellschaftsform wird von der großen Mehrzahl der Bevölkerung, auch in Deutschland, befürwortet, aber die von den politischen Parteien umgesetzte heutige demokratische Praxis erzeugt Unbehagen und führt zu einer großen Distanz gegenüber dem politischen System. Diese Distanz wächst an, wenn die eigene Lebenssituation als ungünstig eingeschätzt wird. In dieser Lebenslage sinkt das Vertrauen, dass Politiker und Parteien die persönliche Benachteiligung jemals ausgleichen können (Rippl 2008).

Auf diese Weise stellt sich in breiten Schichten der Bevölkerung eine Zurückhaltung dem politischen »Apparat« gegenüber ein. Die Parteien werden als in sich abgekapselte Systeme wahrgenommen, die nur wenige persönliche Mitbestimmungsmöglichkeiten eröffnen. Viele Menschen sind zwar bereit, in Maßen Verantwortung zu übernehmen und sich für humanistische Ziele und die Verbesserung von Lebensbedingungen einzusetzen, aber sie möchten nicht in den Strukturen eines unübersichtlichen Parteiapparats agieren.

Das politische Engagement mit der Bereitschaft, sich an der Gestaltung der Lebensbedingungen zu beteiligen, ist aus diesen Gründen zurückhaltend. Die Mehrheit der Bevölkerungsmitglieder partizipiert am Gemeinwesen über den Erfolg in der Leistungsgesellschaft, also überwiegend im beruflich-wirtschaftlichen Bereich. Hier ist man auch bereit, sich einzubringen und zu engagieren. Die individuelle Bewältigung von Problemen im privaten und schulisch-beruflichen Alltag ist der großen Mehrheit wichtiger als die Arbeit an übergreifenden Zielen der Gesellschaftsreform. Die Selbstorganisation der eigenen Persönlichkeit und das Biografie-Management kosten ganz offensichtlich viel Kraft, die aus dem politischen System abgezogen wird.

Dennoch gibt es, wie bereits erwähnt, die grundsätzliche Bereitschaft zum freiwilligen sozialen Engagement und auch zur punktuellen Beteiligung an politischen Aktionen. Wegen der Unzufriedenheit mit dem Ablauf der politischen Prozesse im parlamentarischen System kommt diese Bereitschaft aber freien Nichtregierungsorganisationen, Verbänden und Bürgerinitiativen und nur begrenzt den etablierten Parteien zugute. Das lässt sich auch an der sinkenden Wahlbeteiligung ablesen.

Politikerinnen und Politiker werden vielfach nicht mehr als »Sprachrohr« für die Belange und Bedürfnisse der Gesellschaftsmitglieder verstanden, sondern als Funktionäre eines abgehobenen Kartells von Parteien und Regierungsapparaten wahrgenommen. Viele Bürgerinnen und Bürger haben den Eindruck, wenig Einfluss auf die Entscheidungen der Politikerkartelle ausüben zu können. Hier entsteht ein gefährliches Gemisch von Hilflosigkeit und Entfremdung, verbunden mit Gefühlen der Ohnmacht und der Irritation. Weit verbreitet sind Ängste, dass soziale und wirtschaftliche Fehlentwicklungen nicht erkannt und politisch nicht gesteuert werden können. Es besteht eine reale Gefahr der Abwendung nicht nur der jungen Generation vom politischen System und der mangelnden Identifizierung mit den heutigen politischen Strukturen und Parteien. Ein positives Zeichen ist unter diesen Umständen allerdings, dass es neuen Parteien wie den »Piraten« gelingt, hier eine Gegenbewegung zu initiieren.

## Der Einfluss der sozialen und ökologischen Umwelt

Der soziale und ökologische Raum, allem voran die eigene Wohnung und das Wohnquartier, konstituiert eine allgegenwärtige Umwelt, die sich zum großen Teil durch alle übrigen Sozialisationsinstanzen hindurchzieht oder einen Rahmen für diese bildet. In Kapitel 6 wurde bereits auf den Einfluss von finanziellen Ressourcen auf die Auswahl von Wohnung und Quartier sowie auf die starke Abhängigkeit der Persönlichkeitsentwicklung der Kinder von der Lebenslage der Eltern hingewiesen. Die sozialräumlichen Bedingungen entscheiden maßgeblich über Bewegungs- und Entfaltungsspielräume ihrer Nutzer und stimulieren oder blockieren entsprechend die Persönlichkeitsentwicklung (Reutlinger 2008).

**Weiterführende Literatur**

Reutlinger, C. (2008): Sozialisation in räumlichen Welten. In: Hurrelmann, K./ Grundmann, M./Walper, S. (Hrsg.): Handbuch Sozialisationsforschung. Weinheim und Basel: Beltz, S. 333–349.

Praktisch alle Aktivitäten eines Menschen spielen sich im sozialökologischen Raum ab. Seine Beschaffenheit setzt den Rahmen dafür, wie persönliche Bedürfnisse, Wünsche und Orientierungen umgesetzt werden können. In verschiedenen Phasen des Lebenslaufs ändern sich das Spektrum der relevanten Sozialisationsinstanzen und damit auch der Zuschnitt des sozialökologischen Raumes. In der Kindheit wird er durch das Elternhaus und das nahe Wohnumfeld bestimmt, im Jugend- und Erwachsenenalter werden sehr viele verschiedene Räume erschlossen, im Seniorenalter kommt es in der Regel wieder zu einer Verengung auf den Wohnraum.

---

**Folgende Fragen können Ihnen helfen, Ihr Verständnis der Ausführungen in diesem Kapitel zu überprüfen**

1. Welche sozialen Systeme lassen sich als tertiäre Sozialisationsinstanzen bezeichnen, obwohl sie im Unterschied zu Familie und Bildungseinrichtungen andere gesellschaftliche Aufgaben als die der Sozialisation, Bildung und Erziehung haben?

2. Welche Einflüsse auf die Persönlichkeitsentwicklung gehen von den sozialen Systemen Partnerschaft, berufliche Erwerbsarbeit, Freundesgruppe, Konsum- und Freizeitsektor, Medien, Religion, Politik und sozialräumliche Umwelt aus?

3. In welcher Weise verbinden sich die Einflüsse der tertiären Sozialisationsinstanzen mit denen der primären und sekundären Sozialisation?

## Zusammenfassung

In diesem Kapitel wurden die Sozialisationseinflüsse solcher sozialen Systeme analysiert, die nicht ausdrücklich mit dem Ziel der Beeinflussung der Persönlichkeitsentwicklung ihrer Mitglieder etabliert wurden. Dazu gehören neben der Partnerbeziehung der berufliche Erwerbssektor, der Freundes- und Bekanntenkreis, der Konsumsektor, die Freizeiteinrichtungen, die Medien, die religiösen Einrichtungen, die Institutionen der Politik und die sozialräumliche Umwelt.

Es wurde dargestellt, auf welchen Wegen und mit welchen Effekten diese »tertiären Sozialisationsinstanzen« die Persönlichkeitsentwicklung eines Menschen beeinflussen. Allen diesen sozialen Systemen ist eigen, dass sie Menschen über einen langen Zeitraum an sich binden und in ihre Strukturen einbeziehen. Deshalb üben sie einen erheblichen Einfluss auf die Persönlichkeitsentwicklung ihrer Mitglieder oder Nutzer aus. Es handelt sich um Instanzen der sozialisationsrelevanten Lebenswelt, die auch als »tertiäre Sozialisationsinstanzen« bezeichnet werden können.

Die Analyse kam zu dem Schluss, dass die tertiären Sozialisationsinstanzen in den komplexen und stark differenzierten Gesellschaften der Gegenwart eine große Bedeutung haben und eng mit den primären und sekundären Sozialisationsinstanzen verflochten sind. Die berufliche Erwerbsarbeit von Eltern, die Massenmedien und die sozialräumliche Umwelt wirken, um ein Beispiel zu nennen, direkt und indirekt auf die Sozialisation in Familien und Bildungseinrichtungen ein und stellen für diese einen gesellschaftlichen Kontext dar. Die Sozialisationseinflüsse sind deshalb auch im Einzelnen oft gar nicht voneinander zu unterscheiden.

# 9. Sozialisation und Lebensbewältigung

In den erkenntnisleitenden Thesen in Kapitel 3 wurden die Bedingungen formuliert, die zu einer Persönlichkeitsentwicklung führen, bei der die Entwicklungsaufgaben erfolgreich bewältigt werden können und damit die Voraussetzungen gegeben sind, das Spannungsverhältnis zwischen persönlicher Individuation und sozialer Integration auszutarieren und eine Ich-Identität aufzubauen. Sind diese Bedingungen erfüllt, kann die weitere Persönlichkeitsentwicklung eines Menschen normal und gesund verlaufen. Sind sie nicht erfüllt, können Störungen der Gesundheit die Folge sein, die sich unter anderem in Problemverhaltensweisen wie Gewalt und Aggression, depressiven Verstimmungen und psychosomatischen Störungen sowie Drogenkonsum und Suchtverhalten niederschlagen.

In diesem Kapitel wird der Zusammenhang zwischen Sozialisation und »Lebensbewältigung«, also der Meisterung der Entwicklungsaufgaben und dem Aufbau einer Ich-Identität, dargestellt. Im ersten Abschnitt wird der konzeptionelle Rahmen der Analyse vorgestellt. Im zweiten Abschnitt geht es um die Frage, welche sozialen und geschlechtsspezifischen Unterschiede bei der Bewältigung von Entwicklungsaufgaben auftreten. Im dritten Abschnitt werden Interventionen in den Prozess der Sozialisation und Persönlichkeitsentwicklung erörtert, um schicht- und geschlechtsspezifische Benachteiligungen auszugleichen.

## 9.1 Voraussetzungen für eine gelingende Bewältigung

Die ideale Form der produktiven Verarbeitung der inneren und der äußeren Realität ist die erfolgreiche Bewältigung der Entwicklungsaufgaben durch den Einsatz von personalen und sozialen Ressourcen. Unter »Bewältigung« wird dabei die aktive Auseinandersetzung mit den Entwicklungsaufgaben in den vier großen Bereichen »Qualifizieren«, »Binden«, »Konsumieren« und »Partizipieren« sowie das Meistern der damit verbundenen Anforderungen und Belastungen verstanden.

*Gelingende oder nicht gelingende Bewältigung*

**Weiterführende Literatur**

Erhart, M./Hurrelmann, K./Ravens-Sieberer, U. (2008): Sozialisation und Gesundheit. In: Hurrelmann, K./Grundmann, M./Walper, S. (Hrsg.): Handbuch Sozialisationsforschung. Weinheim und Basel: Beltz, S. 424–441.

Gelingt die Bewältigung der Entwicklungsaufgaben, kann das Spannungsverhältnis von persönlicher Individuation und sozialer Integration ausgeglichen und eine Ich-Identität aufgebaut werden. Das wiederum hat zur Folge, dass die weitere Persönlichkeitsentwicklung normal verläuft und sich Wohlbefinden und Gesundheit einstellen. Gelingt die Bewältigung nicht, bleibt die Spannung zwischen Individuation und Integration bestehen, und die Identität ist unsicher. In der Folge kann es zu Störungen der weiteren Persönlichkeitsentwicklung und zu Problemverhalten kommen, was sich in einem körperlich-psychischen Ungleichgewicht bis hin zum Entstehen einer Krankheit niederschlagen kann (Erhart/Hurrelmann/Ravens-Sieberer 2008).

In Abbildung 9.1 sind diese Zusammenhänge veranschaulicht. In vereinfachter Form werden nur die beiden extremen Varianten der vollständig gelingenden und der vollständig nicht gelingenden Bewältigung der Entwicklungsaufgaben dargestellt. Diese beiden extremen Ausprägungen markieren die Endpunkte eines Kontinuums, das Zwischenstadien von der relativ guten über eine teils gute, teils schlechte bis hin zu einer relativ schlechten Bewältigung aufweist. Diese Zwischenstadien sind in der Abbildung durch die kleinen senkrechten Striche angedeutet.

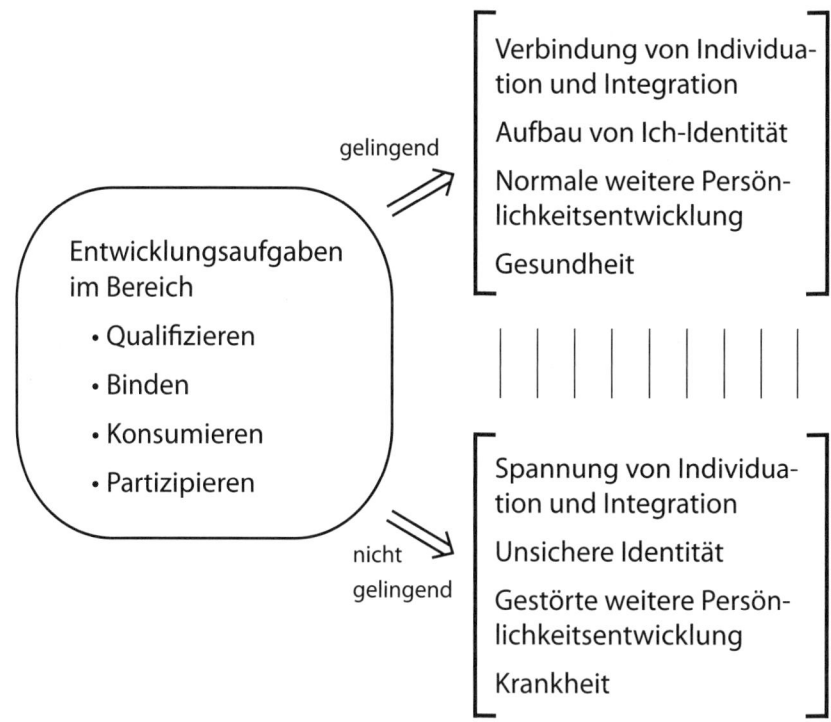

*Abb. 9.1: Auswirkungen gelingender und nicht gelingender Bewältigung von Entwicklungsaufgaben*

Wie schon in Kapitel 3 bei der Erörterung der sechsten These herausgearbeitet wurde, kann die Bewältigung der Entwicklungsaufgaben gelingen, wenn die personalen und sozialen Ressourcen eines Menschen ausreichend sind, um sich mit den verschiedenen artigen Anforderungen auseinanderzusetzen. Das Ergebnis ist dann ein normaler und gesunder weiterer Verlauf der Persönlichkeitsentwicklung. Die Bewältigung gelingt nicht, wenn die personalen und/oder sozialen Ressourcen unzureichend sind. In diesem Fall kann es zu einer gestörten Persönlichkeitsentwicklung mit Symptomen der Überbeanspruchung in Form von Problemverhalten wie etwa sozialer Abweichung, psychischer Störung und körperlicher Krankheit kommen. Sowohl die persönliche Individuation als auch die soziale Integration als auch der Aufbau der Ich-Identität sind hierdurch gefährdet.

Vereinfacht lässt sich sagen, dass eine nicht gelingende Bewältigung eine Krankheitsdynamik auslöst, eine gelingende Bewältigung hingegen eine Gesundheitsdynamik.

## Gesundheit als Ergebnis einer gelingenden Bewältigung

Die gelingende Bewältigung der Entwicklungsaufgaben mit ihren jeweils spezifischen Anforderungen an die Verarbeitung der inneren und äußeren Realität hat in der Regel ein Wohlbefinden und eine gestiegene Lebensfreude zur Folge. Sie führt auch dazu, eine aktive Leistungsbereitschaft zu entfalten und in der Lage zu sein, das eigene Leben kreativ und genussvoll zu gestalten. Sie drückt sich in gesundheitsförderlichen Mustern von Ernährung, Bewegung, Konsum, Freizeittätigkeit, sozialem Engagement, politischer Partizipation, Berufstätigkeit, Bindung, Liebe und Sexualität aus.

Zu den wichtigsten Komponenten einer für die Gesundheit günstigen Lebensführung zählen in erster Linie

- die optimistische Einstellung zur Meisterung der alltäglichen Herausforderungen;
- die Akzeptanz des eigenen Körpers und der psychischen Merkmale;
- der Optimismus, dem eigenen Leben Sinn zu verleihen;
- die Vorstellung von der Beeinflussbarkeit der für die eigene Lebensführung wichtigen Parameter und
- eine auf Zuversicht aufgebaute Erwartung an die Gestaltung der sozialen und physischen Umwelt.

Gesundheit lässt sich als ein Gleichgewichtszustand der Risiko- und der Schutzfaktoren von Körper, Psyche, sozialer Umwelt und ökologischer Lebenswelt verstehen. Diese Balance der Anforderungen muss zu jedem lebensgeschichtlichen Zeitpunkt immer wieder neu hergestellt werden. Die Grundlage dafür ist die Bewältigung der Entwicklungsaufgaben. Kann der Gleichgewichtszustand nicht hergestellt werden, kommt es zu Beeinträchtigungen der

*Gleichgewicht von Risiko- und Schutzfaktoren*

Abläufe in den körperlichen, psychischen, sozialen und ökologischen Funktionsbereichen. Nervensystem, Hormonsystem und Immunsystem können nicht angemessen koordiniert und auf die sozialen und ökologischen Umweltanforderungen eingestellt werden; die Anpassung der Bedürfnis- und Motivationslage an die körperlichen Voraussetzungen und die sozialen und ökologischen Umweltbedingungen gelingt ebenfalls nicht. Entsprechend kann es nicht nur zur Entstehung von psychosomatischen, sondern auch soziosomatischen und ökosomatischen Gesundheitsstörungen kommen, also zum Beispiel zu Schlaflosigkeit, Angstgefühlen und Allergien (Hurrelmann 2000).

Das Modell der produktiven Realitätsverarbeitung sieht den Menschen in einem aktiven Austausch mit seiner inneren und äußeren Realität, der darauf zielt, lebenslang zu seinem eigenen Vorteil in die Entwicklung der eigenen Persönlichkeit und die der sozialen und dinglichen Umwelt einzugreifen. Persönlichkeits- und Gesundheitsentwicklung sind nach dieser Vorstellung aufs Engste miteinander verbunden. Für die Weiterentwicklung der Persönlichkeit und die Sicherung der Gesundheit ist es unabdingbar, sensibel auf alle Veränderungen einzugehen und sie in das eigene Handeln einzubeziehen. In Kapitel 5 wurde das am Beispiel der Bewältigung der Entwicklungsaufgaben in den Lebensphasen Kindheit, Jugend, Erwachsenenalter und Senior im Einzelnen illustriert.

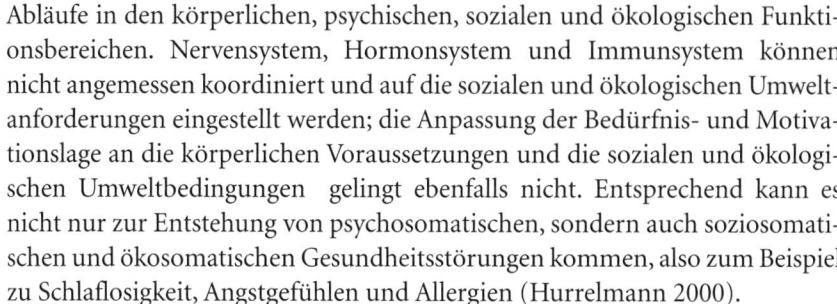

**Weiterführende Literatur**

Hurrelmann, K. (2000): Gesundheitssoziologie. Weinheim: Juventa (überarbeitete 4. Auflage von »Sozialisation und Gesundheit« 1988) (überarbeitete 6. Auflage 2006).

*Die Verbindung von Persönlichkeits- und Gesundheitsentwicklung*

## Die Bedeutung von Schutzfaktoren und Widerstandskräften

Aaron Antonovsky hat, wie schon in Kapitel 1 erwähnt, eine Theorie der Entstehung von Gesundheit (von ihm »Salutogenese« genannt) vorgelegt, die den persönlichen Bewältigungskompetenzen und »Widerstandskräften« gegen Störungen (»Resilienz«) einen großen Stellenwert einräumt. Belastungsfaktoren (»Stressoren«) sind nach diesem Ansatz in jeder Phase des Lebenslaufs präsent. Die meisten Menschen schirmen diese Stressoren ab, sie aktivieren ihre Schutz- und Abwehrmechanismen. Stressoren sind in dieser Konzeption per se nichts Problematisches, sondern sie sind normaler Bestandteil des alltäglichen Lebens und gewissermaßen notwendig, um die Widerstandskräfte eines Menschen und damit seine Überlebensfähigkeit aktiv zu halten. Problematisch wird es allerdings, wenn die Stressoren stärker sind als die personalen und sozialen Ressourcen für die Bewältigung der Entwicklungsaufgaben. In einer solchen Situation reichen die Schutz- und Abwehrmechanismen nicht aus, um die Belastungsfaktoren unter Kontrolle zu halten (Antonovsky 1997).

Die Widerstandskräfte sind in diesem Ansatz die personalen und sozialen Ressourcen, über die ein Mensch verfügt. Ihre Stärke und ihr Profil entscheiden nach dieser Theorie darüber, ob sich Belastungen in einer Beeinträchtigung des psychischen und körperlichen Wohlbefindens niederschlagen oder nicht. Zu den körperlichen Widerstandskräften gehören ein gutes Immunsys-

**Weiterführende Literatur**

Antonovsky, A. (1997): Salutogenese. Zur Entmystifizierung von Gesundheit. Tübingen: TGVT Verlag.

tem, ein stabiles vegetatives und kardiovaskuläres System, körperliche Fitness als Kombination von Beweglichkeit, Kraft und Kondition und eine sensible Körperwahrnehmung. Im psychischen Bereich sind es Kontrollüberzeugungen, Selbstwirksamkeitsüberzeugungen und hoffnungsvolle Lebenseinstellungen, eine hohe Intelligenz und ein positiv getöntes Selbstwertgefühl. Zusammen führen diese Fähigkeiten zu der Kompetenz, rational, flexibel und vorausschauend auf die Anforderungen des Alltags zu reagieren, gute soziale Beziehungen zu entwickeln und in das gesellschaftliche Leben integriert zu sein (Faltermaier 2005).

**Weiterführende Literatur**

Faltermaier, T. (2005): Gesundheitspsychologie. Stuttgart: Kohlhammer.

Eine gelingende Bewältigung der Entwicklungsaufgaben setzt bei einem Menschen die Fähigkeit zur Aufnahme, Bewertung und Strukturierung von selbstbezogenen Informationen voraus, die sich zu einem »Selbstbild« zusammensetzen. Das Selbstbild spiegelt die individuelle Einschätzung der körperlichen und psychischen Merkmale und die zurückliegenden Erfahrungen beim Einsatz von Fertigkeiten und Fähigkeiten in der Auseinandersetzung mit den Entwicklungsaufgaben wider. Ist diese Einschätzung positiv und kommt es zu einer Kontinuität des Selbsterlebens, einer Erfahrung des Sich-selbst-gleich-Seins über die Lebenszeit hinweg, kann eine Ich-Identität aufgebaut werden (siehe die fünfte These in Kapitel 3). Die Ich-Identität ist in der salutogenetischen Betrachtungsweise zum Einen das Resultat einer gelingenden Gesundheitsdynamik, zum Anderen zugleich aber auch eine Garantie dafür, dass die Gesundheit erhalten bleibt.

*Ich-Identität als Erfahrung des Sich-selbst-gleich-Seins*

---

**Reflexion/Übungsaufgaben**

1. Welches sind die Voraussetzungen für eine gelingende Bewältigung der Entwicklungsaufgaben?
2. Worin bestehen die Auswirkungen einer nicht gelingenden Bewältigung der Entwicklungsaufgaben?
3. Wie lässt sich der Begriff »Gesundheit« so definieren, dass er als Ausdruck einer gelingenden Bewältigung der Entwicklungsaufgaben verstanden werden kann?
4. Welche Bedeutung haben Schutzmechanismen und Widerstandskräfte für die erfolgreiche Lebensbewältigung, und in welchem Verhältnis stehen sie zu den personalen und sozialen Ressourcen eines Menschen?

---

## 9.2 Soziale Unterschiede bei der Lebensbewältigung

Wie in der neunten These in Kapitel 3 erwähnt wurde, bestehen soziale Unterschiede in der Kompetenz, die Entwicklungsaufgaben erfolgreich zu bewältigen.

Viele Störungen der Persönlichkeitsentwicklung sind auf die wirtschaftliche und soziale Lebenslage eines Menschen und seine sich daraus ergebende Position in der sozialen »Schicht« zurückzuführen: Es besteht ein Zusammenhang zwischen einer relativ schlechten finanziellen Ausstattung des Haushalts, einem niedrigen Bildungsstatus Bewohner des Haushalts, einer ungünstigen Wohnsituation und einer mangelhaften Struktur der Freizeitangebote und Problemen bei der Bewältigung der Entwicklungsaufgaben. Offensichtlich ist es für Menschen in sozioökonomisch relativ benachteiligten Lebenslagen schwieriger, die Belastungen zu bewältigen, denen sie sich ausgesetzt sehen. Sie verfügen über deutlich geringere personale und soziale Ressourcen und damit im Sinne der salutogenetischen Theorie über schwächere Widerstandskräfte und geringere Abwehrmechanismen gegenüber Stressoren aller Art.

Ein zweiter sozialer Unterschied ist geschlechtsbedingt. Männer und Frauen gehen von Kindheit an unterschiedlich mit den Entwicklungsaufgaben um, was zu einem Teil an ihrer genetischen Disposition und zum Teil an sozialen Erwartungen und Entfaltungsmöglichkeiten der gesellschaftlich geprägten Geschlechtsrollen liegt. Die deutlich längere Lebensdauer der Frauen weist darauf hin, dass sie insgesamt erfolgreicher bei der Bewältigung der Entwicklungsaufgaben sind als Männer. Diese Entwicklung scheint sich in den letzten dreißig Jahren noch verstärkt zu haben.

Auf beide Ausprägungen von sozialer Ungleichheit, die schicht- und die geschlechtsspezifische, wird im Folgenden eingegangen.

### Die Bedeutung des sozioökonomischen Status

**Erkenntnisse der schichtspezifischen Sozialisationsforschung**

Der Zusammenhang zwischen dem sozialen und ökonomischen Status des Elternhauses und der Persönlichkeitsentwicklung ihrer Kinder wird in der Sozialisationsforschung seit den 1960er-Jahren intensiv diskutiert. Die sogenannte »schichtspezifische Sozialisationsforschung« kam früh zu der Erkenntnis, dass berufliche Erfahrung, Bildungsgrad und soziale Vernetzung die Persönlichkeitsstruktur von Müttern und Vätern beeinflussen. Durch soziale Umgangsformen, Kommunikationsstile, Wertorientierungen und Erziehungspraktiken werden die durch die elterliche Persönlichkeitsstruktur geprägten Muster der Lebensbewältigung an die Kinder weitergegeben, was wiederum deren Persönlichkeitsstruktur prägt. Auf diese Weise »vererbt« sich durch die Sozialisation der sozioökonomische Status der Eltern an ihre Kinder.

Kindern werden von ihren Eltern jeweils diejenigen sozialen, sprachlichen, kognitiven und emotionalen Kompetenzen vermittelt, die zum (Über-)Leben in der jeweiligen sozialen Mikrowelt der Familie notwendig sind. Die materiellen und sozialen Lebensbedingungen des Familienhaushalts formen solche Kompetenzen und Handlungen, die man als Angehöriger dieses Haushalts in der konkret gegebenen Lebenswelt braucht. Natürlich setzt sich jedes Kind seinerseits aktiv mit der vorgefundenen familiären Realität auseinander, nimmt sie also nicht nur passiv hin, sondern variiert je nach Temperament, Intelligenz und sozialen Fähigkeiten die Regeln und Anregungen der familiären Mikrowelt. Aber die strukturellen Bedingungen des Familiensystems und die in diesem Rahmen von den Eltern gesetzten Erziehungsimpulse sind in den meisten Fällen so intensiv und dauerhaft und damit so mächtig, dass sie die Persönlichkeit der Kinder prägen (Malti/Perren 2008).

**Weiterführende Literatur**

Malti, T./Perren, S. (2008): Soziale Kompetenz bei Kindern und Jugendlichen. Stuttgart: Kohlhammer.

Während des Lebenslaufs – von der frühen Kindheit über das Jugendalter und das Erwachsenenalter bis in das hohe Alter hinein – können sich Benachteiligungen akkumulieren. Zum Beispiel ziehen im Vorschulalter auftretende Entwicklungsstörungen Leistungsdefizite in der Grundschule nach sich, die sich bis zum Ende der Pflichtschulzeit in Schulversagen aufgeschaukelt haben und sich in einem Schulabbruch niederschlagen können. In der Erwachsenenphase werden hierdurch die beruflichen Chancen minimiert undentsprechend groß ist das Risiko, von Arbeitslosigkeit betroffen zu sein. Im Seniorenalter wirkt sich diese anhaltende Benachteiligung darin aus, dass nur eine sehr geringe Rente bezogen werden kann und ein Armutsrisiko besteht. Die ungünstige Ausgangslage in der Kindheit hat damit zu Störungen geführt, die das Wohlbefinden und die Lebensqualität im ganzen weiteren Lebenslauf mindern.

Der Ausgangspunkt einer solchen Verkettung von Benachteiligungen ist in der Regel die nicht gelingende Bewältigung einer der Entwicklungsaufgaben, etwa die der Qualifizierung. Kann, wie in dem Beispiel ausgeführt, die Meisterung von Leistungsanforderungen zu einem späteren Zeitpunkt im Lebenslauf nicht nachgeholt werden, entfaltet sie über einen langen Zeitraum eine negative Wirkung und führt dazu, dass auch andere Entwicklungsaufgaben wie zum Beispiel der Aufbau von Partnerbeziehungen und die Gründung einer eigenen Familie nicht erfolgreich bewältigt werden. Das wiederum kann der Beginn eines ungünstigen Verlaufs der gesamten Persönlichkeitsentwicklung sein.

*Verkettung von Benachteiligungen*

Es handelt sich dabei nicht um deterministische, zwangsläufige Verkettungen von Ursache und Wirkung. Treten im Lebenslauf günstige Bedingungen ein, indem etwa eine Erzieherin, ein Lehrer oder ein Verwandter einen engen persönlichen Kontakt zu einem Kind aus benachteiligten Verhältnissen herstellt und zu einer wichtigen Bezugsperson wird, an der sich das Kind orientiert, kann die Risikoverkettung unterbrochen werden. Glücklicherweise gibt es immer wieder Beispiele hierfür, die Kindern in scheinbar aussichtsloser Lage die Möglichkeit eröffneten, sich gegenüber ungünstigen Sozialisationsimpulsen des eigenen Elternhauses zu immunisieren oder sogar aktiven Widerstand dagegen aufzubauen. Das sind aber die selteneren Fälle, und insgesamt ist die Wahrscheinlichkeit groß, dass sich ungünstige Ausprägungen der personalen und sozialen Ressourcen zusammenballen und zum Ausgangspunkt einer negativen Entwicklungsdynamik werden.

*Sozial besonders benachteiligte Bevölkerungsgruppen*

Das Ausmaß der Benachteiligung hat in den letzten Jahrzehnten kontinuierlich zugenommen. In allen hoch entwickelten Gesellschaften ist die wirtschaftliche Ungleichheit gewachsen. Auch in Deutschland sind heute mehr Haushalte auf staatliche Transferleistungen (»Hartz IV«) angewiesen als vor dreißig Jahren. Sie sind von relativer Armut bedroht, während gleichzeitig am anderen Ende der sozialen Schichtung die Zahl der sehr reichen Haushalte steigt, die im historischen Vergleich über einen noch nie dagewesenen Wohlstand verfügen.

Besonders groß ist die sozioökonomische Benachteiligung von Ein-Eltern-Familien (Alleinerziehenden), Familien mit mehr als drei Kindern und Familien mit einem Zuwanderungshintergrund. Wir in Kapitel 6 erläutert wurde, liegt das zu einem beträchtlichen Teil an den erheblichen Kosten, die Kinder heute verursachen, und an nicht mehr zeitgemäßen Formen der finanziellen Familienförderung, die eine Berufstätigkeit von Müttern behindern. Auch die unzureichende Integrationspolitik für Migranten ist zu nennen. In Deutschland leben etwa 15 Prozent der Haushalte, darunter überwiegend Familien mit Kindern, in »relativer Armut«. Sie verfügen über weniger als 50 Prozent der Haushaltsmittel eines durchschnittlichen Haushalts. Bei den genannten Risikogruppen steigt die Armutsquote oft auf das Doppelte.

Bezogen auf Einzelpersonen ist das Risiko der Benachteiligung besonders bei einem fehlenden oder schlechten Schulabschluss und geringer beruflicher Qualifikation sehr hoch. Das ist maßgeblich auf die in Kapitel 7 angesprochenen fehlenden öffentlichen Betreuungsplätze für Kleinkinder und die unzureichenden Förderstrukturen für benachteiligte Kinder im Vorschul- und Schulbereich zurückzuführen.

Zu den sozioökonomisch schwachen Familien zählen besonders viele mit einem Zuwanderungshintergrund. Etwa die Hälfte der Eltern in diesen Familien hat große Schwierigkeiten, das Alltagsleben adäquat zu strukturieren und die Erziehung der Kinder auf das ausgewogene Verhältnis von Anerkennung, Anregung und Anleitung auszurichten, das Kinder benötigen, um sich erfolgreich mit den täglichen Anforderungen auseinanderzusetzen. In Deutschland hat rund die Hälfte der Zugewanderten eine geringe oder gar keine Schulbildung und oft auch keine berufliche Qualifikation, die am Arbeitsmarkt nachgefragt wird.

*Besondere Belastungen in Zuwanderungsfamilien*

In Zuwanderungsfamilien ist die soziale Belastung oft deshalb besonders hoch, weil zu den sozioökonomischen Benachteiligungen noch kulturelle Fremdheit und sprachliche Verständigungsprobleme hinzukommen. Vielen dieser Menschen gelingt es deshalb nicht, sich an die für sie schwer verständlichen sozialen Umgangsformen anzupassen und sich in die nachbarschaftlichen und kulturellen Strukturen zu integrieren. Umgekehrt werden die Angehörigen dieser Familien auch oft von den einheimischen Bevölkerungsgruppen ausgegrenzt und stigmatisiert. Auf diese Weise kann es zu sozialer Isolierung und Gettobildung im Wohnumfeld kommen.

Als Folge stellen sich Probleme bei der Bewältigung der Entwicklungsaufgaben ein, die sich bei Kindern und Jugendlichen in schulischen Leistungsschwierigkeiten, oft begleitet von psychischen Verhaltensstörungen, sozialen Kontaktstörungen, Aggressionen oder Depressionen und anderen Formen des Risikoverhaltens, niederschlagen können. Auch bei Erwachsenen mit einem Zuwanderungshintergrund treten psychische Störungen häufiger als in der einheimischen Bevölkerung auf.

Im Falle der Kinder und Jugendlichen ist diese Situation besonders unbefriedigend, weil ihre Bildungserwartungen und -motivationen und die ihrer Eltern sehr hoch sind. Ziel der Eltern ist es in der Regel, den eigenen Kindern über schulische Lern- und Leistungsprozesse einen höheren Bildungsabschluss zu sichern, als sie ihn selbst erwerben konnten. Dieser Abschluss wird als Voraussetzung für berufliche Karrierechancen gesehen, die den sozialen Status der gesamten Familie anheben sollen.

Die Kinder aus Zuwanderungsfamilien haben diese Vorstellung ebenfalls verinnerlicht, aber es gelingt ihnen von Anfang ihrer Bildungslaufbahn an nicht, sie praktisch umzusetzen. Trotz ihrer subjektiv hohen Lern- und Anstrengungsbereitschaft scheitern sie vor allem an ihren zu geringen Sprachfähigkeiten und an dem Unvermögen ihrer Eltern, sich auf die Umgangsformen und Erwartungen des deutschen Schulsystems einzustellen. Im Unterschied zu anderen Ländern drückt sich hierin natürlich auch das Versagen der vorschulischen und schulischen Bildungseinrichtungen in Deutschland aus, die Kinder aus Zuwanderungsfamilien gezielt individuell zu fördern und ihre Eltern einfühlsam zu unterstützen (Mansel/Spaiser 2010).

**Weiterführende Literatur**

Mansel, J./Spaiser, V. (2010): Hintergründe von Bildungserfolgen und -misserfolgen junger Migrant/innen. Diskurs Kindheits- und Jugendforschung 5, S. 209–225.

## Die Bedeutung der Geschlechtszugehörigkeit

Während die sozioökonomischen Einflüsse auf Unterschiede der Lebensbewältigung recht gut erforscht sind, treten geschlechtsspezifische Divergenzen erst seit einigen Jahren in den Blickpunkt der wissenschaftlichen Arbeit. Beide Geschlechter stehen vor der Aufgabe, ihre körperlichen und psychischen Dispositionen auf die soziale und physische Umwelt auszurichten. Sie tun das auf unterschiedliche Weise, was zum Teil auf ihre biologische Veranlagung, zum Teil auf gesellschaftliche Vorstellungen und Muster vom »angemessenen« männlichen und weiblichen Verhalten zurückzuführen ist (Hurrelmann/Kolip 2002).

**Weiterführende Literatur**

Hurrelmann, K./Kolip, P. (Hrsg.) (2002): Geschlecht, Gesundheit und Krankheit. Bern: Huber.

Wie in der zehnten These in Kapitel 3 ausgeführt, sind die geschlechtsspezifischen Unterschiede in der Persönlichkeitsentwicklung biologisch bedingt. Biologische Faktoren legen das Verhalten in einem Möglichkeitsraum fest, lassen aber große Spielräume für Eigenaktivität und Umwelt- und Erziehungsimpulse. Weiblichkeit und Männlichkeit werden gelebt und individuell hergestellt (»produziert« – siehe zweite These in Kapitel 3), indem ein junger Mann oder eine junge Frau mit der jeweils angelegten körperlichen Konstitution, dem Temperament und den psychischen Grundstrukturen arbeitet und diese mit der sozialen und physischen Umwelt in Einklang bringt (in der englischen Sprache bildhaft als »doing gender« bezeichnet).

In jeder gesellschaftlichen Formation haben die Angehörigen der beiden Geschlechter die Aufgabe, unter Rückgriff auf ihre genetische Disposition und ihre personalen und sozialen Ressourcen auf die spezifischen Anforderungen zu reagieren, die sich aus der aktuellen wirtschaftlichen, politischen und kulturellen Lebenssituation ergeben.

### Breites Rollenspektrum bei jungen Frauen

Ziehen wir als Indikator für eine erfolgreiche Bewältigung der Entwicklungsaufgaben die Lebensdauer heran, sind Frauen seit vielen Generationen besser gestellt als Männer. Schon bei der Geburt erweisen sich weibliche Säuglinge als widerstandfähiger als männliche und erreichen eine geringere Sterblichkeitsquote. Diese Unterscheide bleiben während des gesamten Lebenslaufs bestehen und führen zu durchschnittlich sechs mehr Lebensjahreren.

*Bessere Voraussetzungen zur Bewältigung der Entwicklungsaufgaben bei Familien*

In den letzten drei bis vier Jahrzehnten lässt sich aus sozialwissenschaftlichen Studien ablesen, dass vor allem jüngere Frauen im Jugend- und frühen Erwachsenenalter intensivere Bemühungen als Männer unternehmen, um sich aktiv auf die gegenwärtigen Anforderungen in allen Lebensbereichen einzustellen. Die jungen Frauen streben vor allem an, ihren Dispositionsspielraum zu vergrößern und sich aus den traditionell für sie vorgesehenen gesellschaftlichen Positionen herauszulösen.

Mit dem anschaulichen Bild von den Lebensbereichen »Küche«, »Kirche« und »Kinder« lässt sich das illustrieren. Die drei »Ks«, welche die traditionellen Segmente der Frauenrolle definieren, sind bei der Mehrzahl der jungen Frauen nach wie vor wichtige Orientierungspunkte. Die Mehrheit der jungen Frauen hat diese drei »Ks« flexibel weiterentwickelt, in ihrem Verhältnis zueinander neu bestimmt und zusätzlich ein viertes »K« erobert, die »Karriere«. Die Lebensführung der Frauen ist damit auf vielfältige Rollen ausgerichtet. Diese Orientierung scheint es zu sein, die Frauen fit macht für die neuartigen Lebensbedingungen moderner Gesellschaften. Die Mehrfachorientierung führt konsequenterweise auch dazu, dass junge Frauen stark in die eigene Bildung investieren, weil diese eine grundlegende Voraussetzung für den Einstieg in eine berufliche Karriere ist.

*Enges Rollenspektrum bei jungen Männern*

Anders ist die Ausgangslage bei den jungen Männern. Sie sehen gegenwärtig keinen Vorteil darin, ihre genetisch prädisponierte Geschlechtsrolle neu auszulegen. Sie zögern, zu dem traditionellen »K« der männlichen Rolle, der »Karriere«, die anderen drei »Ks« hinzuzufügen. Die Orientierung an der Karriere hat ihren Vätern und Großvätern nur Vorteile gebracht und sie in wirtschaftliche und gesellschaftliche Machtpositionen geführt, und die Mehrheit der jungen Männer möchte das für sich reproduzieren.

Das Problem dabei ist jedoch, dass sich die beruflichen Anforderungen durch die Integration der neuen Informations- und Kommunikationstechniken in den Arbeitsalltag stark umgeschichtet haben und dass die gesellschaftlichen Lebensbedingungen – wie in Kapitel 4 dargestellt – offener als noch vor dreißig Jahren strukturiert sind. Feste Verhaltensstandards sind dadurch entfallen, sodass der Stellenwert der sozialen Sensibilität, der Anpassung an neue Bedingungen und des Herstellens von Kommunikationsnetzwerken gestiegen ist. Traditionelle männliche Stärken wie das durchsetzungsorientierte Kämpfen und kraftvolle Machtausüben sind obsolet geworden. An ihre Stelle tritt Teamarbeit mit Interessenausgleich und Verhandlungsgeschick.

Junge Männer, die unter diesen Umständen weiter auf die eng zugeschnittene traditionelle Geschlechtsrolle setzen, bauen sich damit unbeabsichtigt ein soziales Rollengefängnis, das ihre weitere Entwicklung blockiert. Sie werden den veränderten Anforderungen im Berufsleben ebenso wenig gerecht wie der in den modernen Gesellschaften immer weiter voranschreitenden engen Verzahnung von instrumentell orientiertem Berufsleben und emotional orientiertem Privatleben. Sie ignorieren die Symbiose von Beruf und Familie, die sich hieraus ergibt. In Zeiten von internationalem Wettbewerb und gestiegenen Anforderungen an die Leistungsfähigkeit in sämtlichen Berufssektoren sind aber die Fähigkeiten der flexiblen Lebensgestaltung und der Verbindung verschiedener Lebensbereiche Voraussetzungen dafür, aktiv und produktiv zu sein und zu bleiben (Quenzel/Hurrelmann 2010b).

*Männer sind in der eng zugeschnittenen Rolle gefangen*

**Weiterführende Literatur**

Quenzel, G./Hurrelmann, K. (Hrsg.) (2010b): Bildungsverlierer. Wiesbaden: VS Verlag für Sozialwissenschaften.

Die Bereitschaft zu Investitionen in den eigenen Schulerfolg, also die Kompetenz, ein »Bildungsmanagement in eigener Sache« zu betreiben (vgl. Kap. 7), scheint hiermit eng zusammenzuhängen. Die jungen Frauen haben ihre Bildungsleistungen auf allen Stufen des Bildungssystems in den letzten dreißig Jahren stetig verbessert. Demgegenüber stagnieren die Männer in ihren Leistungsbilanzen und zählen daher zu den »Bildungsverlierern«.

## 9.3 Interventionen in den Sozialisationsprozess

Ein hohes Ausmaß an sozialer Ungleichheit stellt für eine Gesellschaft ein Risiko für den Zusammenhalt dar. Eine Spaltung in arme und reiche Bevölkerungsgruppen wird ebenso wie eine in ein mächtiges und ein ohnmächtiges Geschlecht als ungerecht empfunden und untergräbt das Gefühl der Zusammengehörigkeit in einem Gemeinwesen.

Alle hochentwickelten Gesellschaften sollten deshalb ein Interesse daran haben, soziale Ungleichheit auf ein Mindestmaß zu reduzieren. Neben strukturellen gesellschaftspolitischen sind Interventionen in den Prozess der Sozialisation dafür besonders geeignet, weil damit die Kompetenzen der Gesellschaftsmitglieder für die Bewältigung der Entwicklungsaufgaben beeinflusst werden können. Je früher im Lebenslauf unterstützende und ausgleichende Interventionen einsetzen, desto eher können sie ungleiche Ausgangsbedingungen für die Persönlichkeitsentwicklung überwinden helfen (Hurrelmann/ Kaufmann/Lösel 1987).

**Weiterführende Literatur**

Hurrelmann, K./Kaufmann, F.-X./Lösel, F. (Hrsg.) (1987): Social Intervention. Berlin: de Gruyter.

### Abbau schichtspezifischer Ungleichheiten

Wie die Analysen in den vorangegangenen Kapiteln gezeigt haben, wirken sich die Lebensumstände im Kindesalter besonders nachhaltig auf die Persönlichkeitsentwicklung eines Menschen aus. Wer in einer anregungsarmen Umgebung mit beschränkten Bildungsmöglichkeiten aufwächst, hat später mit großer Wahrscheinlichkeit ein schwierigeres Arbeitsleben mit einem geringen Einkommen, und das wiederum geht oft mit einem niedrigen Selbstwertgefühl einher und schafft ungünstige Voraussetzungen für das Biografie-Management (Berger/Keim/Klärner 2010).

Um ungleiche Startbedingungen im Sozialisationsprozess auszugleichen, sind familien-, bildungs- und sozialpolitische Förderungsstrategien notwendig, die darauf zielen, die Dynamik der sozialen Benachteiligung schon im Kindesalter gar nicht erst zur Entfaltung gelangen zu lassen. Der in Kapitel 7 angesprochenen Unterstützung der Eltern bei der Betreuung und Erziehung ihrer Kinder und ihrer Kooperation mit den vorschulischen Erziehungs- und Bildungsangeboten kommt hierbei eine wichtige Rolle zu (Brake/Büchner 2010).

Chancengerechtigkeit setzt voraus, jedes Kind unabhängig von leistungsfremden Merkmalen wie Herkunft, Prestige und Vermögen der Eltern, Wohnort, Religionszugehörigkeit, Hautfarbe und politische Einstellung gezielt individuell zu fördern. Länder, die ein breit ausgebautes System von vorschulischen Einrichtungen mit geschultem Personal zur individuellen Leistungs- und Sozialförderung der Kinder haben, sind im internationalen Vergleich am besten in der Lage, das Ausmaß der schichtspezifischen Ungleichheit der Verteilung von Bildungsabschlüssen zu reduzieren. Wie in Kapitel 7 erwähnt wurde, hat Deutschland in dieser Hinsicht einen Nachholbedarf.

Ein äußerst wichtiger Bestandteil der Förderpolitik ist es, den Eltern auch kleiner Kinder eine Vereinbarkeit von Familie und Beruf zu ermöglichen.

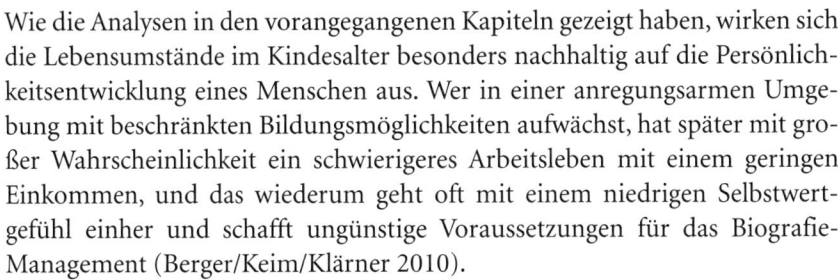

**Weiterführende Literatur**

Berger, P. A./Keim, S./ Klärner, A. (2010): Bildungsverlierer – eine (neue) Randgruppe? In: Quenzel, G./Hurrelmann, K. (Hrsg.): Bildungsverlierer. Neue Ungleichheiten. Wiesbaden: VS Verlag für Sozialwissenschaften, S. 37–52.

Brake, A./Büchner, P. (Hrsg.) (2010): Bildung und soziale Ungleichheit. Stuttgart: Kohlhammer.

*Die Dynamik der sozialen Benachteiligung früh abbremsen*

Kann Müttern und Vätern ein Zugang zur Erwerbsarbeit ermöglicht werden, ist es ihnen möglich, neben ihrer Erziehungsaufgabe eine weitere aktive gesellschaftliche Rolle zu übernehmen und sich selbst und ihre Familie materiell zu versorgen. Die Sicherung der Erwerbstätigkeit von Eltern erweist sich im internationalen Vergleich aus diesem Grund als eine hilfreiche Strategie, um sozioökonomische Ungleichheiten einzudämmen, wie besonders deutlich in den skandinavischen Ländern zu beobachten ist.

Die Bevölkerungsgruppen mit einem Zuwanderungshintergrund brauchen die gezielte individuelle Unterstützung besonders dringlich. Die Eingliederung ihrer erwachsenen Mitglieder in das Erwerbsleben und die Unterstützung der Eltern in diesen Familien bei der Betreuung und Förderung der Kinder in enger Zusammenarbeit mit Vorschul- und Schuleinrichtungen sind die effektivsten Strategien der gesellschaftlichen Integration. Da moderne Gesellschaften wegen ihrer demografischen Entwicklung (wie in Kapitel 4 dargestellt) auf die Zuwanderung von jungen Bevölkerungsmitgliedern aus anderen Ländern angewiesen sind, müssen sie der Förderpolitik in diesem Bereich einen hohen Stellenwert geben.

Verringert eine Gesellschaft die wirtschaftliche und soziale Ungleichheit, wächst das Ausmaß an sozialem Zusammenhalt (Kohäsion), steigt die Bereitschaft der Mitglieder, solidarisch füreinander einzutreten, und deshalb sinkt langfristig auch das Niveau von Konflikten und Spannungen. Eine hohe soziale Kohäsion führt in einem Gemeinwesen zu einem erhöhten Maß an geteilten und anerkannten Werten, einer übereinstimmenden Deutung der gesellschaftlichen Verhältnisse, einem Verantwortungsgefühl für die Gemeinschaft mit der Bereitschaft zum Engagement für öffentliche Angelegenheiten. Hierdurch wird nicht nur die Persönlichkeit jedes einzelnen Gesellschaftsmitglieds gestärkt, sondern auf der gesellschaftlichen Ebene steigt gleichzeitig die kollektive Innovations- und Produktionskraft, weil die Menschen sich als Bestandteil eines Gemeinwesens empfinden. Der Sozialisation kommt hierbei eine zentrale Rolle zu, und deshalb sind Interventionen in den Prozess der Sozialisation, wie sie hier beispielhaft angesprochen wurden, von großer Bedeutung.

*Verringerung der Ungleichheit als Voraussetzung für erfolgreiche Sozialisation*

### Abbau geschlechtsspezifischer Ungleichheiten

Um die anwachsenden Unterschiede zwischen jungen Männern und jungen Frauen bei der Bewältigung der Entwicklungsaufgaben auszugleichen, sind geschlechtsspezifische Interventionen in den Prozess der Sozialisation einzuleiten. Aktuell geht es darum, junge Frauen beim Übergang in den Beruf zu unterstützen und ihnen Hilfen für die Verbindung von Berufs- und Familienverpflichtungen anzubieten. Bei den jungen Männern kommt es in erster Linie darauf an, ihre Defizite im schulischen Leistungsbereich auszugleichen und sie auf ein flexibles Verständnis der männlichen Geschlechtsrolle vorzubereiten, auch mit dem Ziel, dass sie ebenso wie die jungen Frauen berufliche und familiäre Aktivitäten miteinander in Einklang bringen können.

Gezielte Programme der Jungenförderung sollten aus diesen Überlegungen heraus vor allem an der Entwicklungsaufgabe Qualifizierung ansetzen. Diese Ansätze können mit Impulsen verbunden werden, die einseitige Orientierung am traditionellen Männerbild zu erweitern und ein auf die persönlichen Interessen und Fähigkeiten abgestimmtes Verständnis von Männlichkeit aufzubauen.

*Förderung eines flexiblen Biografie-Managements bei beiden Geschlechtern*

Wie die Darstellung in Kapitel 4 gezeigt hat, stellen die offenen und pluralistischen Gesellschaften der Gegenwart hohe Anforderungen an ein flexibles Biografie-Management. Gefordert sind die Bereitschaft und die Kompetenz, neue Wege zu gehen sowie Situationen struktureller Ungewissheit zu ertragen und durch Selbstdisziplin zu überbrücken. Diese Mischung aus gezieltem Ressourceneinsatz bei genauer Kenntnis der persönlichen Potenziale und gleichzeitigem Ausschöpfen sich neu aufschließender Verhaltens- und Entfaltungsmöglichkeiten fällt der Mehrheit der jungen Männer heute schwer. Offenbar fehlen ihnen die Ermutigungen und Anreize dazu, auch aus den Sozialisationsinstanzen Familie, Kindergarten und Schule und den sozialisationsrelevanten Umwelten von Gleichaltrigengruppe, Freundeskreis und Medien. Junge Frauen erhalten hingegen vielfältige Stimulierungen, ihre Geschlechtsrolle offen und flexibel zu definieren, auf Erfolg im Beruf und am Arbeitsmarkt ausgerichtet zu sein und damit in traditionelle Männerbereiche einzudringen. Das hat positive Auswirkungen auf ihre intellektuelle Leistungsfähigkeit und ihre Bildungsbilanzen im Schulsystem. Die Herausforderung besteht darin, auch den jungen Männern eine solche Stimulation anzubieten.

---

**Folgende Fragen können Ihnen helfen, Ihr Verständnis der Ausführungen in diesem Kapitel zu überprüfen:**

1. Welche Faktoren sind dafür verantwortlich, dass Menschen mit einem niedrigen sozialen Status und niedrigem Bildungsgrad besonders große Schwierigkeiten bei der Bewältigung ihrer Entwicklungsaufgaben haben?
2. Welche Bevölkerungsgruppen mit welchem familiären und sozialen Hintergrund sind ökonomisch und sozial besonders stark benachteiligt?
3. Wie ist es zu erklären, dass sich in den letzten drei Jahrzehnten die Kompetenzen zur Bewältigung der Entwicklungsaufgaben bei Jungen nicht so schnell wie bei Mädchen entwickelt haben?
4. Welche gesellschaftpolitischen Strategien bieten sich an, um die schichtspezifischen und die geschlechtsspezifischen Ungleichheiten der Chancen zur Lebensbewältigung auszugleichen?

## Zusammenfassung

In diesem Kapitel wurden zunächst die Bedingungen analysiert, die zu einer Persönlichkeitsentwicklung führen, bei der die Entwicklungsaufgaben erfolgreich bewältigt, das Spannungsverhältnis zwischen persönlicher Individuation und sozialer Integration ausgeglichen und eine Ich-Identität aufgebaut werden können. Sind ausreichende Ressourcen im persönlichen und sozialen Bereich vorhanden, ist eine normale weitere Persönlichkeitsentwicklung sehr wahrscheinlich. Es wurde herausgearbeitet, dass hierin auch die Voraussetzung für die Sicherung der körperlichen und psychischen Gesundheit liegt.

Im zweiten Abschnitt des Kapitels wurden schichtspezifische (sozioökonomische) und geschlechtsspezifische Unterschiede bei der Bewältigung der Entwicklungsaufgaben dargestellt. Die Analyse zeigte, dass sich bei Kindern und Jugendlichen vor allem dann Defizite in der Persönlichkeitsentwicklung mit Störungen bei der Lösung der altersspezifischen Entwicklungsaufgaben und beim Aufbau der nötigen Widerstände gegen Herausforderungen und Risiken herausbilden, wenn sie in Familienhaushalten mit geringen finanziellen, kulturellen und sozialen Ressourcen groß werden. Diese Benachteiligungen können sich über den gesamten Lebenslauf hinweg weiter aufschaukeln. Kinder aus Familien von Alleinerziehenden, sehr großen Familien und Familien mit einem Zuwanderungshintergrund sind besonders häufig betroffen.

Bei der Betrachtung der geschlechtsspezifischen Unterschiede wurde deutlich, dass junge Männer heute stärker und öfter als junge Frauen Belastungssituationen ausgesetzt sind, die sie nicht erfolgreich bewältigen können. Die wesentlichen Ursachen dafür wurden in der vergleichsweise geringeren Bereitschaft der jungen Männer gesehen, ihre Geschlechtsrolle flexibel auszulegen, um auf die veränderten Lebens- und Berufsanforderungen eingehen zu können. Den Sozialisationsinstanzen Familie und Bildungssystem ist es bisher nicht gelungen, die jungen Männer bei dieser Aufgabe wirkungsvoll zu unterstützen.

Im letzten Abschnitt wurden schichtspezifische und geschlechtsspezifische Interventionsstrategien angesprochen, die darauf zielen, den benachteiligten Gruppen diejenigen Anregungen, Impulse und Ermutigungen zukommen zu lassen, die sie für eine gesunde Entwicklung ihrer Persönlichkeit benötigen. Der Schwerpunkt lag dabei auf Interventionen, die den Sozialisationsprozess in den primären und sekundären Instanzen Familie und Bildungssystem beeinflussen.

# 10. Das Modell der produktiven Realitätsverarbeitung (MpR) in Lehre, Unterricht und Selbststudium

*Zusammengestellt von Nicole Reitz in Kooperation mit Klaus Hurrelmann*

## 10. 1 Wissenschaftliche Lehrbücher

Abels, H./König, A. (2010): Sozialisation. Soziologische Antworten auf die Frage, wie wir werden, was wir sind, wie gesellschaftliche Ordnung möglich ist und wie Theorien der Gesellschaft und der Identität in einanderspielen. Wiesbaden: VS Verlag.

*Gut verständliche Darstellung und Kommentierung des Modells der produktiven Realitätsverarbeitung (MpR) in Kapitel 13 (S. 194-203) im Kontext der wichtigsten Ansätze der Sozialisationstheorie von Simmel und Durkheim über Freud, Watson, Riesman, Parsons, Goffman, Erikson, Krappmann, Habermas, Berger/Luckmann bis Bourdieu.*

Bauer, U. (2011): Sozialisation und Ungleichheit. Wiesbaden: VS Verlag.

*Bisher ausführlichste Darstellung des Modells der produktiven Realitätsverarbeitung in der Fachliteratur mit exakter Bibliografie aller wissenschaftlichen Publikationen hierzu. Kritische Auseinandersetzung mit dem MpR und Kontrastierung des Modells mit dem Habitusmodell von Pierre Bourdieu.*

Baumgart, F. (Hrsg.) (2004): Theorien der Sozialisation. Erläuterungen-Texte-Arbeitsaufgaben. Studienbücher Erziehungswissenschaft. Bad Heilbrunn: Klinkhardt.

*Zur Einführung in die Erörterung der Theorien von Durkheim, Parsons, Mead, Habermas und Bourdieu bringt Baumgart einen Abdruck der »Sieben Maximen der Sozialisationstheorie« aus der Erstausgabe der »Einführung in die Sozialisationstheorie« mit umfangreichen Arbeitsaufgaben (S. 19-28).*

Raithel, J./Dollinger, B./Hörmann, G. (2005): Einführung Pädagogik. Begriffe – Strömungen – Klassiker – Fachliteratur. Wiesbaden: VR Verlag.

*Komprimierte Vorstellung und fachliche Einordnung des MpR in Kapitel 5 (S. 65-66).*

Tillmann, K.-J. (2010): Sozialisationstheorien. Eine Einführung in den Zusammenhang von Gesellschaft, Institution und Subjektwerdung. Reinbek bei Hamburg: Rowohlt.

*Im gesamten Buch vielfältige Bezüge zum Modell der produktiven Realitätsverarbeitung. Das MpR wird dabei mit anderen Modellen verglichen und konkret auf die Themenbereiche Sozialisation nach Geschlecht, Sozialisation in der Schule und Sozialisation im Jugendalter bezogen.*

Zimmermann, P. ($^3$2006): Grundwissen Sozialisation. Einführung zur Sozialisation im Kindes- und Jugendalter. Wiesbaden: VS Verlag.

*In Kapitel 6 »Sozialisation in der Jugendphase« Erörterung des MpR, unter anderem zur Analyse der Verbindung von Individuation und Integration in der Lebensphase Jugend (S. 154-175).*

## 10.2    Lehrwerke für Schulen

### Lehrerhandbücher

Bubolz, G./Fischer, H. (2010): Kursbuch Erziehungswissenschaft. Berlin: Cornelsen, S. 300-310; S. 569-571.

*Allgemeine Hinweise zum MpR und Zusammenstellung von Texten zum Themenbereich »Entwicklung, Sozialisation und Identität im Lebenszyklus« als Hilfestellung für die Klausur- und Abiturvorbereitung. Teilweise identische Textauszüge auch im Lehrerhandbuch Fischer, H. (2009): Ergänzungsband Zentralabitur NRW. Berlin: Cornelsen, S. 98–105.*

Bubolz, G./Fischer, H. (2010): Kursbuch Erziehungswissenschaft. Handreichung für den Unterricht. Berlin: Cornelsen, S. 199–201.

*Lehrerhandbuch mit Lösungen zu den Arbeitsaufgaben aus dem oben aufgeführten »Kursbuch Erziehungswissenschaft«.*

Bubolz, G. (2005): Entwicklung, Sozialisation und Identität im Jugend- und Erwachsenenalter. Kursthemen Erziehungswissenschaft, Band 4. Berlin: Cornelsen.

*Textauszüge im Abschnitt »Entwicklung und Sozialisation: Risiken in Pubertät und Jugendalter« aus dem Buch »Lebensphase Jugend«, S. 29/30 und 53/54.*

Dorlöchter, H./Stiller, E. (2006): Phoenix. Der etwas andere Weg zur Pädagogik. Ein Arbeitsbuch. Band 2. Paderborn: Schöningh.

*Im Themenkreis »Sozialisation im Jugendalter – Ein produktiver und konstruktiver Prozess der Gestaltung von Identität« Textauszüge aus »Lebensphase Jugend« zu den Charakteristika der Lebensphase Jugend und den »Acht Maximen« (S. 206-219), zum Bewältigungsverhalten (S. 223-225) und zu den Shell Jugendstudien (S. 229-230).*

### Textsammlungen und Planungshilfen für Lehrkräfte

Durt, M. (2011): Hurrelmanns Modell der produktiven Realitätsverarbeitung. Eine Einführung in Theorie und Begrifflichkeit. Baltmannsweiler: Schneider Verlag.

*Umfassende Darstellung des MpR mit umfangreichen Textauszügen aus »Einführung in die Sozialisationstheorie« und »Lebensphase Jugend«.*

Püttmann, C./Rogowski, H. (2006): Lernen an Stationen im Pädagogikunterricht. Baltmannsweiler: Schneider Verlag, S. 65.

*Im Themenbereich »Entwicklung und Sozialisation in der Kindheit, Station VIII: Zum Verhältnis von Entwicklung und Sozialisation« Textauszüge aus »Einführung in die Sozialisationstheorie«.*

Klaus, B. (2004): Planungshilfen für den Pädagogikunterricht. Teil III: Förderung der Sozialisation. Zentrale pädagogische Probleme. Didactica Nova Bd. 13. Baltmannsweiler: Schneider Verlag, S. 47-48.

*Im Kapitel »Sozialisationstheoretische Grundlagen« werden didaktische Zugangsmöglichkeiten zu den »acht Maximen zum Jugendalter« vorgestellt, gefolgt von Anregungen für die eigenständige fachliche Auseinandersetzung durch die Schülerinnen und Schüler und Hinweisen an Lehrkräfte für eine abschließende Lernerfolgsüberprüfung.*

Püttmann, C./Stork, R. (2011): Erziehung durch Einbeziehung? Eine Bilanz der Fachdiskussion über Partizipation in der Heimerziehung. In: Pädagogikunterricht 31, H. 4. S. 52–56.

*Anregungen und Hinweise für eine Unterrichtseinheit mit der Aufgabenstellung: »Diskutieren Sie Möglichkeiten der Partizipation im Rahmen der stationären erzieherischen Hilfen unter Rückgriff auf die Entwicklungsaufgaben im Kindes- und Jugendalter nach Hurrelmann«.*

Verband der Pädagogiklehrerinnen und -lehrer VdP (Hrsg.) (2010): Das Modell der produktiven Realitätsverarbeitung nach Hurrelmann. Ein Reader für den internen Gebrauch. Wesel: VdP Eigenverlag.

*Eine kompakte Darstellung des MpR in einer 33 Seiten umfassende Materialmappe (Bestellung über: vdp-geschaftsstelle@gmx.de).*

Verband der Pädagogiklehrerinnen und -lehrer VdP (Hrsg.) (2011): Vortrag von Professor Hurrelmann zum MpR beim Pädagogiklehrertag an der Ruhr-Universität Bochum am 30. September 2011, DVD (Bestellung über: vdp-geschaftsstelle@gmx.de).

*Das DVD-Material enthält den gesamten Vortrag sowie die anschließende fachliche Diskussionsrunde im Plenum von über 1000 Pädagogiklehrinnen und -lehrern. Die verwendeten Tafelbilder sind auf der DVD ebenfalls einsehbar. Bestellungen über die Homepage des VdP (vdp-geschaftsstelle@gmx.de).*

## Aufsätze zum MpR aus der Zeitschrift Pädagogikunterricht

Durt, M. (2008): Zu Hurrelmanns Theorie der produktiven Begriffsverarbeitung«. Pädagogikunterricht 28, H. 2/3, S. 44–47.

Durt, M. (2011): Einführung in Theorie und Begrifflichkeit. Pädagogikunterricht 31, II. 1, S. 19–24.

Gebel, M. (2006): Der dreifache Hurrelmann. Pädagogikunterricht 26, H. 2/3, S. 60/61.

Hurrelmann, K. (2000): Soziales Lernen in der Schule. Pädagogikunterricht 20, H.1, S. 2–20.

Hurrelmann, K. (2007): Das Modell der produktiven Realitätsverarbeitung. Entstehung und Entwicklung eines sozialisationstheoretischen Ansatzes. Pädagogikunterricht 27, H. 2/3, S. 3–9.

## Aufgabenstellungen für das Zentralabitur

*Seit der Einführung des Zentralabiturs in Nordrheinwestfalen 2007 wird die Bearbeitung des MpR mindestens in einem Abiturvorschlag pro Jahrgang verlangt, insbesondere im Leistungskurs. Alle Abituraufgaben sind in den Veröffentlichungen des Stark-Verlages dokumentiert und beispielhaft gelöst. Der exemplarischen Bearbeitung der Aufgaben wird stets eine Dekodierung der Aufgabenstellung vorangestellt. Die Erstellung entsprechender Publikationen für andere Bundesländer ist in Vorbereitung.*

Stark Verlag (2011): Abitur 2012. Prüfungsaufgaben mit Lösungen. Erziehungswissenschaft. Leistungskurs. Gymnasium – Gesamtschule. Nordrhein-Westfalen 2007–2011. Freising: Stark Verlag.

Stark Verlag (2011): Abitur 2012. Prüfungsaufgaben mit Lösungen. Erziehungswissenschaft. Grundkurs. Gymnasium – Gesamtschule. Nordrhein-Westfalen 2007-2011. Freising: Stark Verlag.

*Die Originalabituraufgaben für gymnasiale Oberstufen und Berufskollegs und die dazugehörigen Unterlagen können von Lehrkräften passwortgeschützt auf der Seite des Schulministeriums heruntergeladen werden:*

*http://www.standardsicherung.nrw.de/abitur-gost/pruefungsaufgaben.php?fach=11*

*http://www.standardsicherung.nrw.de/abitur-bk/fach.php?fach=9*

*Beispiele für verbindliche Unterrichtsinhalte in Erziehungswissenschaften für das Abitur in Nordrheinwestfalen 2012, 2013 und 2014:*

Sozialisation und Identität: Entwicklungsaufgaben des Kindes- und Jugendalters (Grundlage Erikson, ergänzt durch Hurrelmanns Modell der produktiven Realitätsverarbeitung): Herausforderung an die professionelle pädagogische Begleitung.

Sozialisation und Identität: Entwicklung, Sozialisation und Identität im Jugendalter nach Hurrelmann (Entwicklungsaufgaben, Maximen, Modell der produktiven Realitätsverarbeitung, Typologie jugendlicher Entwicklungswege, Belastungs-Bewältigungs-Modell): Herausforderung an die professionelle pädagogische Begleitung.

Entwicklung, Sozialisation und Identität im Jugend- und Erwachsenenalter: Pädagogisches Handeln und Modelle der Beschreibung der Entwicklung im Jugendalter von Erikson und Hurrelmann.

## 10.3 Materialien zum Selbststudium

### Das MpR in Druckwerken

Storck, C./Wortmann, E. (2011): Pädagogik. Pocket Teacher Abi Kompaktwissen Oberstufe. Berlin: Cornelsen, S. 132–136.

*Komprimierte Einführung in das MpR mit Vorschlägen für die pädagogische Anwendung und Übertragung.*
Storck, C. (2010): Entwicklung, Sozialisation und Identität, Normen und Ziele in der Erziehung. Abitur-Training Erziehungswissenschaft. Zentralabitur NRW 2011/2012. Freising: Stark Verlag, S. 85–97.
*Diese Reihe wird seit 2009 veröffentlicht. Alle bisher veröffentlichten Ausgaben enthalten ein Kapitel zum MpR. Die Darstellung des Modells wird durch weiterführende Arbeitsaufgaben ergänzt. Entsprechende Lösungsvorschläge werden am Ende des Buches vorgestellt.*

Storck, C./Wortmann, E. (2006): Abitur. Prüfungsaufgaben mit Lösungen. Zentralabitur NRW. Erziehungswissenschaft. Grund- und Leistungskurs. Gymnasium-Gesamtschule Nordrhein-Westfalen. Freising: Stark Verlag, S. 35–43.

*Zusammenstellung von schriftlichen Prüfungsaufgaben für den Grundkurs Erziehungswissenschaft der gymnasialen Oberstufe mit Musterlösungen. Jeder Musterlösung wird ein Textauszug aus dem Buch »Lebensphase Jugend« und eine Dekodierung der jeweiligen Aufgabenstellung vorangestellt.*

Stark Verlag (2011): Abitur 2012. Prüfungsaufgaben mit Lösungen. Erziehungswissenschaft. Leistungskurs. Gymnasium – Gesamtschule. Nordrhein-Westfalen 2007–2011. Freising: Stark Verlag.

*Sammlung mit Prüfungsaufgaben für das Abitur in NRW mit Musterlösungen. Erscheint seit 2007.*

### Das MpR im World Wide Web

Treffer im Internet bei einschlägigen Suchmaschinen wie *Google*: über 3500

Beispiele:
*Klaus Hurrelmann – Wikipedia*
Das Modell der produktiven Realitätsverarbeitung nach Klaus Hurrelmann in vereinfachter Darstellung.
de.wikipedia.org/wiki/Klaus_Hurrelmann

*Klaus Hurrelmann: Modell der produktiven Realitätsverarbeitung*
Hurrelmann: Modell der produktiven Realitätsverarbeitung von: Heinz-Walter Höltkemeier.
portal.herder-gymnasium-minden.de/cms/index

*Klaus Hurrelmann: Aufgaben im Jugendalter*
Entwicklungsaufgaben im Jugendalter. Modell produktiver Realitätsverarbeitung. Balance halten auf dem Weg zur Identität. 8 Maximen.
www.ploecher.de/2006/12-PA-G1-06/Hurrelmann-neu.pdf

# Literatur

Abels, H./König, A. (2010): Sozialisation. Wiesbaden: VS Verlag für Sozialwissenschaften.

Albert, M./Hurrelmann, K./Quenzel, G. (2010): Jugendliche in Deutschland. Optionen für Politik, Wirtschaft und Pädagogik. In: Shell Deutschland (Hrsg.): Jugend 2010. Frankfurt a.M.: Fischer, S. 343–360.

Albisser, S./Buschor, C. B. (Hrsg.) (2011): Sozialisation und Entwicklungsaufgaben Heranwachsender. Baltmannsweiler: Schneider Verlag Hohengehren.

Andresen, S./Hurrelmann, K. (2010): Kindheit. Weinheim und Basel: Beltz.

Antonovsky, A. (1997): Salutogenese. Zur Entmystifizierung von Gesundheit. Tübingen: TGVT Verlag.

Ariès, P. (1975): Geschichte der Kindheit. München: Hanser.

Asendorpf, J. B. (1996): Psychologie der Persönlichkeit. Grundlagen. Berlin: Sigma.

Backes, G./Clemens, W. (32008): Lebensphase Alter: Eine Einführung in die sozialwissenschaftliche Altersforschung. Weinheim: Juventa.

Bandura, A. (1979): Sozial-kognitive Lerntheorie. Stuttgart: Klett-Cotta.

Bauer, U. (2011): Sozialisation und Ungleichheit. Wiesbaden: VS Verlag für Sozialwissenschaften.

Beck-Gernsheim, E./Beck, U. (112005): Das ganz normale Chaos der Liebe. Frankfurt a.M.: Suhrkamp.

Berger, P. A./Keim, S./Klärner, A. (2010): Bildungsverlierer – eine (neue) Randgruppe? In: Quenzel, G./Hurrelmann, K. (Hrsg.): Bildungsverlierer. Neue Ungleichheiten. Wiesbaden: VS Verlag für Sozialwissenschaften, S. 37–52.

Berger, P. L./Luckmann, T. (1969): Die gesellschaftliche Konstruktion des Wissens. Frankfurt a.M.: Fischer.

Berger, P. L./Luckmann, T. (1980): Die gesellschaftliche Konstruktion der Wirklichkeit. Frankfurt a.M.: Fischer.

Bertram, H./Ehlert, N. (Hrsg.) (2011): Familie, Bindungen und Fürsorge. Opladen: Budrich.

Böhnisch, L. (2001): Sozialpädagogik der Lebensalter. Weinheim: Juventa.

Bourdieu, P. (1983): Ökonomisches Kapital, kulturelles Kapital, soziales Kapital. In: Kreckel, R. (Hrsg.): Soziale Ungleichheiten. Soziale Welt, Sonderband 2. Göttingen: Schwartz, S. 183–198.

Brake, A./Büchner, P. (Hrsg.) (2010): Bildung und soziale Ungleichheit. Stuttgart: Kohlhammer.

Bronfenbrenner, U. (1976): Ökologische Sozialisationsforschung. Stuttgart: Klett.

Bründel, H./Hurrelmann, K. (1996): Einführung in die Kindheitsforschung. Weinheim und Basel: Beltz.

Bründel, H./Hurrelmann, K. (1999): Konkurrenz, Karriere, Kollaps: Männerforschung und der Abschied vom Mythos Mann. Stuttgart: Kohlhammer.

Büchner, P./Brake, A. (Hrsg.) (2006): Bildungsort Familie. Wiesbaden: VS Verlag für Sozialwissenschaften.

Bühler-Niederberger, D. (2011): Lebensphase Kindheit. Weinheim: Juventa.

Deutsches PISA-Konsortium (Hrsg.) (2002): PISA 2000. Opladen: Leske + Budrich.

Dippelhofer-Stiem, B. (1995) Sozialisation in ökologischer Perspektive. Opladen: Westdeutscher Verlag.

Durkheim, E. (1973/1902): Erziehung, Moral und Gesellschaft. Neuwied: Luchterhand (französisches Original 1902).

Ecarius, J. (2002): Familienerziehung im historischen Wandel. Opladen: Leske + Budrich.

Engel, U./Hurrelmann, K. (1989): Psychosoziale Belastung im Jugendalter. Berlin und New York: de Gruyter.

Engel, U./Hurrelmann, K. (1992): Delinquency as a Symptom of Adolescent's Orientation Towards Status und Success. In: Journal of Youth and Adolescence 21, S. 119–138.

Erhart, M./Hurrelmann, K./Ravens-Sieberer, U. (2008): Sozialisation und Gesundheit. In: Hurrelmann, K./Grundmann, M./Walper, S. (Hrsg.): Handbuch Sozialisationsforschung. Weinheim und Basel: Beltz, S. 424–441.

Erikson, E. H. (1959): Identität und Lebenszyklus. Frankfurt a.M.: Suhrkamp.

Faltermaier, T. (2005): Gesundheitspsychologie. Stuttgart: Kohlhammer.

Faltermaier, T. (2008): Sozialisation und Lebenslauf. In: Hurrelmann, K./Grundmann, M./Walper, S. (Hrsg.): Handbuch Sozialisationsforschung. Weinheim und Basel: Beltz, S. 157–171.

Faulstich-Wieland, H. (2000): Individuum und Gesellschaft. Sozialisationstheorien und Sozialisationsforschung. Opladen: Leske + Budrich.

Fend, H. (2000): Entwicklungspsychologie des Jugendalters. Opladen: Leske + Budrich.

Fend, H. (2008): Neue Theorie der Schule. Wiesbaden: VS Verlag für Sozialwissenschaften.

Flammer, A. (2009): Entwicklungstheorien. Psychologische Theorien menschlicher Entwicklung. Bern: Huber.

Freud, S. (1969/1923): Das Ich und das Es. Gesammelte Werke VIII. Frankfurt a.M.: Fischer (Original 1923).

Fried, L./Roux, S. (Hrsg.) (2006): Pädagogik der frühen Kindheit. Weinheim und Basel: Beltz.

Fuhrer, U. (2007): Erziehungskompetenz. Bern: Huber.